Knaur.

Knaur.

Über die Autorinnen:

Sandra Arango, 28, wurde mit 15 Jahren Mitglied der kolumbianischen Guerillaorganisation FARC. Elf Jahre später wurde sie von Regierungstruppen gefangen genommen und zu lebenslanger Haft verurteilt. Seitdem sitzt sie im Frauengefängnis »Buen Pastor« in Bogotá.

Cornelia von Schelling, in Kolumbien und Brasilien aufgewachsen, ist eine renommierte Journalistin und hat zahlreiche Bücher veröffentlicht. Sie interviewte Sandra Arango mehrere Wochen lang im Hochsicherheitstrakt des Frauengefängnisses.

Sandra Arango

mit

Cornelia von Schelling

REBELLEN TOCHTER

Freiheit habe ich nie gekannt

KNAUR TASCHENBUCH VERLAG

Besuchen Sie uns im Internet:
www.knaur.de

Originalausgabe Mai 2006

Ein Unternehmen der Droemerschen Verlagsanstalt
Th. Knaur Nachf. GmbH & Co. KG, München.

Redaktion: Antje Nissen
Umschlaggestaltung: ZERO Werbeagentur, München
Umschlagabbildung und Bildteil: Ann-Christine Wöhrl
Satz: Adobe InDesign im Verlag
Druck und Bindung: Clausen & Bosse, Leck
Printed in Germany
ISBN-13: 978-3-426-77798-5
ISBN-10: 3-426-77798-3

2 4 5 3 1

Inhalt

PROLOG

Elf Jahre bei der Guerilla

Ich heiße Sandra Arango und bin 28 Jahre alt.

An meinem 15. Geburtstag holte mich mein Vater zu den »Revolutionären Streitkräften Kolumbiens« (FARC). Er war ein *comandante*, ein ranghoher Befehlshaber der Guerilla.

An diesem Tag wurde mein bisheriges Leben ausgelöscht, als ich in die geschlossene Welt der Guerilla-Kämpfer eintrat. Nichts war mehr so wie vorher. Nie mehr besuchte ich eine Schule, brach für immer den Kontakt zu meinen Freunden und Freundinnen ab, trennte mich auf Nimmerwiedersehen von dem Jungen, in den ich unsterblich verliebt war.

Aus meinem früheren Leben blieb mir nur noch mein Vater. Obwohl er es war, der mich zur FARC brachte, und obwohl ich seinetwegen heute im Gefängnis einsitze, habe ich niemals aufgehört, ihn zu lieben. Er war trotz allem der zärtlichste aller Väter, und er bleibt für immer mein geliebter *papito*, auch wenn er heute nicht mehr unter den Lebenden weilt.

Als Guerillera bekam ich einen neuen Namen und legte meinen Taufnamen ab wie alles andere, was bis dahin mein Leben ausmachte. Es sollte mir nicht mehr erlaubt sein, auch nur einen einzigen Schritt allein und unbeobachtet außerhalb eines Guerilla-Camps zu machen, denn jetzt zählte nur noch die Welt der FARC, der »Fuerzas Armadas Revolucionarias de Colombia«. Ich nahm an unzähligen bewaffneten Kämpfen teil, an Feuergefechten gegen das kolumbianische

Militär und gegen die rechten Privatmilizen, die *paramilitares* – bis ich am 28. Januar 2002, nach einem Kampfeinsatz in einer Ortschaft namens Potrero Grande in der Provinz Huila, von der Armee gefasst wurde.

Als die Militärhubschrauber auftauchten, hatten wir das Gefecht bereits hinter uns und waren überzeugt, die Soldaten zum Rückzug getrieben zu haben. Wir hatten uns im Hinterland, auf einem Hochplateau oberhalb von Potrero Grande versammelt. Doch dann kamen, völlig unerwartet, die Helikopter des Militärs, die wir wegen des starken Windes nicht hören konnten. Ich überlebte nur, weil ich gerade in meinem Rucksack kramte, der unter einem Felsvorsprung lag. Das hat mich gerettet. Meine Mitstreiter wurden alle niedergemäht, ich war die einzige Überlebende. Als ich versuchte wegzulaufen, stürzte ich, verletzte mir den Knöchel und rollte den Hang hinunter. Stunden später fanden mich die Soldaten halbtot neben einem kleinen Bach.

Sie nahmen mich fest und brachten mich in die Kaserne von Neiva, der Hauptstadt der im Südwesten gelegenen Provinz Huila. Danach folgten: Verhöre, Verurteilung, Gefängnis.

Mein anfängliches Strafmaß: 27 Jahre Freiheitsentzug. Das Gerichtsurteil nach dem Revisionsverfahren: 40 Jahre Gefängnis. Eine letzte Verhandlung steht bis heute noch aus.

Man wirft mir mehrfachen Mord, Brandstiftung, Raub und Mitgliedschaft bei der Guerilla, also einer terroristischen Vereinigung, vor.

Nun sitze ich schon seit fast drei Jahren im Hochsicherheitstrakt des *Buen Pastor,* des Frauengefängnisses von Bogotá, und bete, ich möge mein Leben nicht hier beenden. Täglich träume ich von einem Neubeginn außerhalb dieser Gefängnismauern, und noch immer glaube ich, dass mir Gerechtigkeit widerfahren wird und ich doch in einigen wenigen Jahren freikomme. Denn nur ein einziger der mir angelasteten Anklagepunkte stimmt: Ich war Guerillera – wie sollte ich das leugnen. Aber eine Mörderin war ich nie. Ich war zwar an zahlreichen bewaffneten Kämpfen beteiligt, habe jedoch niemals hilflose, unbewaffnete Zivilisten erschossen. Viele meiner Kameraden mussten das tun. Ich nicht. Auch Raub und Brandstiftung habe ich nie begangen. Das kann ich beschwören, *el buen Dios*, der gütige Gott, ist mein Zeuge.

Aus diesem Grund werde ich wenig Namen nennen, denn diese könnten mir zum Verhängnis werden. Nie würde ich die FARC verraten!

Ich wollte nicht zur Guerilla, doch ich hatte nie eine andere Wahl: Mein Vater, überzeugt von den revolutionären Idealen der »Fuerzas Armadas Revolucionarias de Colombia«, hat es so bestimmt. Kurz bevor ich in das Camp der Rebellen geholt wurde, setzte er sich zu mir und erklärte mir, wer die FARC ist und wofür sie kämpft. Er, ein einsilbiger Mann, der als Kind nur kurze Zeit die Dorfschule besuchen durfte, redete jetzt wortreich wie ein Lehrer, der mir eine Lektion erteilte.

»Sandrita, die FARC sind die größte, die mächtigste Guerilla-Organisation der Welt. Etwa achtzehntausend mutige Rebellen kämpfen gegen die sozialen Ungerechtigkeiten in unserem Land, gegen die Korruption der Regierung, der Privatunternehmen und der herrschenden Klasse Kolumbiens. Die FARC ist die älteste unbesiegte Gruppe bewaffneter Freiheitskämpfer auf unserem Kontinent. Sie kämpft für ein besseres, ein gerechtes Kolumbien.«

Das war seine Einleitung, er klang ungewohnt förmlich. Ich kann seine Worte noch heute auswendig aufsagen, denn ich habe sie später beim Ideologieunterricht im Guerilla-Camp immer wieder zu hören bekommen.

Dann erzählte er mir von übermächtigen Großgrundbesitzern und millionenschweren Viehzüchtern: »Sie herrschen wie Feudalherren auf ihren riesigen Ländereien, bezahlen Hungerlöhne und vertreiben ihre Arbeiter, sobald sie sie nicht mehr beschäftigen wollen. Und wenn die armen Schlucker aufmucken, zünden sie einfach deren Gehöfte an. Wir von der FARC kämpfen bereits seit über vierzig Jahren für eine Landreform. Deswegen stehen Tausende *campesinos* hinter uns, einfache Landarbeiter, wie ich einer war, tausende Tagelöhner, Obstpflücker und Kleinbauern. Du wirst es selbst erleben, meine Kleine!«

Während er diese Worte sprach, streichelte mir mein Vater mit dem Handrücken über die Wange, es war ein schönes Gefühl, obwohl seine Finger von der jahrelangen Feldarbeit rau und rissig waren.

Dann räusperte er sich und zog die Brauen streng zu einem Strich zusammen, als er fortfuhr: »Aber leider ist unser Kampf blutig, denn wir kämpfen an vielen Fronten: gegen das kolumbianische Militär, dass uns vernichten will. Gegen die korrupte, bestechliche Polizei und, wie du weißt, gegen unsere erbitterten Feinde, die *paramilitares.*«

»Ich weiß, *papito,* die *paras* schießen und bomben.«

»So ist es, mein Töchterchen. Es sind gut bezahlte, kaltblütige Killer-Kommandos. Sie wurden in den 60er Jahren von den Großgrundbesitzern und den Kokabaronen gegründet und aufgerüstet, um ihre Plantagen und Häuser zu schützen und mit Waffengewalt vor der Guerilla zu verteidigen.

Heute sind sie längst nicht mehr nur dazu da, die *hacenderos* zu verteidigen. Sie haben eigenständige Truppen, die sich am Anbau riesiger Koka-Plantagen beteiligen, das weiß jeder.

Im Gegensatz zu unseren Leuten werden die *paracos* besonders gut bezahlt. Man sagt, sie bekommen über dreihundert Dollar im Monat. Leider läuft deswegen schon mal ein geldgieriger Guerillero zu ihnen über.«

Mein Vater redete sich in Rage, schimpfte immer lauter auf die verdammten *paracos*, die ganze Dörfer und Kleinstädte vereinnahmen und aussaugen würden. »Wer sich ihnen widersetzt, dem geht es schlecht. Die Männer der Paramilitärs foltern, reißen Fingernägel aus, reiben eigenhändig Salz in die Wunden ihrer Opfer. Deshalb bekämpfen wir sie und ihre Sympathisanten und Helfer mit Waffengewalt!«

Ich wollte nicht noch mehr über diesen schrecklichen Krieg erfahren, vom dem ich sowieso nichts verstand, und daher unterbrach ich meinen Vater, um ihn zu fragen, ob es in den Guerilla-Camps auch Weihnachtsfeiern mit Tanz und Musik gebe. Außerdem wollte ich wissen, wie häufig er mich denn besuchen würde, dort bei der FARC. Ich war ja noch ein junges Mädchen, fast noch ein Kind.

Mein Vater überging meine Frage und sprach einfach weiter. Er war einer der *políticos*, einer der für den Ideologieunterricht zuständigen Kommandanten, und das obwohl er kein Mensch war, der gern redete. Erst bei der Guerilla hatte er gelernt, mit großen Worten zu deklamieren, was man ihm in den zahlreichen Unterrichtsstunden beigebracht hatte. Wenn es um die Gegner der FARC ging, geriet er besonders in Rage: »Die USA sind die schlimmsten Feinde! Sie wollen den Drogenhandel bekämpfen, und weißt du, wie dieser Kampf aussieht? Sie schicken uns ihre Flugzeuge und besprühen die Felder der Koka-Bauern. Sie vergiften die Erde, die Bauern erkranken und stehen alleine da, ohne Land, ohne Unterstützung.«

Dann schimpfte er noch über die nordamerikanischen Konzerne, die an dem kolumbianischen Öl verdienten, und über die Millionen Dollar an Militärhilfe der USA für die kolumbianische Regierung. »Wir von der FARC begehren dagegen auf. Wir sprengen die Ölleitungen und führen so lange den Krieg gegen die Ungerechtigkeit, bis wir ihn gewinnen. Irgendwann werden alle Kolumbianer erkennen, dass wir ihre Befreier sind.«

Doch die kolumbianischen Richter, die mich verurteilt haben, wollten davon überhaupt nichts wissen. Die Rebellen der FARC sind für das Gericht keine Freiheitskämpfer, sie sind Terroristen. Bei meiner ersten Verhandlung schrie der gegnerische Anwalt so laut in den kleinen Raum hinein, dass ich vor Entsetzen erstarrte.

»Jeder, der zur FARC gehört, jeder Einzelne ist ein Terrorist! Auch diese junge Frau hier. Die Guerilla legt Bomben, wirft Granaten, knallt unsere Soldaten ab, sprengt Ölpipelines in die Luft, überfällt unsere Polizeistationen und brennt ganze Dörfer nieder. Die Angeklagte weiß, wovon ich rede! Als das Militär sie gefangen nahm, hatten ihre Leute gerade eine ganze *vereda*, die ländliche Ansiedlung Potrero Grande, in Schutt und Asche gelegt. Neun Zivilisten, neun unschuldige Menschen, mussten sterben.«

Mein Anwalt konterte, dass die Einheit, zu der ich gehörte, keines der Häuser angezündet habe, und dass es Zeugen dafür gebe, dass ich nicht einmal einen Schuss abgefeuert hätte. »Sie hat ihre Pistole nie benutzt, nicht eine einzige

Kugel fehlte. Und auf der Waffe, die man ihr abnahm, befindet sich kein Fingerabdruck von ihr!«

Das klingt zwar erstaunlich, ist aber die reine Wahrheit. Ich kann mich nicht mehr daran erinnern, wer mir beim Aufbruch zum Gefecht in Potrero Grande die Pistole ins Halfter gesteckt hat, ich hingegen habe sie nie auch nur berührt, obwohl ich sie am Körper trug.

Als mein Verteidiger das erklärte, steigerte sich der Zorn des gegnerischen Anwalts ins Uferlose. Meine Knie zitterten so, dass sie aneinander schlugen und mein gesamter Körper anfing zu beben. Am liebsten hätte ich mir die Ohren zugehalten, so verängstigt war ich. Ich weiß noch, dass er immer weiter gegen die FARC wetterte und Dinge über sie behauptete, mit denen ich persönlich, ich, die Angeklagte, überhaupt nichts zu tun hatte.

»Die FARC mordet nicht nur, sie ist auch in millionenschwere Drogengeschäfte verwickelt. Woher bezieht sie wohl ihre Millionen? Hauptsächlich aus dem Drogenhandel natürlich – und aus den Lösegeld-Erpressungen. Damit bezahlen sie ihren Waffennachschub, ihre Truppen, die militärische Ausbildung der Kämpfer in ihren Urwaldcamps. Sie sind Kriminelle, sie sind Verbrecher!«

Dazu muss ich sagen, dass ich selbst nie Drogen genommen habe oder damit in Berührung gekommen bin, denn in unseren Camps gab es keine. Wer mit Kokain, Opium, Heroin oder *bazuca*, einer billigen Droge auf Kokainbasis, erwischt wurde, musste mit sehr harten Strafen rechnen. Außerdem herrschte in den Camps immer äußerste Armut. Von dem Millionen-Vermögen der FARC, von ihren angeblichen Drogen-Geschäften haben einfache Kämpferinnen wie ich überhaupt nichts gehabt.

Ich fühle mich nicht als Verbrecherin und auch nicht als Terroristin. So kann ich mich nicht sehen, wirklich nicht! Ich bin ein junges Mädchen, das in einen schrecklichen Krieg hineingezogen wurde und nicht erkannte, wie ihm geschah. Und das unendlich bedauert, was den unschuldigen Opfern der Guerilla passiert ist. Nun muss ich dafür bezahlen. Noch immer fällt es mir unendlich schwer, mich an das Gefängnisleben zu gewöhnen.

Lange wartete ich darauf, dass jemand auftauchte, mich bei der Hand nahm und sagte: »Sandra, das ist alles ein Irrtum. Komm, wir gehen auf die Straße, setzen uns in eine Bar, reden mit den Leuten und trinken einen *tintico,* ein Tässchen Kaffee.«

Es dauerte Monate, bis ich begriff, dass ich tatsächlich hinter Gittern bin, dass dies kein Albtraum ist, aus dem ich im nächsten Moment erwache. Nein, dies ist die Wirklichkeit. Allmählich verloren meine falschen Träume an Kraft, und der Durst nach Freiheit erlosch, weil nie jemand kam und mich hinausführte. Mir wurde klar: Die Zelle ist dein neues Zuhause.

Nur meine Erinnerungen können die Mauern sprengen. Sie leben ständig neu auf, fliegen über alle Grenzen hinweg und bringen mir die Vergangenheit wieder. Wie aus dem Nichts tauchen Schreckensbilder auf, die ich vergessen möchte, aber ich habe keine Macht über sie. Ich bin ihnen ausgeliefert, vor allem nachts. Ein, zwei Stunden bevor wir geweckt werden, fallen die Albträume über mich her. Dann schrecke ich hoch und blicke mich um. Meine Zellengenossin liegt neben mir und schläft. Hinter mir liegen meine Stofftiere, und ich sehe das Foto meines Vaters und das meines Sohnes. Im Dämmerlicht ist der Gefängnishof mit seiner hohen, verschmierten Mauer zu erkennen. In solchen Momenten weiß ich wieder, wo ich bin.

Ich kann nicht sagen, was schrecklicher für mich ist, von Albträumen geplagt zu werden oder daraus aufzuschrecken und die traurige Realität wiederzuerkennen.«

I. Meine Kindheit

Die innige Liebe zu meinem Vater

Als meine Mutter verschwand, war ich neun Monate alt. An einem Samstagabend packte sie heimlich ihre Sachen, verschloss unser Haus und machte sich aus dem Staub. Sie ging ohne Vorwarnung, verließ uns, ohne irgendeinem Menschen Bescheid zu geben.

»Sie hatte genug von unserem erbärmlichen Leben«, sagte mein Vater später, »sie wollte eine bessere Zukunft für sich, ohne uns beide.«

Wir waren sehr arm und bewohnten ein kleines, von meinem Vater erbautes Häuschen aus *guanda,* einer Bambusart mit dicken Stämmen. Meine Mutter verabscheute unsere elende Hütte, wie sie unser Zuhause abfällig nannte. Sie hat immer gejammert, es sei dort nicht auszuhalten. Weil wir kein fließendes Wasser hatten, musste sie die Wäsche im Fluss, in einem etwa zwanzig Minuten entfernten Seitenarm des *rio Arauca,* waschen. Ächzend und fluchend schleppte sie die Wäschestücke dorthin, rieb und rubbelte sie mit einem großen Stück Seife sauber, zog sie durch das Wasser, trug alles wieder zurück und fand dann ihre weinende, ausgehungerte Tochter vor. Da fluchte sie erst recht.

Elektrizität gab es auch nicht und somit auch keinen Ventilator, sodass sich die Hitze unter der niedrigen Decke unseres Häuschen staute. Die Luft war heißer als in der Hölle, vor allem wenn *mamá* gekocht hatte. Sie schwitzte, litt und schimpfte. All das weiß ich von meinem Vater.

Wir besaßen kein Land und kein Vieh. Mein Vater war einer der ärmsten *campesinos* weit und breit, obwohl in dieser Gegend außer dem Großgrundbesitzer, dem ein Gutshaus und unzählige Hektar Land gehörten, keiner wohlhabend war. Den Fluch übler Jahreszeiten kannten sie alle – in den teuflischen Dürreperioden verdurstete das Vieh und verdorrte die Ernte, in der Regenzeit konnte es passieren, dass alles unter Wasser stand, die Felder, das Vieh und die Häuser.

»Es war die Armut, die mir deine Mutter genommen hat«, erklärte mir mein Vater später. Seine verzweifelte Lage habe ihn irgendwann in die Arme der Guerilla getrieben. Denn die FARC, meinte er, kämpfe für Gerechtigkeit.

Bevor meine Mutter uns verließ, arbeitete *papá* mehr als acht Stunden Busfahrt entfernt als *peón*, als Tagelöhner auf dem Hof seines Freundes Paulo, wo er Bananen- und Kaffee-Plantagen von Ungeziefer befreite. Deswegen kam er nur jedes zweite Wochenende nach Hause und zur Erntezeit nicht einmal dann. Auch dies sei einer der Gründe, warum meine Mutter sich davongemacht habe, glaubte mein Vater, sie sei zu oft und zu lange allein gewesen. Und da unsere Hütte an einem Berghang lag und nur zu Fuß über einen steilen, bei Regen auch noch glitschigen Pfad zu erreichen war, kam fast nie jemand zu Besuch.

»Pobrecita«, meinte mein Vater, »die arme Kleine, sie hat die Einsamkeit nicht mehr ertragen.«

Obwohl sie so einsam wohl nicht war. Denn wie mein Vater von der eigenen Mutter, also meiner Großmutter, Jahre später erfuhr, wurde seine Frau regelmäßig in Cúcuta gesehen, der nächstgrößeren Stadt. Cúcuta lag zwar mehrere Kilometer von unserem Häuschen entfernt und keiner wusste, wie meine Mutter dorthin gelangte, aber sie trieb sich in der Stadt mit anderen Männern herum und ließ mich ganze Nächte lang allein.

»Die Leute lästern über sie«, berichtete meine Großmutter, die selbst am Stadtrand von Cúcuta lebte und immer sehr gut informiert war. Hinzu kam, dass sie meine Mutter nicht leiden konnte, genauso wenig wie ich. *Mamá* hat mich nie geliebt, das hat sie bewiesen. Mein Vater hat dennoch zu keinem Zeitpunkt schlecht über sie gesprochen, vielleicht hat er trotz allem niemals aufgehört, sie zu lieben.

Nur ein einziges Mal – ich muss etwa acht Jahre alt gewesen sein – hat mein wortkarger *papito* mir die Geschichte erzählt. Wir lagen gemeinsam in der Hängematte, als er plötzlich anfing zu erzählen, wie er an einem Samstagabend nach Hause gekommen war und entdeckt hatte, dass unser Haus vollkommen verwaist war. Heute denke ich, dass er sich das schreckliche Erlebnis von der Seele reden musste, bevor er der Guerilla beitrat. Er musste es loswerden, bevor er endgültig bei der FARC untertauchte.

»Es war an einem Samstag, ich war auf dem Weg nach Hause und hatte die achtstündige Busfahrt gerade hinter mir«, begann mein *papito* und seufzte. »Es war zur glühend heißen Dürrezeit, ich war verschwitzt, mein Mund war ausgetrocknet, die Augen müde und voller Staub. Trotzdem hetzte ich den steilen Feldweg bis zu unserem Häuschen hoch, ich hatte mich so auf euch gefreut! Als ich das Haus betrat, war es ungewohnt still. Kein Küchengeruch, niemand zu sehen. Ich stellte den Korb mit Papayas, Bananen und Guanábanas auf den Boden und rief mehrmals nach deiner *mamá*. Keine Antwort. Daraufhin drückte ich die Tür zu der Kammer auf, in der wir drei schliefen, und erkannte trotz des Schummerlichts, dass dein Schlafkorb weg war. Dann starrte ich in den leer geräumten Schrank und wusste sofort, was passiert war. *Dios mio santísimo*, heiliger Gott, dachte ich. Sie ist weg und hat mein Töchterchen mitgenommen. Dann fiel mein Blick auf das Bett, und ich entdeckte einen Fetzen Papier. Ich hielt den Zettel unter das Licht unseres winzigen Fensters und las die letzten Worte deiner Mutter: ›Ich bin gegangen. Sandra ist bei meiner Freundin Rosalí.‹«

Mittlerweile war mein Vater aus der Hängematte geklettert und lief vor mir auf und ab. Er sprach so gehetzt und so leise, dass ich mich kerzengerade hinsetzen und meinen Kopf recken musste, um ihn zu verstehen.

»Ich las den Zettel noch ein zweites Mal, dann bin ich aus dem Haus gerast, wie ein Verrückter den steilen Pfad heruntergestolpert, über die Felder und durch die riesige Bananen-Plantage bis zu Rosalí gehetzt. Dort habe ich gar nicht erst angeklopft, sondern einfach die Tür aufgerissen. Und da stand er auch schon mitten im Zimmer auf dem Tisch, dein Korb. Ich beugte mich über dich, und du, du hast wie wild gestrampelt und mich angelacht. Meine Sandrita, *mijita*, mein kleines Töchterchen!«

Mein Vater unterbrach sich, blieb vor mir stehen, drückte meine Wange gegen seine Brust und seufzte.

»Erzähl weiter, *papito*, bitte! Was hast du dann gemacht?«

»Ich habe mir sofort deinen Korb geschnappt, doch im nächsten Moment kam Rosalí angestürmt«, erzählte mein Vater weiter und musste plötzlich lachen. »Sie wollte den Korb an sich reißen und redete mit ihrer schrillen Stimme auf mich ein. Doch ich ließ den Korb nicht aus den Händen, gab ihr einen Schubs und rannte ohne ein weiteres Wort mit dir davon. Ich höre Rosalí noch heute hinter mir herrufen: ›Warte doch! Warte doch!‹ Aber auf was hätte ich denn warten sollen? Zu Hause angekommen, zog ich dir deine pitschnassen Sachen aus – deine aufgeweichte Windel und dein bespucktes, bekleckertes Hemdchen –, füllte einen Behälter mit Wasser aus dem Kanister vor der Tür und tauchte dich hinein. Dann trocknete ich dich ab und wickelte dich in ein Tuch. Als du anfingst zu weinen, habe ich dir ein Stück Banane in die Hand gedrückt und mich sofort wieder auf den Weg gemacht.«

Mein Vater hat mich damals zu seiner Mutter gebracht. Wie wir nach Cúcuta gekommen sind, weiß ich nicht, ich glaube, mein Vater hat es mir nicht erzählt. Er sagte nur, dass er nach dieser gewaltigen Tour zwei Tage durchgeschlafen habe, ohne ein einziges Mal aufzuwachen. Das hat er erwähnt, dabei den Kopf geschüttelt und sehr gelacht.

Mein Vater hat unser Häuschen nie wieder betreten. Die Papayas, Bananen und Guanábanas sind dort vermodert, der Zettel liegt vielleicht heute noch auf dem Bett. Wahrscheinlicher ist allerdings, dass irgendjemand die Tür aufgebrochen und sich dort sein Leben eingerichtet hat. Wenn ich zurückdenke, überrascht es mich, dass ich die Einzelheiten der Schilderung meines Vaters so gut behalten habe. Aber so ist es eben. Wir waren beide sehr aufgewühlt an jenem Tag, als er mit kleinen Schritten vor der Hängematte auf und ab ging und mir von damals erzählte. Solche besonderen Momente haben wir nicht oft miteinander geteilt.

Bei meiner *abuelita*, meiner geliebten Großmutter, haben wir bis zu meinem fünften Lebensjahr gelebt. Es war schön bei ihr. Wenn ich mich aufheitern will, schicke ich meine

Gedanken in diese Jahre zurück, denn ich spüre, dass meine innere Kraft aus dieser Zeit stammen muss.

Ich sehe meine Großmutter noch heute in ihrem Innenhof sitzen, der der Mittelpunkt ihres Lebens und damit auch des meinigen war. Ein geschützter, ein besonderer Ort. Für mich hatte er magische Kräfte.

Rückblickend kommt es mir vor, als habe meine Großmutter den ganzen Tag dort verbracht. Nachdem sie die Hühner und die Papageien gefüttert, die Wäsche aufgehängt und die übliche *agua panela,* Saft aus Wasser, braunem Zuckerrohr und Zitrone, für uns beide geholt hatte, setzte sie sich in den Schatten unter den Feigenbaum. Dieser wuchs genau in der Mitte des *patio* und breitete sein Äste über uns aus. Sie rückte ihren Stuhl an den völlig verwitterten Holztisch, legte ein ausrangiertes Hemd meines Vaters als Tischdecke darauf und setzte – tief nach vorn gebeugt, denn sie besaß keine Brille – ihre tägliche Arbeit fort. Meistens stopfte sie irgendwelche Kleidungsstücke, raspelte Kokosnüsse für die *cocacdas,* die karamellisierten Kokosbällchen, die ich so liebte, putzte oder hackte Gemüse, rupfte ein Huhn oder nahm die Fische aus, die ihr die Nachbarn brachten.

Im Laufe des Tages kam stets ihre schwarze Katze mit hocherhobenem Schwanz über den Hof geschlichen. Sie sprang meiner Großmutter auf die Schulter und drehte sich so, dass sie die Papageien im Blick hatte, zwei kleine grüne *loros* in einem Käfig, der hinter meiner Großmutter an einem dicken Ast hing. Nach einem Weilchen, wenn sie genug davon hatte, auf die unerreichbaren Vögel zu starren, rollte sich die Katze zusammen, drückte ihren Hintern an den Kopf meiner Großmutter und legte den Schwanz vorn um ihren Hals. In dieser Position verfiel sie in lautes Schnurren und döste dann vor sich hin. Mein Vater fand dies Verhalten immer wieder unglaublich, denn alle Katzen in unserer Umgebung waren wild und fauchten mörderisch, wenn man ihnen zu nah kam. Aber bei meiner *abuelita* war es eben anders, sie hatte die einzige zahme Katze in der gesamten Gegend.

»*Ay que calorcito rico,* welch schöne Wärme«, murmelte sie, wenn sich die Katze an sie schmiegte. »Seit dem Tod meines geliebten Mannes ist das die einzige Wärme, die über meinen Kopf in meinen Leib strömt.«

Damals verstand ich ihre Worte nicht, aber das machte nichts, denn meine Großmutter tat und sagte viele überraschende Dinge. Zum Beispiel rief sie den Papageien irgendwelche Wortfetzen zu, woraufhin die Vögel ihre gelben Schnäbel öffneten und eine Art Gackern ausstießen.

»Sie lachen mich aus«, empörte sich meine Großmutter und gackerte dann so ähnlich wie sie. Außerdem krächzten die Papageien in regelmäßigen Abständen »Drita! Drita!« in den Hof hinein – die letzten zwei Silben meines Namens.

Denn meine *abuelita* kommandierte mich gern herum, Sandrita, hol dies, Sandrita tu jenes.

Die Papageien wiederholten ihre Kommandos, und ich spurte. Wenn meine Großmutter erst einmal saß, ließ sie sich alles, was sie brauchte, von mir bringen, ohne sich auch nur einen Millimeter von ihren Platz zu bewegen.

Ich tat, was sie von mir verlangte – wischte das Hühnerblut vom Tisch, sammelte Köpfe, Klauen und Federn zusammen. Ich kümmerte mich auch um die Innereien der Fische und warf was immer an Abfall anfiel über die Mauer. Dahinter floss ein Bach und nahm das Zeug mit. Nur wenn es regnete oder Nacht wurde, ging die *abuela* mit mir ins Haus. Dort musste ich mich vor dem Schlafengehen vor mein Bett knien und beten, denn meine Großmutter war sehr religiös. Das Beten auf dem Steinboden war mir zuwider, doch es war auch das Einzige während der Zeit bei meiner Großmutter, das ich nicht mochte.

Es waren fröhliche Jahre, schöne, lustige Jahre für mich, bis zu dem Tag, an dem meine Mutter wiederkam. Ich kann mich an den Augenblick ihrer Rückkehr zwar nicht erinnern, und ich kann auch nicht sagen, wie lange sie im Haus meiner Großmutter mit uns wohnte, dafür werde ich aber niemals den Moment vergessen, als mein Vater und meine Mutter sich von meiner *abuelita* verabschiedeten. Sie standen mit mir und ihren Bündeln vor dem Haus, um fortzugehen, denn meine Eltern wollten es noch einmal miteinander versuchen.

Es war ein sonniger Nachmittag. Mein Vater hob mich wie üblich auf seine Schultern, ich durfte mich an seinen schwarzen, buschigen Haaren festhalten, und meine nackten Füße baumelten vor seiner Brust.

Die fremde Frau, die mir erklärt hatte, sie sei meine Mutter, schaute zu mir hoch und sagte den Satz, den ich schon von meiner Großmutter kannte: »So ein großes Mädchen kann doch laufen!«

Nur dass meine Großmutter mir dabei immer zuzwinkerte und lachend an meinem großen Zeh zupfte. Der Tonfall meiner Mutter hingegen war scharf. Ich mochte sie nicht. Mein Vater behauptete immer, er habe sie nur meinetwegen zurückgenommen, weil er wollte, dass ich in einer richtigen Familie aufwachse. Er konnte nicht wissen, dass wir ohne meine Mutter viel besser gelebt hätten. Noch weniger ahnte er, dass wir gerade dabei waren, das geordnete Leben, das er sich so sehnlich für mich wünschte, für immer hinter uns zu lassen. Wäre meine Mutter niemals wieder aufgekreuzt, dann wäre weder er noch ich bei der Guerilla gelandet. Da bin ich mir sicher. Doch meiner Mutter zuliebe zogen wir ganz in die Nähe von Puerto Lleras, dort, wo mein Vater als Landarbeiter auf den Feldern seines Freundes Paulo arbeitete. Paulo überließ uns ein einfaches, blau gestrichenes Häuschen, das er normalerweise an Wanderarbeiter vermietete. Es stand am Rand eines Ackers, versteckt hinter einer hohen Hecke aus Bambus. Wir lebten hier zwar mitten auf dem Land, aber man lief nicht länger als eine Viertelstunde bis nach Puerto Lleras, einem richtigen Städtchen mit einer Schule, mit Läden, Bars, einer Kirche und einem Markt, auf dem es alles zu kaufen gab, was die Menschen brauchten.

Papá hatte sich damals unser neues Leben in den schönsten Farben ausgemalt: »Jetzt sind wir endlich wieder eine vollständige Familie. Keine endlosen Busfahrten mehr, bis ich bei euch bin. *Mamá* wird niemals mehr einsam sein, denn sie wird jeden Tag in Puerto Lleras auf den Markt gehen und mit den anderen Müttern plaudern können. Und in einem Jahr, Sandrita, bist du sechs und gehst in die Schule. Jetzt wird unser Leben viel besser, vor allem deine *mamita* hat es jetzt leichter.«

Den Satz vom leichten Leben kannte ich von meiner Großmutter, nur dass sie dabei immer eine Grimasse gezogen hatte.

»Deine *mamá* ist eine Frau des leichten Lebens!«, pflegte sie zu sagen. Für mich sprachen damals sowohl meine Großmutter als auch mein *papá* in Rätseln, denn meine Mutter und ich hatten überhaupt kein leichtes, wir hatten ein sehr schweres Leben miteinander. Kaum hatte mein Vater morgens das Haus verlassen, begann sie zu schimpfen und hörte überhaupt nicht mehr auf. Sie fluchte auf ihr unerträgliches Leben, auf mich, einfach auf alles. Und sie schlug nach mir und schrie mich an, wenn ich meine Höschen und Hemden in der *alberca*, dem gemauerten Waschtrog an der Außenwand unseres Häuschens, schrubbte, so wie ich es bei ihr gesehen hatte.

»Wir sind arme Leute, du bist wohl verrückt, so viel Seife zu vergeuden!«

Nie werde ich die Szene im Klohaus vergessen, das mein Vater aus Brettern in die hinterste Ecke des Hofs gebaut hatte. Ich war vielleicht sieben Jahre alt und balancierte auf einem umgedrehten Eimer, den ich über dem Loch des Aborts platziert hatte. Ich wollte mich in dem Spiegel betrachten, der vor mir an der Wand hing, und zog gerade eine Bürste durch mein langes schwarzes Haar, als meine Mutter die Tür aufriss.

»Ich habe nach dir gerufen, wieso antwortest du nicht? Hast du nichts Besseres zu tun, als auf dem Klo mit meiner Haarbürste herumzuhampeln? Schöner wirst du dadurch auch nicht!«

Ich blickte in ihr wutverzerrtes Gesicht und sprang wie ein gejagtes Tier zur Tür. Doch bevor ich weglaufen konnte, packte sie mich und warf mich auf den Steinboden. Ich habe mich manchmal gefragt, was wirklich mit ihr los war, warum sie mich täglich wegen nichts und wieder nichts schimpfte, wieso ihre Wut auf mich so aufgeladen war von diesem schrecklichen Hass. Vielleicht ertrug sie nicht, dass mein Körper erstarrte, wenn sie mich berührte, und ich an ihr vorbeisah, wenn sie mit mir sprach. Damals war mir natürlich nicht bewusst, was ich tat, aber später habe ich darüber nachgedacht. Ich ließ sie nicht an mich heran, weil ich ihr misstraute. Wer garantierte mir, dass eine Mutter, die einmal abgehauen war, nicht eines Tages wieder verschwand? Und wir dann wieder alleine dastünden? Niemand.

Deswegen antwortete ich nicht, wenn sie mich rief, lief vor ihr weg und entwischte zu meinem Vater, sooft ich konnte. Allerdings gab es noch einen ganz anderen Grund für ihre üblen Launen, so denke ich zumindest heute. Mein Vater sympathisierte damals bereits mit der Guerilla. Immer häufiger tauchten junge Männer in Kampfuniformen auf und machten es sich unter unserem Vordach bequem. Sie setzten sich an unseren Tisch, tranken und rauchten mit meinem *papá*.

Meine Mutter bewirtete sie zwar mit versteinertem Gesicht, doch kaum hatten sie das Haus verlassen, schrie sie auf meinen Vater ein: »Diese Männer sind unser Unglück! Diese Männer sind unser Verderben!«

Ich hasste ihre Ausbrüche und liebte meinen Vater dafür umso mehr. Ich vergötterte ihn geradezu und habe ihm mein Leben lang alles verziehen. Auch dass er mich zur Guerilla geholt hat. Denn er war alles für mich, Vater und Mutter zugleich. Nichts machte mich damals glücklicher, als ganz dicht an seiner Seite zu arbeiten, wenn er in den angrenzenden Äckern zu tun hatte und ich ihm helfen durfte. An solchen Tagen weckte er mich kurz nach Sonnenaufgang, und wir schlichen aus dem Haus. Er schulterte seine Arbeitsgeräte, drückte mir die Kinder-Machete mit stumpfer Klinge, die er extra für mich gebaut hatte, in die Hand, und wir zogen los.

Die ersten Sonnenstrahlen kamen allmählich hervor, es war noch angenehm kühl, und die Grillen surrten ganz leise, sicher befanden auch sie sich noch im Halbschlaf. Mein Vater nahm dann stets meine Hand in seine, und wir waren Gefährten auf dem Weg zur Arbeit. Ich wusste, dass wir gemeinsam den Boden umstechen und das Unterholz schneiden und weghacken würden, die Erde lockern mussten. Ich schwänzte die Schule und wich den ganzen Tag nicht eine Minute von seiner Seite.

Meine Mutter schimpfte mich *papá*-Kind. So war es ja auch – ich hatte nur Augen für ihn. Noch lieber wäre ich damals *papás* Sohn gewesen, zumindest während der Feldarbeit. Deshalb zog ich mir hohe Gummistiefel an, steckte einen Maiskolben vorn in meine Hose, zurrte meine Haare hoch und versteckte sie unter meiner *cachucha*, einer Mütze, wie sie die Männer trugen. Ich träumte davon, bald so stark und zäh zu sein wie mein Vater, und stellte mir vor, dass die anderen Landarbeiter mich alle für einen echten Jungen hielten. Wenn man klein ist, ist man eben oft ein bisschen verrückt. Ich war es jedenfalls und steckte voller seltsamer Fantasien. Nur an den Wochenenden freute ich mich, dass ich ein Mädchen war und damit *papitos* verhätschelte Tochter. Oft nahm er mich am späten Vormittag zu sich in die Hängematte, die er hinter dem Haus im Schatten eines Mangobaums zwischen zwei Pfosten befestigt hatte. Er lag auf dem Rücken, ich durfte mich auf seinem Bauch zusammenrollen und den Kopf an seine Brust legen. Dann schloss er mich in seine Arme, und wir schliefen ein, jeden Samstag- und jeden Sonntagvormittag. Wenn man so früh aufstand wie wir, war man um zehn Uhr morgens wieder müde. Wenn ich daran zurückdenke, steigt mir noch heute der herbe Geruch seiner Haut in die Nase, und ich spüre seine großen, schweren Hände auf meinem Rücken. Meistens wachte ich vor ihm auf, setzte mich auf seinen Bauch und kitzelte ihn – hinter den Ohren, unter den Achseln, rechts und links an beiden Rippen. Er tat so, als schliefe er weiter, bis er plötzlich hochschnellte, und wir beide vor Lachen fast aus der Hängematte fielen. Mein Vater war nie übel gelaunt, er ließ sich von mir zwicken und pieksen, und wenn er beim Lachen gurgelte, war ich einfach glücklich. Er war es auch, der mir das Schwimmen und das Fahrradfahren beibrachte. Dabei geriet er niemals aus der Ruhe, verlor nie die Geduld.

An dem Tag, als die Soldaten kamen, um ihn zu holen, wollte ich gerade meinen Platz bei ihm in der Hängematte einnehmen. Es war später Vormittag, Zeit für ein Schläfchen.

Doch mein Vater sagte: »Heute nicht, Sandrita, heute geht es nicht.« Zum ersten Mal, seit wir in Puerto Lleras lebten, schickte mich mein Vater ins Haus. »*Mijita,* mein Töchterchen, heute muss ich allein sein. Ich bin sehr müde. Ich muss nachdenken.«

Seine Stimme war ernst und fremd, und – was noch schlimmer war – sie schien gar nicht mehr mir zu gelten. Mein Vater war mit seinen Gedanken woanders, und er hatte einen unruhigen Ausdruck in den Augen. Diesen Ausdruck kannte ich nicht, so hatte ich meinen Vater noch nie erlebt. Er gab mir einen sanften Schubs in Richtung Schlafzimmer. Als ich ihn fragen wollte, was los sei, hatte er mir bereits den Rücken zugedreht.

Unser Haus wird umzingelt

Ich schlief tief und fest, als die Schüsse fielen. Zuerst nahm ich sie nicht zur Kenntnis, sie vermischten sich mit meinen Träumen, doch dann schreckte ich plötzlich hoch und war sofort hellwach. Mit einem Schlag war mir klar: Es ging um *papito.* Ich sprang aus dem Bett und stand in Sekundenschnelle barfuß vor der Haustür. Es war vielleicht elf Uhr morgens, kein Mensch war zu sehen. Plötzlich stürzt meine Mutter auf mich zu, zitternd vor Aufregung und völlig außer Atem.

»Schnell, Sandra, schnell! Wir müssen weg. Ich packe ein paar Sachen in ein Bündel, dann hauen wir ab.«

»Und *papá?* Wo ist mein *papito?*«

»Der ist nach Arauca gefahren. Ich packe gerade sein Zeug zusammen. Beeil dich, wir treffen uns mit ihm in Arauca.«

»Nein«, schrie ich, »nein! Mein Vater ist nicht in Arauca. Du lügst, du lügst!«

»Halt's Maul!«, kreischte meine Mutter und eilte zurück ins Haus.

Ich spähte durch die Löcher in der Bambushecke und beobachtete die Männer in Kampfuniform, die sich auf dem Sträßchen vor unserem Haus versammelt hatten. Sie redeten leise miteinander, ich konnte kein Wort verstehen.

Da erst wurde mir bewusst, dass mir in den letzten Tagen auf dem Weg zur Schule viel mehr Uniformierte begegnet waren als sonst. In der Bar, wo wir Mädchen unsere Süßigkeiten kauften, auf dem Platz vor der Kirche, mitten auf der Hauptstraße an die Autos gelehnt – jede Menge bewaffnete

Männer in Kampfanzügen. Nur hatte ich mir nichts dabei gedacht. Wieso auch, in Puerto Lleras war die Präsenz von Guerilleros das Alltäglichste der Welt. Und schließlich sahen die Soldaten und Guerilleros für mich gleich aus – wie sollte ich unterscheiden, wer vom Militär war, wer von der Guerilla?

Mit den Guerilleros war mein *papito* befreundet, sie waren mir seit Jahren vertraut. Sie diskutierten mit meinem Vater, tranken ihre *traguitos,* ihre Schnäpschen, mit ihm auf der kleinen Veranda vor dem Haus, und zu mir waren sie nett. Sie scherzten mit mir und brachten mir Lutscher mit, ich habe die Rebellen immer gemocht. Sie waren alle sehr jung, lachten viel und laut und blieben bis tief in die Nacht. Oft schlief ich auf *papás* Schoß ein, und erst als sie gingen, trug er mich in mein Bett. Er tat es so sanft und leise, dass ich niemals aufwachte.

Nur wenn meine Mutter herumschrie: »Diese Kerle sind unser Unglück, du wirst schon sehen!«, und mit der Pfanne oder irgendeinem anderen Gegenstand auf die Tischplatte schlug, wurde ich wach. Wie erstarrt lag ich in meinem Bett und hätte meinen *papito* am liebsten sofort von ihr weggeholt. Manchmal, wenn meine Mutter gar nicht mehr aufhörte zu schreien, fing ich laut an zu weinen, weniger aus Angst, als um meinen Vater zu retten.

Tatsächlich setzte er sich dann zu mir und sagte jedes Mal: »*Tranquila,* Sandrita, ganz ruhig, deine Mutter hat sich schon beruhigt. Ich höre sowieso nicht auf sie.«

Hätte er auf sie hören sollen?

Jetzt jedenfalls belagerte das Militär unser Haus.

Ich habe diesen Morgen auch heute noch genau vor Augen. Um die hundert Soldaten mit Funkgeräten und Sturmgewehren haben sich versammelt. Auf einmal kommt einer an unsere Tür, sieht mich, schiebt mich zur Seite und brüllt: »Kommt alle raus! Raus vor die Tür!«

Meine Mutter läuft im Haus umher wie eine Verrückte und sammelt Schuhe und Kleider in einen Sack. Sie scheint zu glauben, dass wir noch irgendwie entkommen können. Doch die Soldaten dringen bereits in unser Haus ein. Sie reißen alle Schranktüren auf, stellen die Schubladen auf den Kopf, werfen unsere Sachen auf den Boden und durchwühlen die Betten. Zwei Soldaten halten meine Mutter fest, einer an jedem Arm, zwei weitere kommen und packen mich. Sie bringen uns auf das angrenzende Feld, *mamá* an das eine Ende, mich an das andere.

Dann beginnt die Befragung: »Wo ist dein Vater? Seit wann ist er weg?«

Ich antworte nicht.

»Wir tun ihm nichts, sag uns bloß, wo er ist! So einer hübschen, lieben Tochter wie dir vertraut ein Vater doch alles an. Stimmt's?«

Sie glauben, ein kleines, unwissendes Mädchen sei leicht zu beschwatzen, aber sie haben sich geirrt. Kein Wort bringen sie aus mir heraus.

Denn auf einmal verstehe ich, was mir mein Vater am Tag zuvor hatte sagen wollen. Wir saßen nebeneinander genau auf diesem Feld, das an unser Gärtchen grenzte, ruhten uns im Schatten der Bambushecke von der Feldarbeit aus und lauschten den Mäusen, die im Dickicht des Gesträuchs raschelten. Wir tranken gerade abwechselnd aus seiner Wasserflasche, als er plötzlich meinen Kopf in seine Hände nahm und ihn drehte, bis ich ihm direkt in die Augen blickte.

»Sandrita«, sagte er, »wenn irgendwann uniformierte Männer hier auftauchen, dann schau als Erstes auf ihre Stiefel. Tragen sie Gummistiefel, dann sind es unsere Freunde, die Guerilleros. Tragen sie Lederstiefel, dann sind sie es nicht. Sollten die mit den Lederstiefeln nach mir fragen, sag immer nur: Mein Vater lebt nicht hier, ich weiß nichts über ihn.«

Ich kicherte hinter meiner vorgehaltenen Hand, denn ich war zu klein und zu dumm, um auch nur das Geringste zu begreifen.

»So ein Unsinn, *papito*«, sagte ich, »du lebst doch hier und ich auch.«

Jetzt, da das Militär unser Haus umstellt hat, begreife ich alles. Überall standen uniformierte, bewaffnete Männer in Lederstiefeln herum. Mein Vater hatte mich auf das vorbereiten wollen, was jetzt geschah. Wie lange hat er von der Bedrohung schon gewusst? Ahnte er schon, was geschehen würde, als er noch mit mir spielte und lachte?

Die Fragen der Soldaten prasseln auf mich nieder, doch ich halte dicht. Ich bin erst neun Jahre alt, aber ich weiß, worauf es ankommt. Meinen Vater verraten? Lieber würde ich sterben. Ich wachse über mich hinaus und werde zur ebenbürtigen Gegenspielerin der Soldaten, die sich ständig etwas Neues einfallen lassen, um mich auszutricksen.

»Ich weiß nichts. Ich habe keinen Vater. Ich weiß gar nichts!«, schreie ich.

»Was soll das denn, kleines Mädchen. Du verleugnest deinen eigenen Vater? Wir wissen doch längst von deiner Mutter, wo er ist. In Arauca. Sie will uns zu ihm bringen.«

»Nein, das ist eine Lüge. Ich habe keinen Vater.«

»Wenn du ihn liebst, dann sag uns, wo er ist. Vielleicht sagt deine Mutter ja nicht die Wahrheit. Wir wollen doch nur mit ihm reden, ihm geschieht nichts.«

Es scharen sich immer mehr Männer um mich, die einen versuchen mich mit Süßigkeiten zu ködern, andere mit Kaugummi oder mit Kondensmilch aus der Tube. Doch von mir bekommen sie nichts Gutes zu hören.

»Ich mag euch nicht! Ihr seid böse! Ihr wollt mich mit den süßen Sachen vergiften!«

»Wieso vergiften? Ist doch alles versiegelt!«

Ein kleiner, kurzbeiniger Soldat schraubt dicht vor meinen Augen eine Tube auf, hebt sie in die Höhe, hält sie mit der Öffnung nach unten und lässt eine lange Schlange leckerer Kondensmilch in seinen Mund rutschen. Ich nehme trotzdem nichts, obwohl ich verrückt nach Kondensmilch aus der Tube bin. Daraufhin ändern sie ihre Taktik.

»Schau her, das Gewehr, die Pistole. Kennst du diese Waffen? Kommen hier Leute mit solchen Waffen vorbei?«

»In dieser Stadt gibt es viele Menschen mit solchen Waffen«, antworte ich, »die sehen aus wie ihr. Nur kenne ich sie nicht.«

»Aber dein Vater – der redet doch sicher mit bewaffneten Männern wie uns.«

»Ich habe keinen Vater. Ich weiß nichts.«

»Gut, *negrita*, kleine Dunkle, dann lassen wir dich jetzt in Ruhe. Aber bevor wir gehen, darfst du noch eine Runde in unserem Helikopter drehen. Ist das ein Angebot? Ein hübscher Ausflug zum Abschied, dann seid ihr uns los!«

»Nein!«, rufe ich, »ihr wollt mich doch nur stehlen! Ihr wollt mich entführen.«

Ich kämpfe mit den Tränen, aber ich werde nicht weinen,

um nichts in der Welt. Ich muss stark sein, für meinen Vater bringe ich die Kraft einer Löwin auf. Die Männer verfluchen mich, denn ich falle auf keinen ihrer Tricks herein, irgendwie wissen sie nicht weiter. Dann aber kommt ein dicker, kräftiger Offizier hinzu. Sein Kopf ist groß und rund wie ein Fußball. Die Soldaten verstummen und treten beiseite.

In die Stille hinein brüllt er mich an: »Du Hurentochter! Damit du es weißt, endlich haben wir die Kerle. Alle soeben geschnappt. Zwei von ihnen mussten wir erschießen, sie verbluten hundert Meter von hier. Einer liegt im Sterben. Das hat er von seiner Dummheit.«

Dann lacht der fette Offizier und haut einem Soldaten kräftig auf die Schulter.

»Alles Lügen!«, schreie ich zurück. Ich weiß, dass sie mich in eine Falle locken wollen. Ich soll glauben, sie hätten meinen Vater erwischt, aber meine Angst um ihn, um meinen geliebten *papá,* macht mich schlau. Meiner Mutter ergeht es ganz anders. Sie ist dabei durchzudrehen, ihre schrillen Schreie reizen die Soldaten offensichtlich zur Weißglut, denn sie schlagen ihr mit dem Gewehrkolben auf den Kopf, bis sie blutet.

»Sei still, du verdammte Hure, du dumme Alte – sag uns, wo dein Mann ist!«

»In Arauca ist er«, sagt meine Mutter jetzt leise. Sie haben sie kleingekriegt. »Er ist nach Arauca geflohen, dorthin, wo wir früher gelebt haben.«

Ich aber weiß, dass sich mein Vater ganz in der Nähe versteckt haben muss. Er war doch heute Morgen noch hier. Was soll die Geschichte mit Arauca? Ist meine Mutter wahnsinnig geworden?

Das ist der Moment, in dem ich den irren Entschluss fasse

abzuhauen. Als ich höre, dass sie vorhaben, meinen Vater in Arauca einzufangen, und meine Mutter und mich mitnehmen wollen – wir sollen sie zu ihm bringen –, packt mich die Panik und ich will nur weg, weg, weg, egal, wie. Wenigstens weiß ich eines mit Sicherheit: Mein Vater lebt. Der kugelköpfige Offizier log, seine Männer haben noch niemand erschossen, auch ihn nicht. Würden sie sonst nach ihm in Arauca fahnden? Als sich die Soldaten kurz von mir abwenden, wittere ich meine Chance. Gebannt starren sie auf meine heulende Mutter und den fetten Offizier, der sie anschreit, sie solle sich endlich bewegen, denn jetzt gehe es nach Arauca, und wehe, das Ganze sei eine List. Wehe, sie versuche das kolumbianische Militär zu täuschen, dann …!

Ich bekomme seine weiteren Drohungen nicht mehr mit. Noch während er brüllt, drehe ich mich blitzschnell um und renne auf ein Loch in der Bambushecke zu. Fast schaffe ich es. Fast. Doch der Offizier ist achtsam wie ein Luchs, dem entgeht nichts. Er sieht mich und schießt. Ich weiß nicht, wohin er schießt, ob er mich treffen oder nur erschrecken will, doch zum Glück bleibt die Kugel irgendwo in der Bambushecke stecken.

Man wird noch oft in meinem Leben auf mich schießen. Doch dies ist das erste Mal, und da ich nur ein kleines Mädchen bin, kann ich nicht anders, als wie am Spieß zu brüllen. Eigentlich möchte ich nach meinem *papito* rufen, aber diesen Impuls unterdrücke ich gerade noch, Dank sei Gott. Was danach geschah, weiß ich nicht mehr. Ich erinnere mich nur noch, dass die Soldaten einen Kreis um mich bilden, laut auf mich einreden, während ich stumm auf dem

Boden hocke und meine Mutter irgendwo im Hintergrund schluchzt. Kurz danach schaffen die Männer meine Mutter und mich vor das Haus. Sie werden uns nach Arauca bringen oder sonstwohin, denke ich, doch meinen Vater werden sie dort nicht finden. Und was dann? Ich wiederhole dauernd, dass ich nirgendwo hinwill, sie sollen mich bitte allein zurücklassen und nur meine Mutter mitnehmen. Ich gebe nicht auf, und dennoch – mein Mut beginnt zu schwinden. Mein Herzensvater, mein Beschützer im Leben, ist nicht mehr bei mir. Doch dann passiert etwas Seltsames.

Der dicke Offizier verschwindet kurz in seinem Jeep, benutzt wohl sein Funkgerät, steigt wieder aus und befiehlt seinen Leuten: »Bringt sie in ihre Bude zurück und – ja, warum nicht, lasst ihnen ein paar Konserven da.« Zu uns sagt er: »Ihr bleibt im Haus. Ich warne euch – nicht einen einzigen Schritt nach draußen! Wir kommen wieder.«

Zwei Soldaten schieben uns durch die Haustür, stellen Büchsen mit Nudeln auf den Küchentisch und gehen.

»Adios, *negrita*, tschüs, kleine Dunkle«, murmelt einer von ihnen und lächelt mir zu.

Junge Typen haben mich immer gemocht, egal, ob Soldaten, Guerilleros oder ganz normale Männer. Seit ich zurückdenken kann, machen sie mir Komplimente. Ihnen gefallen meine wehmütigen schwarzen Augen, sagen sie, mein schüchternes Lächeln; ich sei süß, ich sei hübsch, die *negrita* ihrer Träume. Und dann kommt immer das Gleiche – wie das überhaupt möglich sei, ein solches Mädchen bei der Guerilla! Denn Guerilleras sind nicht freundlich und süß, die meisten sind hart wie Stahl, mit sich, mit anderen, aber vor allem natürlich mit ihren Gegnern.

Bis zum Abend blieben meine Mutter und ich in der Küche. Ich blickte in ihre verweinten Augen, wir redeten kaum miteinander, aßen nichts, trauten uns nicht einmal auf den Hof, um aufs Klo zu gehen. Sie presste einen nassen Lappen auf die Wunde an ihrer Schläfe, saß einfach da, still wie nie zuvor. Ich aber fing irgendwann an zu heulen und hörte nicht mehr auf, als mein Entsetzen mit unglaublicher Wucht aus mir hervorbrach.

»Wo ist mein Vater? Was werden sie mit ihm machen? Was werden diese Scheusale ihm antun?«

Hätten wir doch nach Arauca fahren sollen? Hätte meine Mutter ihn damit vielleicht gerettet? Nun suchten sie ihn bestimmt überall in unserer Gegend. Was, wenn sie ihn finden würden? Irgendwann schliefen wir am Tisch ein, wir konnten nicht mehr.

Es war schon dunkel, als es auf einmal an der Tür klopfte. »Ich bin es, Pepita. Macht auf!«

Pepita war unsere Nachbarin. Sie wohnte mit ihren zwei Söhnen etwa hundert Meter von uns entfernt. Ihr Mann hatte sie für eine andere verlassen, aber er kam recht oft vorbei, um die Kinder zu sehen. Auch er arbeitete mit der Guerilla zusammen.

»Unser Glück, dass er heute nicht da war«, rief Pepita. »Sie haben unser Haus auf den Kopf gestellt, alles durchsucht, jeden Winkel, sogar die Matratzen aufgeschlitzt. Aber nichts Verdächtiges gefunden. Es gab ja auch nichts. Irgendwann sind sie weitergezogen. Aber wisst ihr, was sie gesagt haben? Sie wollen Sandrita mitnehmen.«

Sie würden mich an einem der nächsten Tage holen, denn mein Vater sei bei der Guerilla, ich dürfe mit so einem nicht leben, er würde mich zur Hure dieser Verbrecher-Rebellen machen. Sie aber würden mich in eines der staatlichen Kinderheime bringen. Dort bekäme ich eine richtige Schulausbildung, und man würde mich zu einer anständigen Frau erziehen. Nun weinten wir alle drei.

Plötzlich klopfte wieder jemand. Wir hielten den Atem an. Es klopfte ein zweites Mal, und als wir nicht antworteten, wurde die Tür aufgestoßen. Ein junger Mann stand vor uns, das Gesicht verkratzt und blutverschmiert, die nackten Füße und die Hose schwarz vor Dreck.

Ich schrie: »Hilfe, da kommt ein Verrückter!«

Aber es war kein Verrückter. Es war Raulito, ein Guerilla-Freund meines Vaters.

Meine Mutter gab ihm ein Glas Wasser und betupfte seine Schrammen mit einem nassen Lappen, dann erzählte er, wie er meinen Vater warnen konnte: »Das Militär ist hinter dir her, *compañero*. Du musst hier weg. Die Soldaten bespitzeln dich schon lange, aber die Männer von der FARC haben Wind davon bekommen. Sie haben mich zu dir geschickt. Wenn du jetzt nicht abhaust, bringen sie dich um.«

Er sei direkt aus seinem Versteck in den Bergen gekommen, erzählte Raulito, und mein *papito* habe sich in einem Haus weiter unten am Fluss verkrochen. Ich sollte mit ihm mitkommen, bevor das Militär wieder auftauchte.

Noch in der gleichen Nacht huschten wir durch die schlafenden Sträßchen an den etwa zwei Kilometer entfernten Fluss. Dort wartete ein kleines Boot, das uns an den Ort bringen sollte, wo *papá* sich aufhielt. Raulito hatte alles organisiert. Fast lautlos paddelte er uns durch das schwarze Wasser, Mosquitos schwirrten zu Hunderten um unsere Köpfe, aber wir trauten uns nicht, sie wegzuklatschen, bevor sie zustachen. So groß war unsere Angst, doch noch entdeckt zu werden. Erst als wir die Häuser am Ufer hinter uns gelassen hatten, als rechts und links nur noch undurchdringlicher Busch wuchs, ließ Raulito den Motor des Bootes an.

Ich konnte es nicht erwarten, meinen *papito* wiederzusehen. Keine Tränen mehr, keine Angst, seitdem ich wusste, dass er lebte. Kaum hatten wir unser Ziel erreicht – ein schlammiges Ufer mit ein paar ärmlichen Hütten –, nahm ich Raulitos Hand, und wir schlichen zu der einzigen Hütte, in der ein Licht brannte. Dort hielt sich mein Vater versteckt. Er musste uns gehört haben, denn wir waren noch nicht an der Tür, als er schon öffnete und in die Dunkelheit blinzelte. Ich stürzte auf ihn zu, sprang in seine Arme und klammerte mich an ihm fest. Er stöhnte vor Schmerzen, mein armer Vater, denn er war verwundet. Doch in dem Moment konnte ich keine Rücksicht auf ihn nehmen. Kaum hatte er uns ins Zimmer geschoben, redete ich wie wild auf ihn ein. Alles, was geschehen war, musste ich ihm erzählen, auch dass ich ihn nicht verraten hatte, dass meine Mutter aber mit mir und den Soldaten nach Arauca fahren wollte, obwohl sie wusste, dass er dort gar nicht sein konnte. Ich beklagte mich über sie und beschuldigte sie. Alles, was ich an Grausamem erlebt hatte, sprudelte aus mir heraus.

Wer weiß, ob ich mit meinen Beschuldigungen gegen *mamá* damals im Recht war. Meine Abneigung gegen sie war so groß, dass ich nur noch einen Wunsch hatte, nämlich ab jetzt und für immer bei meinem Vater zu sein. Niemals würde ich bei meiner Mutter bleiben, niemals! Ich hielt mich an meinem *papito* fest, heulte und bettelte, er solle diese *mamá tan mala*, die böse Mutter, endlich wegschicken. Ich würde ihn begleiten, wo auch immer er hinging. Er wollte zur Guerilla. Bisher war er nur Sympathisant gewesen, einer, der mit Guerilleros zusammensaß, mit ihnen trank und diskutierte. Nun aber musste er sich endgültig zur FARC bekennen, er musste sich in ihre Kampftruppen einreihen. Denn das kolumbianische Militär war hinter ihm her.

II. Zwischenleben

Von einer Familie zur anderen

Nachdem ich meinen Vater wiedergefunden hatte, war ich davon überzeugt, dass er mich bei der Hand nehmen und in das Camp der Guerilla führen würde, wo wir dann gemeinsam ein aufregendes Abenteuer nach dem anderen erlebten. Aber natürlich täuschte ich mich. Er stellte gleich klar, dass ich noch viel zu jung sei für die FARC. »Du bist erst neun. Die *comandantes* der FARC dulden keine Kinder in ihren Einheiten, niemals und auf keinen Fall«, erklärte er. Erst mit fünfzehn Jahren sei man hinreichend gefestigt und verlässlich genug, um mit Pistolen, Gewehren, Schnellfeuerwaffen und Granaten umzugehen.

Als mein Vater sah, wie bestürzt ich war, schlug er tatsächlich vor, ich solle die nächsten Jahre bei meiner Mutter bleiben. Ich könne mit ihr an einen Ort ziehen, wo uns das Militär niemals finden würde. So sei sein Töchterchen, seine Sandrita, endlich in Sicherheit. »Wäre das nicht schön für dich? Dann brauchst du nie wieder Angst zu haben vor den Soldaten mit ihren tödlichen Waffen!«

Ich sehe meinen *papá* heute noch vor mir, wie er in die Hocke ging, bis sein Gesicht auf der gleichen Höhe mit meinem war, wie er seine großen Hände auf meine Schultern legte und sagte: »Sandrita, wenn du nicht mit deiner Mutter gehst, wirst du ein Vöglein ohne Nest sein, niemals sicher vor den Klauen der gierigen Raubtiere.«

Er sah mich aus seinen schmalen, dunklen Augen eindringlich und seltsam lauernd an. Mir wurde komisch zumute. Warum tat er mir das an?

»Ich habe keine Angst vor dem Militär!«, rief ich. »Ich bleibe nicht bei *mamá*, sie ist böse!«

Rasch presste er seine Hand auf meinen Mund, drückte mich an sich und sagte: »Ist schon gut, Sandra, *tranquila*, ganz ruhig.«

Meine Mutter zog bald darauf zu Bekannten in ein Städtchen namens Agua Chica. Ich habe sie seitdem nicht wiedergesehen, nie wieder etwas von ihr gehört. Mein Vater brachte mich bei einer jungen Lehrerin unter, die er gut kannte. »Dieser Frau können wir beide vertrauen«, erklärte er. »Bei ihr bist du ab jetzt zu Hause.«

Ich weiß nicht mehr, wie wir dort hingekommen sind. Aber an den Abschied von meinem Vater denke ich oft. Er war sehr traurig. Es war bereits Nacht, als wir den asphaltierten Schulhof betraten und auf ein niedriges, lang gestrecktes Gebäude zugingen, das in der stillen Finsternis wie eine große, schlafende Schildkröte aussah. Das Haus war unbeleuchtet, nur hinter einem einzigen Fenster brannte ein schwaches Licht. Mein Vater klopfte kurz an die Scheibe. Eine kleine Frau mit gewaltigen Hüften in einem kurzen, sehr engen Rock öffnete uns die Tür.

Die Lehrerin wollte uns beide hereinbitten, aber mein Vater sagte: *»Ay, que pena,* es ist mir sehr peinlich, aber ich muss sofort weiter. Ich kann keine Minute bleiben.«

Bevor er ging, strich er mir sanft mit dem Handrücken über die Wange. Ich schüttelte heftig den Kopf und wandte mich von ihm ab. Er sollte mich nicht anfassen. Ich fürchtete mich vor seiner Berührung, vor seiner Zärtlichkeit, denn um nichts in der Welt wollte ich jetzt anfangen zu heulen. Die Lehrerin nahm mein Kleiderbündel und zog mich ins Haus. Als ich mich noch einmal umdrehte und meinem Vater zuwinkte, immer noch fest entschlossen, nicht zu weinen, sah ich, dass seine Lippen zitterten. Mit dem Ärmel wischte er sich rechts und links die Tränen aus dem Gesicht und ging.

Das war das erste und das einzige Mal, dass ich meinen Vater weinen sah. Mein armer *papito!*

Dieser Abschied war kein alltäglicher Abschied. Ich hatte mich für meinen Vater entschieden, weil ich bei ihm sein wollte, doch die Entscheidung bedeutete Trennung – ich wollte bei ihm sein, und er ging weg. Jetzt ist es so weit, dachte ich, jetzt bist du das verlorene Vöglein ohne Nest, genau wie es dein Vater vorhersagt hat.

Die Lehrerin bewohnte zwei enge Kammern in dem hintersten Teil des Schulgebäudes, das mir gruselig vorkam mit seinen verschmierten Wänden, den zerbrochenen Fensterscheiben und den menschenleeren Klassenräumen, in die der Wind Müll und Blätter hineinfegte. Das eine Zimmerchen im Trakt der Lehrerin war unsere Schlafkammer. Wenn es Nacht wurde, holte sie unter ihrem Bett eine Matratze für mich hervor und legte eine Wolldecke und ein Kissen für mich bereit.

In der anderen Kammer standen ein Tisch mit zwei Stühlen und eine Kochplatte, auf der sie für uns jeden Tag etwas zu essen machte. Gebratene Bananen, Reis, Bohnen, Yucca, manchmal auch *buñuelos,* frittierte Fleischbällchen oder *arepas con huevo,* kleine Pfannkuchen aus Mais mit einem Ei, die ich besonders mochte. Aber kaum lag das Essen auf meinem Teller, verkrampfte sich mein Herz vor Sehnsucht, denn es erinnerte mich an meine Großmutter. Am Wochenende hatte sie stets Dutzende *arepas* für mich und meinen *papi* zubereitet. Wir verschlangen sie alle.

Die Lehrerin fragte mich niemals aus, wofür ich ihr sehr dankbar war. Ich glaube, wenn ich ihr meine Geschichte erzählt hätte, dann wäre ich doch noch in Tränen ausgebrochen und hätte mit dem Weinen überhaupt nicht mehr aufgehört. Da sie aber nie darüber sprach, warum mich mein Vater bei ihr gelassen hatte, lebte ich bei ihr wie eine Namenlose aus einer totgeschwiegenen Welt.

Erst viel später erfuhr ich, dass die FARC die Lehrerin bezahlte, dass die Guerilla also für mich aufkam. Das war sicherlich der Grund, warum mir diese Frau nie in die Augen sah, wenn sie mit mir redete, entweder blickte sie an mir vorbei oder senkte den Kopf und schaute zu Boden. Ich war ihr wohl nicht geheuer, kein normales kleines Mädchen wie die Schülerinnen, die sie unterrichtete. Und genau das, ein Mädchen wie alle anderen, wäre ich so gern gewesen. Vielleicht spielte ich deswegen in dieser Zeit so gerne Schule und Schülerin. Ich war gut darin, mir Dinge vorzugaukeln, die Wirklichkeit zu verjagen und mir eine andere Welt vorzustellen. Diese Fähigkeit sollte mir später noch zugute kommen, dann, wenn ich für die FARC in den Städten als Spionin unterwegs war.

Ich war während der Schulferien bei der Lehrerin untergekommen und überwand nun allmählich meine Scheu vor dem verlassenen Schulgebäude. Tag für Tag besuchte ich die drei leeren Klassenräume, setzte mich auf eine der verstaubten Bänke und spielte abwechselnd Schülerin und Lehrerin. Ich zählte in jedem Klassenzimmer einmal bis hundert, denn das hatte man mir bereits beigebracht, sang ganz leise alle Lieder, die ich kannte, und ging dann von

Platz zu Platz, um im Auftrag der imaginären Lehrerin Hefte auszuteilen.

Ich war eine sehr aufmerksame Schülerin, sodass ich, wenn ich gerade in der Rolle der Lehrerin steckte, alle Kinder ausschimpfte und nur die fleißige Sandra lobte. Ich spornte sie an, weiterhin so *juiciosa*, so brav und tüchtig, zu sein.

Doch diese Tagträume fanden ein schnelles Ende, als nach drei, vielleicht auch vier Wochen ein Helikopter über der Schule kreiste. Die Lehrerin wusste sofort, was los war. Es konnten nur Soldaten sein, die ausgeschickt worden waren, um nach mir zu fahnden. Ich sah, wie der Lehrerin der Schweiß ausbrach, in ihrem erhitzten Gesicht stand deutlich die Angst geschrieben. Der Hubschrauber drehte eine Runde nach der anderen, flog tiefer und tiefer. Die Lehrerin drückte sich ganz flach an die Wand neben dem Fenster und spähte hinaus.

»*Ay*, Sandra«, flüsterte sie, »die werden im Pausenhof landen. Genau das haben sie vor! Sie werden dich schnappen, *mjita*, sie werden dich mitnehmen und mich auch.«

Aber dann drehten sie plötzlich ab, verschwanden und kamen nicht wieder. Ich habe keine Ahnung, warum das so war, aber es ist auch nicht wichtig. Ich habe mir angewöhnt, niemals nach Gründen zu fragen, wenn sich Gefahren durch eine rätselhafte Fügung plötzlich von mir abwenden. Ich bin dann einfach nur glücklich. Doch die Lehrerin glaubte nicht an schicksalhafte Fügungen. Sie zitterte am ganzen Leib, denn wie jeder in unserem Land wusste auch sie von der Unerbittlichkeit der Soldaten bei der Suche nach ihren Feinden. Kaum war der Hubschrauber verschwunden, schnitt sie mir meine rückenlangen Haare ab, bis ich nur noch Stoppeln auf dem Kopf hatte. Man sollte mich nicht erkennen, falls das Militär doch noch plötzlich vor unserer Tür stand.

Aber die Angst blieb und ließ sich trotz meines nahezu kahl geschorenen Kopfes nicht vertreiben. Die Lehrerin kam nicht zur Ruhe, sie wurde immer panischer, und schon wenige Tage später ließ sie meinen Vater benachrichtigen, er solle mich sofort holen. Es tue ihr sehr Leid, aber sie wolle das Töchterchen eines Guerilleros nicht mehr bei sich beherbergen, denn wer wisse schon, was die Armee noch alles vorhabe.

Damit begann eine sechs Jahre anhaltende Wanderschaft, die mich von einer Familie zur nächsten führte. Kaum jemand wollte mich länger als vier, fünf Monate bei sich behalten, und in dieser kurzen Zeit machten sie mir das Leben sehr schwer. Die meisten jedenfalls. Dabei nahmen mich die Leute zunächst sehr herzlich auf und versprachen, mich wie eine eigene Tochter zu behandeln. Doch bald schon zeigte sich ihre wahre Natur. Obwohl die Guerilla für mich bezahlte, nutzten sie meine Hilflosigkeit aus und zwangen mich, für sie zu arbeiten, als wäre ich eine gefühllose Putzmaschine. Ich schrubbte die Böden und die Innenhöfe, kümmerte mich um die schmutzige Wäsche. Die dreckigen Wäschestücke lagen überall herum, unter den Betten, neben den Stühlen und Schränken. Ich musste das Zeug einsammeln, waschen und aufhängen. Außerdem passte ich auf die kleinen Kinder auf, obwohl ich doch selbst noch ein Kind war, und bediente die Erwachsenen, als wären sie etwas Besseres und ich ihr Dienstmädchen. Und wenn ich nicht parierte, brüllten sie herum, was ich mir dächte, ich sei faul und störrisch wie eine *mierda de mula*, wie ein beschissener Maulesel.

Ich schuftete, was das Zeug hielt, aber es nützte mir nichts. Die Leute warfen mich trotzdem nach wenigen Monaten wieder hinaus. Die Angst setzte ihnen zu und übertraf irgendwann ihre Gier, das Geld der FARC zu kassieren. Die Menschen wussten nur zu genau, dass man sich immer in Gefahr befand, wenn man mit der Guerilla zusammenarbeitete. Jedem, der dabei erwischt wurde, wie er eine von den Regierungssoldaten Gesuchte bei sich beherbergte, drohte die Verhaftung und jahrelanges Gefängnis. Wenn er nicht vorher von den *paras* erledigt wurde – meistens im Auftrag des Militärs. Dass die Paramilitärs häufig die Drecksarbeit für die Armee erledigen und dafür bezahlt werden, war auch kein Geheimnis.

Also wollte mich keine Familie längere Zeit bei sich behalten. Ich wurde immer wieder verjagt und fühlte mich wie ein Straßenköter, aussätzig, als hätte ich eine ansteckende Krankheit. Ich weiß selbst nicht, wie ich das alles ertragen konnte, und ich frage mich heute, wieso ich nicht nach meinem Vater oder, in meiner Not, sogar nach meiner Mutter gerufen habe, damit mich endlich jemand von diesem Hundeleben erlöste. Eines aber weiß ich – ich wollte immer stark sein. Unangreifbar, insbesondere, wenn man mich demütigte. Wahrscheinlich habe ich deshalb niemals um Hilfe gerufen. Stattdessen errichtete ich in meinem Inneren eine Festung mit sehr dicken und sehr hohen Mauern. In dieser Festung verwahrte ich meine Kraft, meinen Mut und die Liebe zu meinem Vater wie eine Kostbarkeit, die niemand beschmutzen konnte. Wer mir Böses antat, wer mich verriet, den sperrte ich aus, ich ließ ihn an meiner Festungsmauer abprallen. Viele Menschen sagen mir, ich sei unnahbar, manche meiner Mitgefangenen hier im Frauengefängnis werfen mir sogar vor, ich sei hochmütig. Dabei habe ich bloß einen Weg gefunden, zu überleben, ohne zusammenzubrechen. Selbst in den härtesten, grausamsten Zeiten bei der Guerilla schützte ich meine Gefühle. Und wenn mir eine gemeine, intrigante Insassin das Leben zur Hölle machen will, tauche ich weg, denn in meinen eigenen Sicherheitstrakt dringt niemand ein. Keiner bezwingt meine Seele, keiner! Nur noble, liebevolle Menschen dürfen meine Seele erobern, doch ich muss ihnen erst ganz und gar vertrauen können.

Mit elf Jahren kam ich endlich zu einer Familie, die mich liebte, als wäre ich ihr eigenes Kind. Sie lebte außerhalb des Städtchens El Oasis auf einer geräumigen Finca mit einer großen schattigen Veranda und einem verwilderten Garten, in dem Orchideen blühten und kleine Mandelbäume wuchsen. Die Familie besaß eine Herde Vieh und einen Teich voller Fische, die wir fingen, um sie auf dem Markt zu verkaufen. Ich konnte mein Glück nicht fassen. Täglich wartete ich darauf, dass auch diese Leute anfangen würden, mich zu schikanieren und mich spüren zu lassen, dass ich nicht zu ihnen gehörte. Aber meine Befürchtungen traten nicht ein. Diese Erwachsenen waren nicht nur freundlich zu mir, sie erzogen mich sogar und leiteten mich an. Das hatte noch nie jemand getan. Für mich sind sie noch heute meine zweiten Eltern, deren Namen ich niemals preisgeben werde, um sie nicht in Gefahr zu bringen.

Streng und bestimmt sagten sie mir: »Wir möchten, dass du jeden Tag duschst, deine Unterwäsche wechselst und die Zähne putzt. Du musst deine Sachen aufräumen, anstatt sie in einer Zimmerecke zusammenzuknüllen. Jeden Morgen schüttelst du dein Kopfkissen aus und ziehst dein Bettzeug glatt. Wenn du nicht lernst, ein ordentliches junges Mädchen zu werden, dann wird der Mann, den du mal heiratest, sehr wütend sein und dich schlagen. Zu Recht!«

Ich war damals noch ein wildes Kind, das am liebsten Fußball im Dreck der Straßen spielte und sich stark wie ein Junge fühlte. Aber wenn mich meine neue Familie ausschimpfte, kämpfte ich mit den Tränen. Ich kannte mich nicht aus mit Menschen, die mich schimpften und es dabei trotzdem gut mit mir meinten. Man kümmerte sich um mich, und für genau drei Jahre hatte ich ein neues Zuhause gefunden. Vor allem der Vater in dieser Familie war nobel, suchte nicht, wie ich es sonst erlebt hatte, nur seinen eigenen Vorteil. Er kaufte sogar mir und seinem Sohn, der so alt war wie ich, ein Fahrrad, damit wir in die Schule radeln konnten, anstatt eine ganze Stunde zu Fuß zu gehen. Wir wechselten uns ab – an einem Tag saß der Junge auf dem Sattel und fuhr, während ich auf der Stange saß, am nächsten Tag war es umgekehrt. Der Pflegevater schickt mir heute manchmal bunte Turnschuhe und modische Hosen mit Taschen und Reißverschlüssen ins Gefängnis. Er ist sehr lieb.

Mein eigener Vater, mein *papito*, schrieb mir oft in dieser Zeit. Er schickte mir kleine Briefchen durch Guerilleros, die in El Oasis ein und aus gingen. Seine Nachrichten waren nur wenige Zeilen lang, da das Schreiben meinen Vater große Mühe kostete. »*Mjita*, mein Töchterchen«, stand auf kariertem Papier, das er aus Heften herausriss, »lerne fleißig, damit du in deinem Leben vorankommst. Lass dich nie mit einem Jungen ein, pass auf dich auf und sei immer brav. Der Alltag hier im Camp ist hart, außerdem müssen wir oft kämpfen, aber ich tue das für mein Land. So wird eines Tages Schluss sein mit der Ausbeutung durch die Millionäre, durch die Korruption und die Amerikaner. Die Reichtümer dieses Landes werden dem Volk gehören! Bald sehen wir uns. Dein Vater, der dich sehr liebt.«

Meine Bewunderung für meinen Vater kannte keine Grenzen. Gerade in dieser Zeit war ich gewaltig stolz auf ihn, den mutigen, furchtlosen Freiheitskämpfer, der unserem Land weiterhalf. Ich gab mit ihm an und genoss die respektvolle Anerkennung meiner Freunde, vor allem der Jungen. Ich war die Einzige weit und breit, die einen wahrhaftigen, einen kämpfenden Guerillero zum Vater hatte. Und wenn er alle zwei, drei Monate ohne Vorankündigung in seinem Kampfanzug bei meiner Pflegefamilie auftauchte, die Pistole immer dabei, dann spürte ich, wie sehr das den Nachbarskindern imponierte. Ich kam mir außerordentlich wichtig vor.

Der Ort El Oasis war fest in der Hand der Guerilla. Die meisten Bewohner zahlten entsprechend ihren finanziellen Möglichkeiten eine kleine oder eine größere *vacuna* an die FARC, einen »Impfstoff«, wie das Schutzgeld hier zu Lande genannt wird. Selbst wenn nicht alle Menschen aus vollem Herzen mit der Guerilla sympathisierten, so hielten sie sich doch mit Kritik oder Klagen zurück, denn in dieser Gegend herrschten die Rebellen. In El Oasis beschwerte sich keiner über die FARC.

Für mich war dies also ein relativ sicherer Platz. Jede Nacht betete ich zu meinem *angelito de la guardia*, meinem Schutzengel, das Militär möge diesen Ort niemals ins Visier nehmen, niemals unvermutet einmarschieren, denn dann käme es zu Straßenkämpfen und Blutvergießen und ich – ich müsste Hals über Kopf die Flucht ergreifen. Doch nicht das Anrücken des Militärs brachte mein Leben wieder durcheinander, sondern ein ganz anderer Umstand zwang mich, von meiner geliebten Pflegefamilie Abschied zu nehmen.

Die Machtprobe

Ich hatte das fünfte Schuljahr beendet, und in El Oasis gab es keine weiterführende Schule. Aufgrund meines Wanderlebens hatte ich viel Zeit verloren, hatte viele halbe und ganze Schuljahre wiederholen müssen, aber nun war ich endlich so weit und konnte mit vierzehn Jahren die Grundschule abschließen. Ich sollte auf einer höheren Schule weiterlernen. Als ich ging, weinte ich hemmungslos. Ich war nicht mehr stark, ich war vollkommen aufgelöst. Ich wusste, dass ich meine Pflegeeltern nie wiedersehen würde, denn mir blieb weniger als ein Jahr bis zu meinem fünfzehnten Geburtstag, bis zu dem Stichtag, an dem die FARC mich in ihre Camps holen würde.

Mein Vater brachte mich höchstpersönlich zu einer neuen, auch ihm völlig fremden Familie – zu einer Mutter mit vier kleinen Kindern. Sie lebte in Saravena, einer Stadt im Bundesstaat Arauca. Dort gab es die richtige Schule für mich. Leider war diese Stadt ein gefährlicher Ort für jeden, der mit der Guerilla in Verbindung stand. Denn hier marschierte nicht nur regelmäßig das Militär auf, hier standen überall Polizisten herum und hielten Wache. Die Polizeistation war gigantisch, was Guerilleros dazu zwang, extrem wachsam und immer auf der Hut zu sein.

Doch mein Vater, ausnahmsweise in Jeans und mit einem

gemusterten Hemd und Turnschuhen bekleidet, meinte beschwichtigend: »Keine Angst, Sandrita, Saravena ist so groß und anonym, dass Guerilleros in Zivil gar nicht auffallen.«

Nur hatte er nicht mit der allgegenwärtigen Angst in unserem Land gerechnet. Mit der tief sitzenden Angst der Menschen, durch irgendeine Unvorsichtigkeit, durch einen unbedachten Schritt plötzlich in die Fänge der Guerilla zu geraten. Oder aber von deren Feinden, den *paras*, dem Militär oder der Polizei, aus irgendeinem Anlass verdächtigt und eingefangen zu werden. Was mir in Saravena widerfuhr, geschah nur, weil meine neue Gastmutter panisch wurde.

Als es passierte, lebte ich gerade mal zwei, drei Monate bei ihr und ihren Kindern. Es waren verlotterte Kinder, die in meiner Erinnerung nichts anderes taten, als zu weinen, zu schreien und übereinander herzufallen. Wenn ihre Mutter sich dann irgendeinen Gegenstand griff und zwischen sie warf, rannten sie weg, stritten und heulten weiter, mal in der Küche, im Flur oder im Treppenhaus.

Die Frau bewohnte drei schäbige Zimmer in einem dreistöckigen, völlig verfallenen Mietshaus. Von den Wänden fiel der Putz, das Treppengeländer war von Rost durchfressen und so wackelig, dass man es nicht einmal antippen durfte. »Es kracht sonst zusammen«, warnte die Frau.

Deshalb schob sie ihre Kinder immer an der Wandseite der Treppe herunter oder herauf und schimpfte dabei laut über ihre *vaina de vida*, über ihr verpfuschtes Leben.

Der Frau fehlten zwei Schneidezähne, sodass sie beim Reden mit der Zunge in eine Lücke stieß und beim Schimpfen zischte und spuckte. Kein Wunder, dass kein Mann sie will, dachte ich mir, denn ich fand sie einfach nur eklig.

Im Eingang des Mietshauses lagen weggeworfene Essensreste und uralter Abfall herum, doch am schlimmsten war der Gestank nach Urin. Streunende Katzen huschten umher, pissten in die Ecken, durchwühlten die Müllhaufen und jagten nach Mäusen. Keinem der Bewohner schien das etwas auszumachen, niemand entfernte den Müll oder die zerstückelten Mäuseleichen. Ich auch nicht. Jedes Mal, wenn ich morgens die Wohnung verließ, um in die Schule zu gehen, drückte ich mir mit den Fingern die Nase zu und rannte so schnell ich konnte ins Freie.

Die Frau schickte mich häufig zum Einkaufen, von wo ich voll beladen, vor allem mit Bierflaschen, wieder in das stinkende Haus zurückkehrte.

Doch eines Nachmittags spielte mein Leben wieder verrückt. Ich bog um eine Straßenecke, ein frischer Wind wehte mir ins Gesicht, und ich war selig, dem finsteren Drecksloch für eine Weile entkommen zu sein, als mir dieser *muchachito* über den Weg läuft. Es ist Quico – ein Guerillero. Der junge, leidenschaftliche Quico, der zur Clique der Kämpfer gehörte, die meinen Vater früher regelmäßig besuchten, mit ihm tranken und diskutierten, als wir noch mit meiner Mutter zusammenlebten. Damals war er voller Stolz in Kampfanzug und Militärkappe aufgetreten, hatte mit glühenden Augen tolle Geschichten von seinem ersten Jahr bei der FARC erzählt. Hatte von Abenteuern berichtet, die ich zu dem Zeitpunkt wieder vergessen hatte. Jetzt trug er einen Bürstenhaarschnitt, ein verschwitztes gelbes T-Shirt und farbige Schlappen aus Plastik. Aber ich erkannte ihn trotzdem, und zwar an seinen Augen. Als er mich sah, glühten sie fast so wie damals. Ungläubig starrte er mich an, dann umarmte er mich, drückte mich mit aller Kraft an sich, voller Freude, so vollkommen unerwartet auf mich zu treffen. »Ich bin abgehauen«, flüsterte er in mein Ohr, »ich konnte nicht mehr. Sandrita, es war zu viel. Einfach zu viel.«

»Was ist passiert?«, fragte ich, ohne mir damals auch nur im Geringsten vorstellen zu können, was er mir sagen wollte.

Er zog mich in eine Seitenstraße, lehnte sich gegen eine Häuserwand und fing an zu reden: »Vor zwei Tagen haben wir einen Bus überfallen. Du weißt, ein *retén*, eine Straßensperre. Der Bus bremst, bleibt stehen, fünf von uns sind gleich rein. Der Fahrer rückt sein Geld raus, die gesamten Fahrgelder der Mitfahrenden, heult und fleht um sein Leben. Man hatte uns gesagt, dass dieser Typ mit der Polizei unter einer Decke steckt, dass er ein Spitzel ist. Wir tun ihm trotzdem nichts. Es sind ein paar Ausländer im Bus, wohlhabende Leute, man sieht es, Touristen mit voll gepackten Rucksäcken. Denen nehmen wir alles ab, Geld, Klamotten, Kameras. Ein paar andere, die auch nicht arm aussehen, müssen ihr Zeug ebenfalls hergeben. Als einer protestiert, schießt einer der *camaradas* auf ihn. Musste sein. Aber ich will das nicht mehr. All das Blut, so will ich nicht leben.«

Mehr habe ich von Quico nicht erfahren. Nicht mal, wie er abhauen konnte. Er hörte plötzlich auf zu erzählen, vermutlich bemerkte er, wie erschrocken ich war. Ich hatte zu dieser Zeit noch keine richtige Vorstellung von der Guerilla. Er sagte nur noch: »Ich will für eine Weile hier in Saravena untertauchen. Dann schlage ich mich nach Ecuador durch. Ich habe gehört, dass sie dort noch kolumbianische Flüchtlinge aufnehmen. Das einzige Land, das uns nicht zurückschickt, wenn wir mal drin sind. Irgendwie schmuggle ich mich über die Grenze.«

Als er sich von mir verabschiedete, drückte er mich noch einmal an sich. Er tat mir sehr Leid, er wirkte gehetzt und roch nach altem Schweiß.

Meine Hauswirtin erfuhr noch am selben Abend von dieser Begegnung. Wer weiß, wer uns gesehen, wer da geredet hatte, auf jeden Fall wollte die Frau mich plötzlich loswerden, und zwar so schnell wie nur irgend möglich. »Du musst hier weg, du bringst nur Unglück, du verdammte Herumtreiberin!«, brüllte sie.

Nachbarn, Freunde und Verwandte kamen in die Wohnung gerannt, alle waren in heller Aufregung. Sie redeten von nichts anderem als von meiner unglückseligen Begegnung mit diesem entlaufenen *muchacho*. Ein desertierter Guerillero sei eine tödliche Gefahr, sogar eine doppelt tödliche Gefahr, denn schließlich sei nicht nur die FARC hinter ihm her, bald werde auch das Militär nach ihm fahnden.

»Was ist, wenn die Soldaten ihm auflauern und er uns verrät? Und was, wenn die FARC ihn findet? Wenn es eine Verfolgungsjagd gibt? Dann kommt es zur Schießerei, und wer weiß, wer alles getroffen wird!«, jammerten sie um die Wette und kreischten so laut und heftig durcheinander, als stünde das Schießkommando bereits vor der Tür.

Ich verkroch mich in meine Schlafkammer und zog mir die Decke über den Kopf, doch durch die dünne Tür hörte ich sie schreien: »Sie muss weg, sie muss raus aus dem Haus, raus aus der Stadt!«

Ich kam mir vor wie eine Hexe, die verjagt und verbannt werden musste, weil sie schlecht und bösartig war.

Die Frau ließ also meinen Vater benachrichtigen, und sie vereinbarten einen Treffpunkt in einem Städtchen, das Panamá heißt – einer der wenigen »neutralen« Orte in dieser

Region. In Panamá hatte bis dahin noch keine Guerillagruppierung Fuß gefasst, sodass der Ort auch nicht von den paramilitärischen Banden belästigt wurde. Es patrouillierten keine Soldaten durch die Straßen. Da der Ort sicher schien, sollte die Frau mich dorthin bringen. Ich musste in Windeseile meine Kleider und Schulbücher zusammenpacken, um danach mit der grässlichen Frau in einen dieser alten, überfüllten Busse zu steigen, die über Land fahren. Sie klappern jedes Dorf ab und halten, sobald jemand an der Klingelschnur zieht. Von Saravena bis nach Panamá brauchte der Bus zwischen drei und vier Stunden. Die Sonne ging gerade auf, als wir den Bus bestiegen. Die Frau wollte den allerersten an diesem Tag nehmen, um mich bereits am Abend los zu sein.

Wir saßen nebeneinander auf meinem voll gestopften Koffer aus harter brauner Pappe, starrten geradeaus und sprachen kein Wort. Zu unseren Füßen hockten mehrere *indígenas* auf ihren Bündeln, Indianer aus den Bergdörfern der Sierra de Santa Marta, eingehüllt in ihre wollenen Umhänge, die *ruanas*, die breitkrempigen schwarzen Hüte, auf dem Kopf. Ihre Babys trugen sie in selbst gewebten Tragetüchern am Körper.

Später bei den FARC habe ich viele *indígenas* kennen gelernt. Ich weiß nicht, wie viele von ihnen freiwillig zu Kämpfern geworden sind und wie viele in die Guerilla gezwungen wurden, denn sie waren immer sehr verschlossen und einsilbig.

Die Frau hatte sich mit meinem Vater mitten in der Stadt in einer Bar verabredet, die »La Estrellita«, hieß, der kleine Stern. Sie rannte förmlich durch die Straßen und trieb mich an. »Beeil dich, mach, dass du weiterkommst!«, zischte sie durch ihre Zahnlücke und zerrte an mir.

»Mein Koffer ist schwer, *señora,* ich kann nicht schneller! Soll ich vielleicht die Leute anrempeln? Gleich platzt der Koffer auf, und alles fliegt auf die Straße!«, schimpfte ich zurück, ich hatte mittlerweile einen gewaltigen Hass auf sie.

Als wir endlich an der Bar ankamen, blieb ich an der Türschwelle stehen, um meine Augen an die Dunkelheit zu gewöhnen. Die Kneipe schien menschenleer zu sein, sie roch übel nach Rauch und altem Fett. Dann entdeckte ich ihn! Mein *papito* hockte ganz hinten an einem der wenigen Tische, die Stirn in die Hände gestützt. Ich stürzte auf ihn zu, er stand ruckartig auf, und ich flog in seine Arme. Obwohl ich mittlerweile schon vierzehn war, fast eine junge Frau, setzte ich mich auf sein Knie. Ich legte meinen Arm um seinen Hals und drückte mein Gesicht an seine Wange.

Nichts wünschte ich mir mehr, als endlich in seiner Nähe in einem Guerilla-Camp leben zu können. Ich konnte nicht wissen, was mich tatsächlich dort erwartete, ich wollte darüber auch gar nicht nachdenken, sondern sehnte mich einfach nur nach einem anderen Leben. Einem Leben, in dem niemand mich schikanierte, in dem niemand mich aus einer stinkenden Zahnlücke bespuckte und mich eine eklige Frau in einer verpesteten Wohnung behandelte, als sei ich eine Aussätzige.

»Wir können deine Tochter nicht behalten«, zischte die Frau meinem Vater ins Gesicht, »da ist ein junger Kämpfer aufgetaucht, der Sandra kennt. Das spricht sich herum. Sie ist für uns zu einer Gefahr geworden. Ich habe vier Kinder – soll ich vielleicht riskieren, dass das Militär eines Tages vor meiner Haustür steht und die Soldaten meine gesamte Familie ins Gefängnis stecken? Nur, weil ich die Tochter eines Guerilleros beherberge? Oder soll ich etwa darauf warten, dass die FARC ihren Deserteur bei mir sucht?«

Mein Vater, der immer ruhig und verständnisvoll war, sagte, dass sie natürlich nicht verpflichtet sei, mich zu beherbergen, deswegen solle sie jetzt besser gehen.

»Mach dich auf den Heimweg«, sagte er, gab ihr Geld für die Busfahrt und drehte ihr den Rücken zu.

Er beschloss, mich gleich hier in Panamá unterzubringen, denn in diesem Ort gab es eine höhere Schule für mich, er hatte sich bereits danach erkundigt. Nun griff er nach dem Telefon, das sich hinter der Theke befand, zog einen Zettel mit mehreren Telefonnummern aus der Hosentasche, strich mir kurz über den Kopf und fing an zu telefonieren. Das durfte er, weil der Kneipenbesitzer sein Freund oder zumindest ein Anhänger der Guerilla war. Guerilleros wie mein Vater kommen viel herum, auf dem Land und in den Dörfern und Kleinstädten. Sie haben überall Verbündete, die viel für sie tun. Mit gedämpfter Stimme redete mein Vater in den Hörer, erklärte und verhandelte. Ich war sehr angespannt und rührte mich nicht, ich wollte jedes Wort mitbekommen, jede Feinheit im Tonfall meines Vaters heraushören.

Dann hatte er sie, eine neue Familie, die bereit war, mich aufzunehmen. Also nahm er den Koffer in die eine Hand, mich an die andere, und wir verließen die Bar. Ich ging neben ihm durch die Gassen, an Straßenhändlern vorbei, die Zigaretten, Süßigkeiten oder selbst gekochte Speisen anboten, hüpfte über die Löcher und Scharten im Asphalt der Bürgersteige. Ein heißer Wind blies uns Staub und Papierabfälle entgegen. Als wir an einer Ecke eine Polizeipatrouille entdeckten, drückte mein Vater meine Hand so fest, dass er mir wehtat. Wieder einmal musste ich irgendwo unterkriechen, wieder würde er mich bei Fremden zurücklassen, bei Leuten, von denen er nichts wusste, die von mir nichts wussten und mich nur nahmen, weil die FARC sie bezahlte. Dreimal in meinem Leben habe ich mir gewünscht, auf der Stelle sterben zu können. Das erste Mal war, als mich mein Vater bei der verlassenen Schule abgesetzt hatte. Dort in Panamá, und dann ein paar Jahre später, als sie kamen, um mir mein Söhnchen wegzunehmen, mein zwei Monate altes Baby.

Doch in meiner neuen Unterkunft passierte etwas ganz und gar Unerwartetes. Ich verliebte mich zum ersten Mal in meinem Leben und entdeckte verwundert, dass ich kein Kind mehr war, sondern ein junges Mädchen. Javier, der Neffe meiner neuen Gasteltern, die im Übrigen recht freundlich waren, eroberte mit seiner überfließenden Wärme mein Herz. Er war bereits ein junger Mann, zwanzig Jahre alt, Student an der *Sena*, der staatlichen Universität.

Ay, mamita, war Javier hübsch! Wenn er lachte, glänzten seine Augen wie die eines verzückten Kindes. Ich konnte nicht anders, ich himmelte ihn an, als hätten ihn die Engel geradewegs zu mir geschickt, und zum Glück erwiderte er meine Gefühle. Immer öfter kam er vorbei, setzte sich neben mich und half mir bei den Hausaufgaben. Ich genoss die Wärme seines Körpers dicht neben meinem, seinen aufgeregten Atem an meinem Gesicht. Ich war so verliebt, dass mich nichts und niemand interessierte, außer Javier. Morgens beim ersten Augenaufschlag, beim Waschen, beim Essen, auf dem Weg in die Schule, während des Unterrichts, beim Quatschen mit meinen Klassenkameradinnen, immer schwebte Javier durch meinen Kopf und beschäftigte jeden meiner Gedanken. Niemand hatte mir gesagt, dass die Liebe den ganzen Menschen verschlingt. Wir gingen gemeinsam zum Angeln, wir rauften und spielten miteinander, und nach einigen Wochen bekam ich meinen ersten Kuss von ihm.

Inständig flehte er mich an, niemals zur Guerilla zu gehen: »Folge bitte nicht dem Weg deines Vaters! Bei der FARC verderben sie dich für immer. Sandrita, *mi amor.* Hör auf mich! Sie vernichten dein Leben. Du wirst Dörfer überfallen, Leute erschießen und Bomben legen. Du weißt, dass die FARC unschuldige Menschen entführt und gigantische Lösegelder verlangt. Bitte bleib hier in der Stadt, mach deinen Schulabschluss, ich werde dir dabei helfen, ich schwöre es dir!«

Ich versprach ihm, mich von der FARC loszusagen, so sehr liebte ich diesen süßen *muchacho.* Außerdem war ich in dem friedlichen kleinen Ort Panamá sehr zufrieden. Ich spielte in der Basketballmannschaft meiner Schule, ich war eine gute, begeisterte Schülerin – endlich stimmte fast alles in meinem Leben. Warum, um Himmels willen, sollte ich es aufgeben? Ich wollte nicht mehr zur Guerilla. Die Vorstellung, Guerillera zu werden, kam mir auf einmal ungeheuerlich vor und erfüllte mich mit Entsetzen.

Doch dann geschah das Fatale: Javier und ich flogen auf. Die gesamte Gastfamilie, also die Eheleute und ihre Kinder, hatten sich für den Tag verabschiedet und waren schon früh am Morgen zu einer Taufe in die nächste Stadt gefahren. Als sie wieder zu Hause eintrafen, lagen Javier und ich eng umschlungen in der Hängematte auf der Veranda und schliefen tief und selig. Warum das so dramatisch, so verhängnisvoll war? Weil die Guerilla mir strengstens verboten hatte, einen *novio*, einen Freund, zu haben. Ich durfte mich nicht verlieben, das war eine unerbittliche Auflage der FARC. Die *comandantes* befürchteten, dass ein verliebtes junges Mädchen wie ich das Interesse am Lernen verlor. Aber das war bestimmt nicht der wahre Grund für ihre unerbittliche Vorschrift. Ich glaube, sie wollten mich um nichts in der Welt an irgendeinen jungen Mann verlieren, der nicht zu ihnen gehörte. Ich könnte ja mit ihm türmen, der Guerilla davonlaufen, anstatt, wie festgelegt, ihr ab meinem fünfzehnten Geburtstag für den Rest meines Lebens zu dienen.

Noch am gleichen Abend hat uns meine Gastmutter verpetzt, als sie in Windeseile eine rasch dahingekritzelte Nachricht an das nächstliegende Camp der FARC schickte. Wie alle Zivilisten in unserem Land hatte auch sie höllische Angst vor einer Auseinandersetzung mit den Guerilleros.

»Es tut mir Leid, Sandra«, sagte sie, »ich halte mich an die Regeln der FARC, sonst ist in diesem Haus keiner mehr sicher.«

Die FARC reagierte sofort. Schon zwei oder drei Tage nachdem die Frau ihre Botschaft mit irgendeinem Verbindungsmann weggeschickt hatte, wurde ich in eine Wohnung am Rande der Stadt zitiert. Dort warteten drei Kämpfer in einem abgedunkelten Zimmer auf mich, wie immer in Kampfuniform, wahrscheinlich mit Pistole oder Revolver bewaffnet, ich weiß es nicht mehr. Die drei bauten sich vor mir auf, und einer packte mich fest an den Schultern. Er drückte mich gegen die Wand und kam so dicht an mich heran, dass mir sein Bierdunst in die Nase stieg.

»Sandra, wir sind hier, um dir den Kopf zu waschen. Wir sind gekommen, dir dein verwirrtes Herz wieder zurechtzurücken. Du erinnerst dich, dass dein Vater und wir, die FARC, eine Vereinbarung mit dir getroffen haben. Die Guerilla bezahlt deinen Lebensunterhalt, zahlt jeden Monatsanfang deine Unterkunft, kommt für dein Essen, deine Kleidung und dein Schulmaterial auf, aber nur unter einer Bedingung: Du, als zukünftige Guerillera, darfst keinen *novio* haben, keinen Geliebten. Du bist dabei, unsere Abmachung zu verletzen.«

Dann mischte sich ein anderer ein und befahl: »Ab jetzt hörst du auf, diesen *muchacho* zu treffen. Wenn du ihn nicht fallen lässt, dann lässt die FARC *dich* fallen. Wer weiß, was dann aus dir wird und wo du noch landest. Wer weiß, was die Banden der *paras* dann mit dir, der Tochter eines Guerillakämpfers, anstellen.«

Ich fing an zu weinen, schluchzte um mein Leben und leugnete alles: »Ich habe gar keinen Geliebten! Javier ist doch nur irgendein Freund. Er ist der Neffe der Gastfamilie, der mir bei meinen Hausaufgaben hilft. Mein Gott, bitte glaubt mir! So bekomme ich doch bessere Noten und werde eine gute, erfolgreiche Schülerin. Das wollt ihr doch auch!«

Aber die Männer ließen sich nicht narren und glaubten mir kein Wort. Ich musste ihnen mein Ehrenwort geben, Javier niemals wieder zu treffen. Zum Schluss leuchtete mir einer mit der Taschenlampe direkt ins Gesicht und drohte: »Wenn du ihn weiterhin triffst, dann kannst du ganz sicher sein, dass du deinen Vater nie wieder zu sehen bekommst.«

Diese Drohung ließ meine Knie erzittern. Sie zuckten und schlugen aneinander, wie immer, wenn mich die Panik erfasst. Bis ins Mark spürte ich die Gewalt der Guerilla, spürte, wie mir die FARC-Kämpfer ihren Willen aufdrückten, als könnten sie über mich verfügen, als wäre ich ihr Besitz. Aber sie irrten sich. Noch hatten sie mich nicht. Niemals würde ich aufhören, meinen *Javiercito* zu treffen, und wenn es heimlich passierte, weit weg von den lauernden Blicken der Guerilla. Wir würden sie austricksen, diese spionierenden Burschen.

Und so geschah es. Mal verabredeten Javier und ich uns in dem leeren Hühnerstall eines ehemaligen Bauern, der vor einiger Zeit auf der Flucht vor der Guerilla – oder waren es die *paras?* – seinen Hof Hals über Kopf verlassen hatte. Mal mitten in einer dicht bewachsenen Bananenplantage in der Nähe unseres Fischteichs. Natürlich hatten wir tödliche Angst, entdeckt zu werden. Doch die Angst machte jede Begegnung zum Abenteuer. Keuchend wie ein gehetztes Tier fiel ich Javier bei unseren heimlichen Treffen in die Arme, als wären mir die bewaffneten Männer der FARC bereits auf den Fersen. Und wenn ich mich nach einer halben Stunde Schmusen und Liebesgeflüster wieder losriss, mich allein in der ersten Dunkelheit davonschlich, damit uns niemand zusammen sah, dann raste mein Herz. Es schlug so wild, dass ich dachte, es würde gleich zerspringen, als könnte es jede Minute in meiner Brust explodieren. Erst wenn ich zu Hause unbemerkt die Tür hinter mir geschlossen hatte, atmete ich auf. Dann warf ich mich auf mein Bett, dankte meinem Schutzengel und allen Heiligen, dass mich niemand gesehen hatte, und lachte leise in mich hinein. Ich bestaunte meinen Löwenmut und freute mich wie ein Kind, das die Erwachsenen austrickst, freute mich über Javier und über mich. Wir zwei schafften es, die allgegenwärtigen Spione der Guerilla auszubooten! Wir waren listig und stark. Doch letzten Endes sollte sich die FARC als die Stärkere, als der Sieger erweisen.

Vor allem zum Thema Liebe sollte mir das Lachen noch vergehen. In den Rebellencamps war die Liebe verboten, und sobald sich zwei Kämpfer ernsthaft ineinander verliebten, sobald aus Sex Leidenschaft wurde, griffen die Obersten ein und rissen das Paar auseinander. Sicher, es gab die Möglichkeit, um Erlaubnis für die Beziehung zu bitten, aber diese wurde selten erteilt. Meist war es zwecklos, und man versetzte die Liebenden in weit voneinander entfernte Camps. Da kannten die *comandantes* nicht das geringste Erbarmen, was später zu einer der größten Tragödien in meinem Leben werden sollte. Doch damals in Panamá ahnte ich davon überhaupt nichts. Ich wollte auch nicht eine Sekunde lang daran denken, dass der Tag, an dem ich in die FARC eintreten sollte, nicht mehr weit entfernt war.

III. Angekommen bei der FARC

Ich werde Guerillera

Genau einen Tag nach meinem fünfzehnten Geburtstag erschien eine junge, hübsch geschminkte Frau in Kampfuniform und überreichte meiner Gastfamilie einen Zettel. Darauf hatte ein *comandante* der FARC notiert, wann und wo mich die Guerilleros abholen würden. Ich starrte auf die krakelige Schrift, meine Hände wurden trotz glühender Mittagshitze eiskalt, und ich begann am ganzen Körper zu zittern. Ich konnte nicht fassen, dass es tatsächlich geschah. Jede Nacht vor dem Einschlafen hatte ich gebetet, dass ein Wunder geschehen möge und ich doch bitte bleiben könnte, wo ich war. In meinem Kopf überschlugen sich tausend Stimmen, die alle riefen: »Ich will nicht! Ich will nicht! Ich will nicht!«

Warum durfte ich nicht einfach so leben wie andere Mädchen auch? Wieso musste gerade ich zur Guerilla? Ausgerechnet jetzt, wo ich endlich alles gefunden hatte, wovon ich seit meinem neunten Lebensjahr geträumt hatte: Eine freundliche Familie, die mich nicht abschob, eine Schule, in der ich gute Noten schrieb, einen jungen Mann, der mich so sehr liebte wie ich ihn. Aber ich wusste, wie sinnlos es war, mich aufzubäumen. Ich war gefangen, ich gehörte der FARC, denn mein Vater hatte es so bestimmt. Wie in Trance ließ ich noch am gleichen Abend mein halbwegs normales, halbwegs sicheres und alltägliches Leben hinter mir. Stumm stieg ich in den Laster der Guerilleros, ohne mich von Javier, von meiner Lehrerin oder meinen Freundinnen verabschieden zu können. Ich habe sie nie wiedergesehen.

Wir verließen die Stadt, und mir war klar, dass ich nie wieder an der Straßenecke stehen und mit den Leuten des Städtchens quatschen würde, nie wieder in der Bar *El Tesoro* Süßigkeiten kaufen, nie wieder die schlechte Luft meines geliebten, voll gestopften Klassenzimmers einatmen würde. Die zwei Guerilleros gaben Gas, rasten über Schotterstraßen, krachten mit derartiger Wucht in die Schlaglöcher, dass unsere Köpfe gegen das Wagendach schlugen. Dabei bogen sie sich vor Lachen. Das ist alles, woran ich mich erinnere. Ich weiß nicht mehr, wie die Fahrt über das Urwaldgebirge verlief, wie lange sie gedauert hat, was geschah, als wir im Camp bei Vistahermosa eintrafen. Mit geschlossenen Augen saß ich gegen den Rücksitz gedrückt und dachte wehmütig an all die Menschen und Dinge, die ich nun für immer zurückließ.

»Du heißt ab heute nicht mehr Sandra. Dein Kriegsname ist jetzt Diana«, wurde mir als Erstes von einem *comandante* mitgeteilt. Ich nickte und sagte kein Wort. Ich habe in dieser Zeit nur geschwiegen, denn der Schock ließ mich verstummen. Ich sah mir dabei zu, wie ich meine Kleider und Turnschuhe abgab, in schwarze Gummistiefel stieg und in eine Tarnuniform schlüpfte, die so groß war, dass ich fast darin verschwand. Wie ein Automat führte ich die Arbeiten aus, die man mir auftrug – Holz für die Feuerstelle hacken und zusammentragen, abwaschen im Küchenzelt, frische Zahnbürsten verteilen, Süßkartoffeln für die gesamte Einheit von etwa 120 Kämpfern und 80 Kämpferinnen schälen, zusammen mit den anderen Pfosten aus extrem hartem Palmholz für neue Zelte in den Boden rammen. Nachts taumelte ich in das Schlafzelt – mein Strohlager lag neben vielen anderen unter einer Plastikplane, die an ein paar Pfosten befestigt war. An den Seiten hingen ebenfalls Planen bis zum Boden herab, die zwar vor Regen schützten, aber nicht vor der Feuchtigkeit, nicht vor dem Morgentau, der durch die Ritzen sickerte. Wortlos legte ich mich jeden Abend auf den Bauch, begrub das Gesicht in den Armen und schlief ein. Dieser Zustand hielt etwa vier oder fünf Monate an. Ich versank in eine Dunkelheit, die alles in mir erstarren ließ, alle Gefühle und alle Fragen. Ich wollte nicht einmal mehr ergründen, warum sich mein Vater nicht meldete, der in einem anderen, mehrere Tagesmärsche entfernten Camp lebte. Selbst ihn herbeizusehnen, verbat ich mir.

In meinem Kopf pochte der immer gleiche Gedanke: »Sandra, dich gibt es nicht mehr. Du existierst nicht!«

Alles hatten sie mir genommen, meinen Namen, meinen Liebsten, mein Leben. Nicht einmal nachts konnte ich für mich sein, denn ich teilte das Zelt mit etwa einem Dutzend Rebellen, und mir war, als überwachten sie sogar meine Träume. Ich schreckte mehrmals auf, lauschte und versuchte, jeden einzelnen meiner Schlafnachbarn auszumachen. Einige schnarchten, andere röchelten und stöhnten, aber alle schliefen die ganze Nacht durch, erschlagen von gewaltigen Fußmärschen, Gefechten oder einfach von der körperlichen Schwerstarbeit. In dieser Zeit nahm ich stark ab und musste mir einen Strick um meine Kampfuniform binden, sonst wäre sie mir heruntergerutscht. Außerdem litt ich unter Atemnot, und ich glaube das kam daher, dass ich niemals auch nur eine Minute allein war: Guerilleros waren um mich, wo ich ging, stand oder schlief – das schnürte mir die Kehle zu. Ich weiß nicht, was mit mir geschehen wäre, wenn nicht eines Morgens diese zwei *muchachos* aufgetaucht wären. Ich hatte gerade das tägliche Körpertraining hinter mir – Gymnastik, Laufen, Liegestütze, Gewichte heben und dergleichen. Die aufsteigende Sonne hatte den Platz bereits aufgeheizt, und ich wischte mir gerade die Schweißbäche aus dem Gesicht, als plötzlich zwei junge Guerilleros auf mich zurannten. Lachend umarmten sie mich, erst der eine, dann der andere. Ich starrte sie verständnislos an.

»Sandrita, da bist du ja endlich! Keine *niñita*, kein kleines Mädchen, mehr. Eine junge Frau! Und so hübsch!«

Woher kannten mich die beiden? Wer waren sie? Langsam lichtete sich der Nebel in meinem Kopf. Natürlich – von den Weihnachtsfesten von früher! Und der eine, ich traute meinen Augen kaum, war tatsächlich Diomer. Für Diomer habe ich bereits als zwölfjähriges Mädchen geschwärmt. Bei den Weihnachtsfeiern suchte ich immer seine Nähe, war verrückt nach diesem schönen jungen Mann mit dem wippenden Schritt und der Fröhlichkeit der Männer, die von der karibischen Küste stammen. Aber für Diomer bin ich damals nur ein kleines Mädchen gewesen, ein Kind, sonst nichts. Jetzt, wo die beiden auf einmal vor mir standen, lebte meine Erinnerung wieder auf, und ich lachte zurück. Es war mein erstes Lachen, seit ich der FARC angehörte.

Seit meinem zehnten Lebensjahr hatte mich mein Vater in den Weihnachtsferien in das jeweilige Lager geholt, in dem er gerade lebte. Es gab stationäre Lager, die größer waren und über längere Zeit existierten, und provisorische, die man rasch wieder abriss, wenn ein Gefecht oder eine Operation überstanden war.

Die meisten Väter oder Mütter, die bei der FARC sind, lassen ihre Kinder und Verwandten während der Ferienzeiten aus den Dörfern und Städten zu sich kommen, da

Guerilleros nicht in ihr normales Leben zurückkehren dürfen, noch nicht einmal für kurze Zeit. Eine seltene Ausnahme gilt, wenn sie ein Fest für befreundete Bauernfamilien geben. Doch normalerweise wird Weihnachten, Ostern oder Allerheiligen immer in einem der Guerilla-Camps gefeiert. Daher kannte ich die zwei fröhlichen *camaradas* von einem drei oder vier Jahre zurückliegenden Weihnachtsfest. Sie waren es, die mir meinen Lebensmut zurückgaben. Ich entsann mich der Weihnachtsfeste, und mein Herz öffnete sich, zunächst nur ein wenig, dann immer mehr. Während die beiden von den Festen schwärmten, stieg in mir die Erinnerung an die gigantischen nächtlichen Feuer auf, an die Flammen, die am Weihnachtsabend das gesamte Camp erhitzten und es aufleuchten ließen. In meine Nase strömte der Duft von gebratenen Schweinen, in meinen Ohren klangen die *vallenatos,* die wir damals gesungen haben, melancholische Balladen über Liebe, Verrat und Schmerz. Sie hatten mein romantisches Kinderherz damals mit den wildesten Glücksgefühlen erfüllt. Jetzt musterten mich die Burschen mit den blitzenden Augen richtiger Männer und ließen ihre bewundernden Blicke über meinem Körper gleiten. Dieses Augenspiel war mir von Javier vertraut, es schmeichelte mir, und ich sonnte mich verzückt in ihrer Verehrung. Plötzlich drückte mich Diomer an sich, küsste mich rechts und links auf mein erhitztes Gesicht und flüsterte mir ins Ohr, dass ich *muy muy linda,* sehr sehr hübsch, sei. Uns beiden sollte noch viel Glück und entsetzlicher Kummer beschieden sein. Aber davon werde ich später noch ausführlicher berichten. In diesem Moment lachten wir alle drei. Sie nannten mich Sandrita, riefen mich bei meinem richtigen Namen, und das wärmte meine Seele besonders. Sie waren lustig und alberten herum wie ganz normale Menschen. Und sie fingen immer wieder an, von diesem einen Weihnachtsfest zu reden.

»Weißt du noch, als ihr Kinder uns Männer wie wild gekitzelt habt?«, rief der eine, »wie wir alle getanzt haben, bis die Sonne aufging?«

»Ja, und wie wir frühmorgens Fußball gespielt haben, und du mit deinem Vater in der Mittagshitze in den Fluss gesprungen bist!«, unterbrach Diomer, ohne auch nur die Augen von mir zu lassen. »Wie ihr euch beide von der Strömung habt treiben lassen, du auf seinem Rücken liegend?«

Natürlich, ja, ich erinnerte mich noch genau. Ich hatte den Kopf meines *papito* untergetaucht, und als er hochkam, schimpfte und lachte er gleichzeitig. Alles durfte ich mit ihm anstellen, alles. Diese Bilder sprengten die schwarze Höhle, in die ich mich wochenlang wie ein todkrankes Tierchen verkrochen hatte, und ich spürte, wie das Blut in meinen Adern zu sprudeln begann, fühlte, wie meine Kräfte zurückkehrten. Auf einmal hörte ich das hohe Sirren der Insekten um mich herum, roch die scharfen Gerüche, die aus dem Küchenzelt drangen, nahm die Geräusche, die Stimmen, die lauten Aktivitäten der Männer und Frauen deutlich wahr.

Ich bekam wieder Lust zu leben.

Von diesem Augenblick an begann ich mich Schritt für Schritt an mein neues, seltsames Dasein heranzutasten. Ich tauchte aus meinem stummen Entsetzen auf, konnte wieder reden, schaute mich aufmerksam um und atmete unverkrampft ein und aus wie jeder gesunde Mensch. Und wenn ich sprach, blickte ich meinen *camaradas* zum ersten Mal direkt in die Augen. In diesem Moment war ich bei der FARC, den »Revolutionären Streitkräften Kolumbiens«, angekommen. Und ich beschloss, eine echte Guerillera zu werden, denn ich war nun Diana, die Tochter eines angesehenen *comandante*, und das hieß nun mal, dass ich eine mutige, eine richtige Kämpferin werden musste.

Als Erstes lernte ich den Umgang mit Waffen. Ich bekam meinen ersten Revolver, etwas später die erste Pistole. Mit einem Revolver ist man extrem flink, weil er immer schussbereit ist, eine Pistole hingegen muss man erst entsichern und durchladen. Aber wenn man geschickt und routiniert ist – und das wurde ich –, dann gelingt das Durchladen blitzschnell. Natürlich brachte man mir auch bei, wie ich Karabiner, Schnellfeuergewehre, Maschinenpistolen und Handgranaten bediente. Außerdem musste ich lernen, wie man Waffen auseinander nimmt, wie man sie pflegt, säubert und sie wieder zusammensetzt.

Beim Schießtraining wurde vor uns in einiger Entfernung eine Zielscheibe aufgestellt, damit wir lernten, präzise zu treffen. Ich brauchte meine Zeit, bis ich mich an den Krach gewöhnte, bis mich das ohrenbetäubende Donnern bei der Schießerei nicht mehr erschreckte.

Eines Abends hockte ich neben Elvira, einer kleinen, schmächtigen, aber kampferprobten Guerillera, die eine meiner besten Freundinnen werden sollte. Ich hatte voller Bewunderung festgestellt, dass sie besser schießen konnte als die meisten männlichen *camaradas*. Egal, welche Schusswaffe sie benutzte, ob Pistole, Präzisionsgewehr oder Maschinengewehr, sie traf stets ihr Ziel.

»Wie ist es, wenn man einen Menschen tötet?«, fragte ich sie. Ich hatte noch an keinem Feuergefecht teilgenommen, und bei der Vorstellung, im Kampf auf einen anderen Menschen zu schießen, schlug mir das Herz bis zum Hals. Elvira lackierte gerade ihre Fingernägel in Hellrosa, eine Farbe, die zu der Zeit sehr in Mode war. Ihr Liebhaber hatte ihr den Lack von seinem letzten Einsatz in einer größeren Stadt mitgebracht. Sie schaute kurz zu mir auf. »Du gewöhnst dich dran«, erwiderte sie.

»Wie schnell denn?«, wollte ich wissen.

»*Tranquila*, Diana, ganz ruhig, das passiert schon beim ersten Gefecht«, versicherte sie mir. Und als sie bemerkte, dass ich noch immer nicht beruhigt war, sagte sie: »Du schießt doch auf Feinde. Du kennst sie nicht, weißt nichts von ihnen. Das hilft.«

Ein Kämpfer, der ein paar Schlafplätze weiter lag, hob auf einmal seinen Kopf, stützte sich auf den Ellbogen und sagte einen Satz, der mich bei jedem Feuergefecht begleiten sollte: »Ein Toter schießt nicht zurück. Merk dir das.« Dann legte er sich hin und murmelte bereits im Halbschlaf: »Auch einer, der getroffen am Boden liegt, kann dich noch abknallen. Merk dir auch das.«

Meinte er, dass man beim Kampf auch auf die bereits Verwundeten schießen musste? Ich traute mich nicht zu fragen. Elvira schien mein stummes Entsetzen zu spüren, denn sie erklärte mir: »Schau, ein Angeschossener fühlt überhaupt keinen Schmerz, meistens jedenfalls. Ich weiß von Guerilleros, die getroffen wurden und die dann noch einmal zu Hochform aufliefen. Man sagt, der verletzte Körper bäumt sich noch einmal mit aller Kraft auf – Verwundete sind nicht ungefährlich, Diana, sie können immer noch schießen!«

Ich schwieg. Doch als Elvira nicht mehr länger mit ihren sonnengebräunten Händen in der Luft herumfuchtelte und der Nagellack getrocknet war, stellte ich eine letzte Frage: »Hast du denn nie Angst? Ich meine, bei den Kämpfen?«

»Nein, Diana, nicht während der Einsätze. Nicht während du kämpfst und die Kugeln über deinen Kopf hinwegpfeifen. Erst danach, erst, wenn die verwundeten *camaradas* neben dir wimmern, wenn du die Toten zählst. Dann spürst du, dass dein Leben nur ein schwaches, flackerndes Flämmchen ist. Ein feindlicher Hauch, und es ist ausgeblasen.«

Am nächsten Morgen strengte ich mich beim Sport noch mehr an als sonst. Es war ein extrem heißer Tag, das weiß ich noch, und mein Körper schwitzte aus jeder Pore, aber ich joggte wie ein Besessene, kämpfte mich beim Krafttraining ab wie noch nie. Ich wollte alles geben, alles. Denn sonst, davon war ich überzeugt, würde ich niemals die Härte entwickeln, die von einer Guerillera der FARC erwartet wurde. Etwa einmal die Woche war ein Fußmarsch vorgeschrieben. Ausnahmslos waren wir mit allem beladen, was man für einen Kampfeinsatz brauchte: Pistole und Gewehr, Patronengürtel und Munition – etwa zwei- bis dreihundert Geschosse – Helm, Wäsche zum Wechseln und Proviant. Von Elvira erfuhr ich, dass die Guerilleras auch Shampoo, Deodorant, eine Haarbürste, Lippenstift und weiteres Schminkzeug einpacken durften.

»Wir bleiben doch Frauen«, sagte sie, »niemals dürfen wir aufhören, begehrenswerte Frauen zu sein.«

Alles in allem kamen wir bei dem Gepäck auf mindestens dreißig Kilo. Es war eine schwere Last, besonders für mich, denn ich wog damals nur zweiundvierzig Kilo. Bei den anstrengenden Fußmärschen wurde mir oft schwindelig, und ich wankte unter dem Gewicht. Doch keiner kümmerte sich darum. In der ersten Zeit meiner Ausbildung dauerte ein Fußmarsch drei bis vier Stunden.

Nach etwa sechs Monaten liefen wir etwa acht Stunden an einem Stück. Manchmal sogar noch mehr. Ich habe diese Strapazen nur deshalb gemeistert, und zwar von Anfang an, weil es allen anderen auch gelang – ausnahmslos allen, sogar den Dünnsten und Kleinsten, als wären diese gewaltigen Fußmärsche das Selbstverständlichste von der Welt. Keine meiner *compañeras* brach zusammen, keine stöhnte oder klagte, und dafür bewunderte ich sie.

Als ich nach meiner ersten achtstündigen Tour in sengender Hitze mit stechenden Schmerzen im Kreuz, bleischweren Beinen und zitternd vor eiskaltem Schweiß eine zierliche Mitstreiterin fragte: »Wie schaffst du das bloß?«, antwortete sie: »Weil ich weiß, dass sie keinen Funken Mitgefühl haben, die *comandantes.* Wir sind doch im Krieg.«

Sie schüttete sich mit diesen Worten das Wasser aus ihrer Trinkflasche über die Füße und grinste.

»Schau, Diana, meine Füße sind schwarz, und sie bluten. Sie sind in der Hitze so angeschwollen, dass der kräftige *camarada* da drüben mir helfen musste, die Stiefel auszuziehen. Fast hätte mir der Kerl dabei die Beine ausgerissen.«

Bei der Vorstellung grinsten auch die anderen, zum Lachen waren sie einfach zu müde. Also rappelte ich mich immer auf, wenn ich stolperte. Biss mir auf die Zunge, anstatt zu jammern, summte romantische Lieder, die gerade in Mode waren, wenn ich glaubte, nicht weiterzukönnen. Der Rest der Leute stimmte dann meistens ein. Das tat mir gut. Nur wenn eine Kämpferin ihre Menstruation hatte, trug eine kräftigere *camarada* ihren Proviant. Oder ihr derzeitiger Geliebter nahm ihr irgendetwas ab, wenn er zufällig bei dem Marsch dabei war. Mit der Zeit gewöhnte ich mich an die Fußmärsche, wurde ausdauernd und furchtlos. Ein junger *indígena*, ein scheuer Indianer aus einem Bergdorf in der Sierra de Santa Marta, half mir dabei. Er zeigte mir, wie man sich geschickt über Bäche, große Steinbrocken und rutschige Abhänge hangelte. Er machte mir vor, wie man heil über einen Hang gelangte, der an beiden Seiten fast senkrecht in eine endlose Tiefe fällt: Vorsichtig und mit Bedacht setzte ich, genau wie er, einen kleinen Schritt vor den anderen und nahm dabei keine Sekunde den Blick vom Boden.

»Sonst stürzt du ab«, erklärte er.

Er sagte nicht viel, sondern stupste mich bloß ab und zu an und bedeutete mir mit einer aufmunternden Kopfbewegung, es ihm gleichzutun. Einmal, als ich den Tränen vor Erschöpfung nahe war, sagte er: »Atme die süßen Pflanzengerüche ein, die durch die Luft des Urwalds strömen. Das gibt dir neue Kraft. Und schau dir die *pajaritos*, die kleinen Vögel, an, wie sie von Ast zu Ast flattern, und all die bunten Schmetterlinge – die fallen auch nicht einfach um vor Müdigkeit.«

Dann holte ich tief Luft und machte weiter. Wenn die Erschöpfung überhand nahm und auch die Zähesten drohten zusammenzubrechen, wurde *saroche* verteilt – Kekse mit Koka, die nicht nur die Müdigkeit, sondern auch den Durst, den Hunger und sogar jegliche Angstgefühle vertrieben. Jeder, der die Märsche überleben wollte, musste sie nehmen.

In der Trockenzeit fielen uns die Fußmärsche am leichtesten, denn dann war nicht einmal das Überqueren der Flüsse bedrohlich. Wir mussten uns zwar durch dicke Haufen angeschwemmter Äste und Sträucher kämpfen, über entwurzelte Bäume und Geröll steigen, doch es gelang mir irgendwann, trotz des schweren Gepäcks, gewandt wie ein Äffchen von Stein zu Stein zu hüpfen. Das war irgendwie lustig. Dennoch rutschte ich unzählige Male aus. Einmal, das weiß ich noch wie heute, knickte ich nach einem Sprung beim Aufprall auf einer Steinplatte so heftig in den Knien ein, dass ich einen gellenden Schrei ausstieß. Es tat höllisch weh und war überhaupt nicht lustig, doch die anderen amüsierten sich. Sie lachten immer über solche Missgeschicke, das gehörte einfach dazu. Nach einer solchen Tour war ich von Blutergüssen übersät. Noch jetzt, so viele Jahre später, kann ich spüren, wie es sich damals anfühlte, in einem völlig abgekämpften, schmerzenden Körper zu stecken. Jeder von uns plagte und verletzte sich, fluchte und schimpfte in sich hinein. Das war erlaubt, nur Klagen waren nicht erwünscht. Wer jammerte, bekam die Härte der Kommandanten zu spüren. Und wir hatten ja trotz allem unseren Spaß, schließlich gab es auch komische Vorfälle, sehr komische sogar – wie im Zirkus.

Einmal trotteten wir über ein ausgetrocknetes Flussbett, dreißig Kämpfer vielleicht, an der Spitze des Zuges marschierten die Kommandanten. Wir waren gut gelaunt und entspannt, als auf einmal direkt vor den *comandantes* eine Springflut aus dem Boden schießt, ein unvermuteter, mannshoher Wasserstrahl. Die Männer hechten zur Seite, aber es ist zu spät. Sie fliegen auf den *culo*, den Hintern, strampeln und fuchteln wie hilflose Käfer, die auf dem Rücken gelandet sind. Alles entgleitet und verrutscht ihnen – die Gewehre, das Gepäck, die Kappe, einfach alles. Und wir, wir schütten uns aus vor Lachen und können überhaupt nicht mehr aufhören.

Nie war unsere Verbundenheit stärker als bei diesen extremen, abenteuerlichen Märschen. Sie schweißten uns zusammen. Doch sobald es regnete, war alles anders. Wenn es tage- und nächtelang abwechselnd nieselt, schüttet oder stürmt, vergeht jedem das Lachen. Die Blätter der Bäume triefen vor Nässe, der Boden der Wälder ist eine Masse aus Schlamm, die nie trocknet, weil der Regen keine Zeit dazu gibt. In den Regenperioden klebten an unseren Stiefeln dicke Placken aus Blättern und Matsch, und wir klammerten uns Baum für Baum an die herunterhängenden Lianen, um nicht auszurutschen. Einige stützten sich auf Stöcke, die sie irgendwo im Urwald aufgegabelt hatten. Selbst wenn der Regen mal aufhörte, dampfte die Luft, der Himmel blieb tagsüber bleiern, und nachts ließ der feuchte Dunst nur selten das Licht der Sterne durch. Wir mussten in diesen Zeiten alle die Zähne zusammenbeißen. In den ärgsten Regenmonaten nutzten wir Pferde oder Maulesel, *mulas*, denn sie trugen uns über die bis zu 4000 Meter hohen Kordilleren. In den Bergen herrschte meistens ein eiskalter Nebel, und die dichten, unheimlichen Nebelschwaden verschlugen selbst den Geschwätzigsten von uns die Sprache. In der Stille hörte man nichts als den leisen, unermüdlichen Hufschlag der *mulas*. Die Tiere führten uns durch überwucherte Urwaldpfade, suchten für uns Wege durch Morast und Gestrüpp, überquerten mit uns sogar die Seitenarme der reißenden braunen Flüsse, des *Caguán* oder des *Caquetá*, die beide durch die von uns beherrschten Gebiete flossen. Nicht einmal die kräftigsten Männer hätten sich zu Fuß durch die Fluten kämpfen können, und selbst für die geschickten, geübten *mulas* war es ein halsbrecherisches Unterfangen. Auch sie hatten Angst. Wenn eine Flussüberquerung anstand, führten uns erfahrene Guerilleros zunächst an die flachste Stelle, von wo aus wir unsere Maultiere ins Wasser treiben sollten. So willig und unverzagt uns die Tiere sonst begleiteten, beim Anblick der gewaltigen Wassermassen blieben sie jedes Mal schlagartig stehen und gingen keinen Schritt weiter. Wir gaben ihnen die Sporen, aber sie bäumten sich auf, sie bockten und scheuten. Erst mit harten, unbarmherzigen Peitschenhieben konnten wir sie in die Fluten zwingen. Während des Ritts durch den Flussarm hoben wir die Beine nach vorn auf den Sattel, aber das Wasser rann uns trotzdem in die Stiefel. Und wenn wir Pech hatten, klatschte auch noch von oben gewaltiger Regen auf uns nieder. In meiner Erinnerung hatten wir leider immer Pech. Ich verabscheute diese Überquerungen. Manchmal schwemmte der Fluss Sträucher, ganze Erdbrocken und sogar entwurzelte Bäume mit sich. Die ausgemergelten Tiere konnten den reißenden Stromschnellen kaum standhalten, sie wankten und torkelten, und ich musste lernen, mich im richtigen Augenblick blitzschnell abzurollen, um nicht unter dem kippenden Gaul zu ertrinken. Mir taten diese armen, klapprigen Kreaturen sehr Leid. Wenn sie nicht umfielen, rutschten sie mitten im Fluss auf dem glitschigen Untergrund umher, und wir mussten sie ruckartig wieder hochreißen. Manche *camaradas* zerrten so wild an ihnen herum und schlugen so brutal auf sie ein, dass die Maultiere noch verzweifelter kämpften und strampelten, um ihr Gleichgewicht nicht endgültig zu verlieren. Am anderen Ufer ging der Marsch sofort weiter. Kein *comandante* scherte sich darum, wie nass und erschlagen wir waren, keiner fragte, ob sich einer von uns vielleicht verletzt hatte.

Über den Zustand der Tiere verlor sowieso niemand ein Wort. Die Nacht verbrachten wir dann stets im Urwald. Einer der *comandantes* suchte ein halbwegs geschütztes Plätzchen für uns aus, in der Regel wurde eine Plane auf den Boden gelegt, eine andere über Astgabeln gespannt – das war unsere Liegestatt, auf der wir eng einander gedrückt sofort einschliefen, so erledigt, so abgekämpft, wie wir waren. Unsere Rucksäcke dienten als Kopfkissen, die Waffen lagen griffbereit neben uns. Stets mussten mindestens zwei Guerilleros, egal, ob Mann oder Frau, bis zum Morgengrauen Wache halten, das Gewehr über der Schulter. Vor Schlangenbissen, Mücken und Skorpionen schützte uns keiner, doch wenigstens hatten wir Serum und Verbandszeug dabei.

In regelmäßigen Zeitabständen wurden auch Nachtmärsche angeordnet, und diese habe ich wirklich gehasst. Zunächst wurde auf offenem Feuer etwas Fleisch gegrillt – tagsüber war es zu gefährlich, der Rauch hätte uns womöglich verraten –, dann packten wir unser Zeug zusammen und marschierten los, meistens bis zum Morgengrauen. Wir durften keine einzige Schlafpause einlegen. Je nach Dauer des nächtlichen Übungsmanövers waren gerade mal zwei oder drei exakt fünfminütige Unterbrechungen erlaubt. Man trank einen Schluck Wasser, schlang ein Stück Fleisch oder eine *arepa*, also ein Maisküchlein, herunter, verschwand im Gebüsch, wenn man seine Notdurft zu verrichten hatte. Ansonsten gab es kein Anhalten, kein Ausruhen, kein Quatschen. Alle standen unter Hochdruck, so wie es sein sollte, denn wir trainierten für kommende Kampfeinsätze, für Feuergefechte, bei denen jeder hundertprozentig funktionieren musste. Im Ernstfall ging es immer um Leben und Tod. Ich lernte, wie die anderen auch, alle Strapazen tapfer auf mich zu nehmen: geschwollene Beine, Blasen an den Füßen, die eiterten und platzten, Schmerzen im Rücken, im Nacken, im Kopf. Ich jammerte nicht, und ich machte nicht schlapp. Niemals blieb ich bei den Fußmärschen auch nur einen Schritt zurück.

Die Nachtübungen werden immer zu meinen schlimmsten Erfahrungen gehören, denn man wusste nie, wann sie anstanden. So war es stets tiefste Nacht, alle im Camp schliefen, und auf einen Schlag reißt der *comandante* ohne Vorwarnung die gesamte Einheit aus dem Schlaf. Alle springen auf, sind sofort hellwach, Gewehr bei Fuß, denn ein Guerillero muss zu jeder Tages- und Nachtzeit kampfbereit sein. Sekunden später brechen wir auf, fast lautlos, so wie es von uns verlangt wird. Auch ich tapse los, bin benebelt und steif wie ein Holzlöffel, als ich meinen Leuten durch den pechschwarzen Urwald folge, so gut ich es eben kann. Das Schreckliche ist, dass noch messerscharfe Traumsplitter in meinem Kopf stecken, Gespenster aus meiner Kindheit, die ich nicht loswerde. Einmal träumte ich gerade von meiner Großmutter, bevor wir gewaltsam geweckt wurden. Sie schält Orangen und Mangos in ihrem sonnigen Hinterhof, ist umgeben von ihren pickenden Hühnern und den kichernden Papageien. Wie gewohnt sitzt die Katze auf ihrer Schulter, den Schwanz um ihren Hals. Ein anderes Mal sehe ich mich und meinen *papito*, eingewickelt in einer Hängematte. Doch diese hat sich um uns geschlossen wie eine Wursthaut, wir wollen raus, kämpfen und strampeln. Die Hängematte wogt und wirbelt, wir hängen fest. Bevor wir uns befreien können, schrecke ich hoch, wieder einmal hat mich der Befehl des Kommandanten zum Aufbruch geweckt. Sogar von Javier, meinem verbotenen *novio* aus dem normalen Leben, an das ich sonst nicht mehr denke, träume ich eines Nachts.

»Sandrita, das Kriegsspiel ist vorbei«, sagt er zu mir. »Komm, wir gehen an unseren Teich zum Fischen, ich habe eine Angel dabei.« An der Angel hängt schon ein wild zappelnder, japsender Fisch. Javier lacht und sagt: »Der ist bald tot.«

In diesen Nächten verabscheute ich mein Leben und wünschte mich weit, weit weg. Ich wollte nicht kämpfen, ich wollte keinen Krieg. Ich wollte nur schlafen. Tatsächlich kam es einige Male vor, dass wir – mitten aus unseren Träumen gerüttelt – noch vor Anbruch des Morgens in Feuergefechte verwickelt wurden. Gegen die *paras*, gegen das Militär – was weiß ich. Wie ich diese Gefechte durchgehalten, wie ich sie überlebt habe, kann ich nicht sagen. Vielleicht hatte ich das seltsame Glück der Schlafwandler, denen nichts passiert, obwohl sie nicht bei Sinnen sind.

Die Ziele der FARC

Aber es gab auch ruhige Nachmittage im Camp, in denen uns die für den Ideologieunterricht zuständigen *comandantes políticos* die Ideale und Ziele der FARC erklärten. Wir erfuhren, wogegen ein Guerillero kämpfte, nämlich gegen die Korruption der Regierung, gegen den Staat, von dem die Bedürftigen niemals das bekommen, was ihnen zusteht: Arbeit, Schulbildung, ein anständiges Gesundheitswesen und ein eigenes, heiles Dach über dem Kopf.

Außerdem, so lernten wir, kämpfte unsere »Armee des

Volkes« gegen die reichen Großgrundbesitzer, die nicht einmal das kleinste Stückchen Land abgeben, ihre Arbeiter schinden und ausbeuten. Da wir Guerilleros fast alle vom Land kommen und nichts besitzen, wissen wir, dass das stimmt. Unsere Lehrer erklärten, dass die FARC tief in der armen ländlichen Bevölkerung verwurzelt sei und diese deswegen unterstütze. Solche Aussagen durften wir niemals kommentieren. Natürlich wussten alle um die Angst der ländlichen Bevölkerung vor uns – wie oft habe ich erlebt, dass die Menschen zitterten, wenn ich mit meinen Leuten auftauchte! Doch andere Bauern standen wirklich aus Überzeugung auf unserer Seite.

Eines ist ganz sicher: Für die Reichen sind die Armen das Letzte, daran habe ich niemals gezweifelt! Unsere Gesellschaft ist ungerecht, sehr ungerecht!

Die *comandantes políticos* wüteten auch gegen die USA, vor allem wegen der Tatsache, dass sie unsere Ölvorkommen unter ihrer Kontrolle haben. Unter den Urwäldern liegen Millionen Tonnen von Erdöl, die uns Kolumbianern gehören, doch obwohl sie das Eigentum unseres armen, unterentwickelten Landes sind, verdienen nicht wir, sondern die mächtigen amerikanischen Ölkonzerne daran. Deswegen ist das Sprengen der Pipelines durch die FARC, erklärten uns die Lehrer, ein mutiger und revolutionärer Akt. Ich habe die Redekunst der hohen *comandantes* immer bewundert.

Irgendwann, es muss Anfang des Jahres 2001 gewesen sein, trommelte ein hoher Kommandant etliche *camaradas* zu einer außerordentlichen Versammlung zusammen. Als wir ihn alle gespannt und beunruhigt anstarrten – ich war besonders aufgeregt, bestimmt war etwas Schreckliches vorgefallen –, legte der Mann los: »Der Präsident der Vereinigten Staaten und unser Präsident, Andrés Pastrana, haben den »Plan Colombia« unterzeichnet. Das heißt, dass das US-Imperium mehrere Millionen Dollar an unsere Regierung bezahlt, damit es hunderte US-Soldaten, schwere Waffen, Kampfhubschrauber, Flugzeuge – ein komplettes Kriegsarsenal eben – in unser Land schaffen, und uns, die Guerilla, vernichten kann.«

Wir hörten alle gebannt zu.

»Angeblich«, schrie der *comandante* weiter, »angeblich wollen die Amerikaner den Drogenhandel bekämpfen. Doch das ist nur ein Täuschungsmanöver. In Wirklichkeit geht es darum, den Freiheitskampf Kolumbiens zu zerschlagen.«

Man hat uns immer wieder gepredigt, dass die FARC ein neues, gerechtes und friedliches Kolumbien erschaffen wolle, ihr jedoch angesichts der militärischen Gewalt der von den Yankees unterstützten Regierung nichts anderes übrig bliebe, als sich und ihr Volk zu bewaffnen, zu kämpfen – bis zum Sieg. So haben wir es gelernt. Anders als im Ideologieunterricht durften wir in bestimmten Diskussionsforen auch Fragen stellen, und die *comandantes* hatten immer eine Antwort. Wir haben aber vorsichtigerweise nur korrekte Fragen geäußert – keine, die man uns übel nehmen konnte. Keine, die die Oberen vielleicht aufgebracht hätten. Ich selbst habe mir jedoch auch verbotene Fragen gestellt. Diese überfielen mich regelrecht, und zwar keineswegs während der Ausbildung an der Waffe, bei den Fußmärschen und den körperlichen Strapazen oder bei den Feuergefechten.

Niemals also beim Kämpfen, sondern immer im Camp, während des Alltagsdrills, wenn es tagelang regnete und nichts passierte. Dann fragte ich mich: Hat unsere Sache überhaupt einen Sinn? Was ist, wenn wir diesen Krieg niemals gewinnen? Kämpfen wir dann bis ans Lebensende? Hört dieser Krieg niemals auf? Ein Freiheitskampf ohne Sieg?

Einmal wagte ein junger Kämpfer beim politischen Unterricht genau diese Frage zu stellen: »Was ist, wenn wir den Krieg verlieren?«

Das war keine gute Frage, doch er war neu und kannte sich noch nicht aus. Der *comandante* hob den rechten Arm, streckte sein Gewehr in die Luft und rief: »Wir sind unbesiegbar! Wir haben, wie ihr alle wisst, riesige Teile Kolumbiens unter unserer Kontrolle. Mehr als ein Drittel des Landes. Unsere Territorien sind größer als ganz Ecuador.« Er knirschte mit den Zähnen, als würde er eine Kokosnuss knacken. »Wir führen diesen Freiheitskrieg bereits seit 1964, mehr als vierzig Jahre, ohne bezwungen worden zu sein. Wir unterwerfen uns nicht. Wir haben linke, revolutionäre Sympathisanten in aller Welt. Einen solchen Krieg verliert man nicht.«

Daraufhin verstummten wir alle.

Ein anderer, älterer Kommandant, der schon über dreißig Jahre zur Guerilla gehörte, einer, der ganz und gar für die FARC lebte, sagte mir einmal: »Diana, ich erzähle dir meine Geschichte. Du bist noch nicht so lange bei uns, ich möchte, dass du verstehst, was die Treue zu der FARC bedeutet.« Nach einer Unterrichtsstunde setzte er sich zu mir auf einen Baumstamm, wo sich unsere Leute hin und wieder ausruhten, und begann zu reden: »Bevor ich zur Guerilla kam, glaubte ich an nichts. Überhaupt nichts – woran sollte ich glauben? Kein Familienleben, den Vater nie gekannt, Armut, täglich Hungergefühle, meine Mutter Lotterieverkäuferin auf der Straße. Sieben Kinder, jedes neue Kind wieder eines zu viel. Meine Mutter stand immer am Rande des Zusammenbruchs, und wir, wir waren verwahrlost. Ich war sechzehn, als mich die FARC holte, und da war plötzlich Schluss mit dem Herumziehen auf den vermüllten Straßen unserer Drecksstadt. Schluss mit der Leimschnüffelei. Keine Gaunereien mehr, keine nächtlichen Diebeszüge mit meinen Kumpeln. Oft vermisste ich anfangs die Freiheit, und ich kochte vor Wut. Bin ich ein Sklave der Guerilla?, fragte ich mich. Bis ich dann zum Vollblutkämpfer wurde. Ich habe mehr als zwanzig Narben von Schrapnell-Splittern auf meiner Haut und eine Kugel im Po, die man nicht herausoperieren kann. Deswegen sitze ich auch so schief auf diesem Baumstamm. Aber damit kann ich leben, denn ich glaube an die FARC, an unsere Volksarmee und an unseren Oberkommandanten Manuel Marulanda. Alle Fragen sind weg. Begraben, Diana, erledigt.«

Bei der FARC lässt man das Fragen sein, es schwächt, es bringt Zweifel auf. Selbstzweifel und Unruhe. Auch darüber hat der erfahrene Kommandant mit mir geredet. Er hatte am Vortag mit anderen Rebellen eine so genannte *pesca milagrosa* angeführt, einen »wundersamen Fischzug«. Ich habe damals zum ersten Mal von einer solchen Operation gehört. Mit einer Hand voll schwer bewaffneter *camaradas* hatte sich der Kommandant an einer einsamen Landstraße direkt hinter einer unübersichtlichen Kurve postiert und eine Sperre errichtet. Alle ankommenden Autos wurden mit vorgehaltener Waffe gestoppt. Es waren sehr viele, denn die Insassen kamen von einer Feier in einer nah gelegenen Ortschaft zurück. Die FARC war wie immer bestens informiert.

Die Guerilleros befahlen den Leuten auszusteigen, suchten sich mehrere heraus und nahmen sie mit. Die restlichen Personen durften weiterfahren und mussten nun zusehen, dass sie ihre Angehörigen irgendwie freikauften.

»Reiß deine Augen nicht so schrecklich weit auf, Diana!«, rief der *comandante* und tätschelte meine Wange. »Du weißt doch, dass wir Lösegelder brauchen, um uns zu finanzieren und um den Ärmsten der Armen in unserem Land helfen zu können. Die Geiseln werden gut behandelt in unseren Camps, ich sage dir, die bekommen besseres Essen als du und ich! Und wenn sie krank werden, beschafft man ihnen jedes Medikament. Wir werden nicht halb so gut versorgt.« Der Mann lachte, ihm ging es schließlich trotzdem gut bei der FARC. Ich bin niemals bei irgendeiner Art von Entführung dabei gewesen. Hatte nie etwas damit zu tun. Ich habe mich immer ängstlich geweigert, in solche Operationen hineingezogen zu werden, denn ich bin viel zu weichherzig dafür. Nicht raffiniert, nicht kühl und nicht hart genug. Aber natürlich habe ich mitbekommen, wie Entführungen vorbereitet und durchgeführt wurden. In der Regel werden nur Mitglieder aus wohlhabenden Familien verschleppt, Großgrundbesitzer, schwerreiche Geschäftsleute, aber auch Journalisten, Soldaten, Politiker. Auf dem Land werden die Gutsbesitzer meistens vor ihren Häusern geschnappt und verschleppt. In der Stadt wird, soviel ich weiß, eine Entführung folgendermaßen geplant: Die *comandantes* bestellen einen auserwählten Kämpfer zu sich, teilen ihm mit, wen sie im Auge haben – irgendeine begüterte Person, die mehrere große Wohnungen besitzt, teure Autos, Fabriken – ein Großverdiener eben. Zunächst wird die Person beobachtet, damit man weiß, wie sie lebt, wie ihr Alltag abläuft, wann sie normalerweise ihr Zuhause verlässt, welchen Wagen sie nimmt, ob sie einen Chauffeur hat, wer sich in ihrer Begleitung befindet, mit welchen Menschen sie verkehrt, wann und wo sie allein anzutreffen ist. Die Person wird Tag und Nacht beschattet – alles, was sie tut, wird erfasst, und die Überwachung kann Wochen dauern. Wenn sie abgeschlossen ist, werden die Informationen dem zuständigen *comandante* übergeben. Meistens schickt dieser dann einen weiteren Kundschafter los, der den gleichen Auftrag bekommt. Stimmen die Informationen der beiden Spione überein, wird festgelegt, wann und wie die betreffende Person von den zwei *muchachos* entführt wird – in der Regel dann, wenn sie ohne Begleitung, also allein, in ihr Auto steigt. Kaum öffnet sie die Wagentür, sind die zwei Entführer zur Stelle und befehlen dem Opfer, in das Auto der Guerilleros zu wechseln. Sie fahren raus aus der Stadt in Richtung Berge, manchmal steuern die Entführer eine verlassene Finca an. Die Route ist genau geplant, die Guerilleros haben ausgekundschaftet, wo es *retenes*, Straßensperren, gibt oder wo die Polizei oder möglicherweise Soldaten postiert sein könnten. Meistens fährt noch ein Wagen oder ein Motorrad der Guerilla vorneweg, ausgerüstet mit einem Funkgerät, falls etwas Unvorhergesehenes passiert und die Route plötzlich geändert werden muss. Es ist ein teuflisches Geschäft. Natürlich sind die FARC-Leute bewaffnet, das Gewehr ist gut versteckt, aber stets griffbereit. Die Männer sind angespannt und gereizt, die Geisel ist mit den Nerven am Ende. Viele Opfer weinen, reden von ihren Kindern, ihrer Familie und beschwören die Guerilleros, sie am Leben zu lassen. Sie haben Todesangst. Es sind schon Geiseln und etliche unserer Leute während solcher Aktionen bei Schießereien umgekommen. Und trotzdem reißen sich viele Guerilleros um diese Mission, besonders um den Aspekt des Auskundschaftens: Endlich dürfen sie unterwegs sein in einer belebten Stadt! Bars, Kneipen, hübsche, verführerische Frauen. Endlich normale Klamotten kaufen, Geld ausgeben und sich amüsieren. Und das wochen-, manchmal sogar monatelang.

Es fällt mir schwer, darüber zu reden, es macht mir bis heute Angst, weil meine Offenbarung bei der FARC als Hochverrat gelten könnte. Ich verrate diese Einzelheiten nur, weil in unserem Land sowieso bekannt ist, was ich hier erzähle. Die Medien und viele befreite Geiseln haben von Entführungen der Guerilla berichtet. Für die Guerilleros sind Entführungen übrigens kein Verbrechen. Man sagte uns, dass die Reichen auf ihrem Vermögen hocken, sie immer mehr davon anhäufen und nichts abgeben. Sie teilen nicht einen Peso mit den Armen, und deswegen sind die Entführungen ein Akt der Gerechtigkeit. So wurde es uns wieder und immer wieder eingeschärft. Ich bin sehr froh, an keiner Entführung beteiligt gewesen zu sein! Man hat mich nicht einmal mit der Betreuung von Geiseln im Camp beauftragt. Wie hätte ich, um Himmels willen, diese verzweifelten, verängstigten Menschen denn bewachen sollen, ohne Gefühle zu zeigen? Natürlich erkrankten viele Geiseln in den Camps, bedingt durch die Zustände in Regen und Schlamm, sie litten unter Albträumen, starben fast vor Sehnsucht nach ihren Liebsten – mir wäre bei ihrem Anblick das Herz vor Mitleid in Stücke zerbrochen. Den *comandantes* war das bewusst, sie kannten ihre Kämpfer und nahmen für solche Aufgaben harte, eisenfeste Leute her. Meistens waren das junge Männer, die kein Mitgefühl von dort mitbrachten, wo sie herkamen.

IV. Wo die FARC das Sagen hat

Erkämpfte Gebiete und eiserne Ordnung

Selbstverständlich habe ich immer gewusst, dass die Guerilla in unserem Land verteufelt wird. Ich weiß, was die Bürger in den Großstädten denken, ich erfahre es aus den Zeitungen und aus dem Fernsehen: Alles Terroristen! Dann kommen die schrecklichen Bilder von Schießkommandos und bewaffneten Überfällen. Wir sind eine brutale Bande, so wird berichtet, Schurken, die Unschuldige in ihren Urwaldcamps unter schlimmsten Bedingungen festhalten, um horrende Lösegelder zu erpressen. Gewissenlose Gangster, die wehrlose Bauernfamilien bedrohen, deren Kinder zwangsrekrutieren und Schutzgelder erpressen. Es stimmt, dass tausende Menschen in unserem Land vor der Guerilla oder den paramilitärischen Truppen auf der Flucht sind. FARC-Rebellen brennen feindliche Dörfer nieder und haben im Kampf gegen das Militär hunderte Soldaten getötet. Ja, und die Guerilla nimmt sich das Recht, von großen Firmen und auch mächtigen Dollarmillionären eine »Revolutionssteuer« einzuziehen. Bei Geschäftsleuten und Großgrundbesitzern handelt es sich um einen bestimmten Prozentsatz ihres Vermögens – ich glaube, es sind nie mehr als zehn Prozent. Wer sich weigert zu zahlen, dem ergeht es schlecht. Die FARC besteht auf die Schutzgelder. Ja, *mamita,* meine Güte, unser Land befindet sich in einem blutigen Krieg, und sämtliche Verhandlungen mit den Regierungen sind bisher gescheitert. Aber trotz dieser abscheulichen Kriegshandlungen stiftet die Guerilla auch Frieden. Das kann ich bezeugen, denn in allen

Gebieten, in denen die Guerilla die Hoheit hat, herrscht Ordnung. Bei zahlungsunwilligen Vätern treibt sie die Alimente ein, Diebe, Betrüger und Vergewaltiger bestraft sie. Lucía, eine junge *camarada*, hat mir einmal erzählt, was die FARC vor Jahren in der Region Caquetá bewirkt hat.

Es war einer jener verregneten Tage im Camp, an denen wir uns unter den Dachplanen fröstelnd aneinander drückten. Uns schlotterten die Glieder angesichts der endlosen Wolkenbrüche und der Nässe, die durch die Kleidung bis auf die Haut ging. An solchen Tagen steckten die Frauen die Köpfe zusammen und erzählten aus ihrem Leben. Ich fragte Lucía, wie sie zur FARC gekommen sei, weshalb sie Guerillera werden wollte und ob sie freiwillig dabei sei. Diese Fragen haben wir uns alle einander gestellt, und bei Lucía war mein Interesse besonders stark, weil sie leise und höflich war, nie herumbrüllte und nie so laut und bellend lachte wie die meisten anderen Guerilla-Kämpferinnen. Sie erinnerte mich irgendwie an mich, nur dass sie viel schüchterner war als ich und auch schwermütiger. Ich hingegen kämpfte gegen die Verzweiflung an, und immer wieder siegte die Fröhlichkeit.

»Dianita«, erklärte sie mir in ihrer stillen Art, »ich bin bei der FARC, weil sie meine Stadt in Ordnung gebracht hat. Ich lebte in Santa Fé, einer dieser Städte in der Region Caquetá, in der es jahrelang ganz schrecklich zuging. Meine Großeltern haben dort noch Mais, Reis und Yucca angebaut, das Leben war nicht schlecht. Dann kamen in den achtziger Jahren die Leute von Pablo Escobar, die Typen vom Drogenkartell, diese schwerreichen Männer aus Calí und Medellín mit mehreren Goldketten um den Hals und den neuesten

Autos. Sie haben die Bauern dazu gebracht, massenweise Koka anzubauen. Dann haben sie ihnen die Ernte abgekauft, um alles zu Kokain zu verarbeiten. Das Geschäft blühte, endlich hatten die Leute mehr als genug zu essen. Unsere Nachbarn kauften sich einen neuen Fernseher, mein Vater machte besonders gute Geschäfte. Aber dann kam die Katastrophe.« Lucía atmete heftig, vielleicht weil ihre Erinnerungen sie aufwühlten, aber bestimmt auch, weil weitere Frauen näher kamen und neugierig lauschten. So viel Publikum machte sie sichtlich nervös, trotzdem erzählte sie ihre Geschichte mit einer eigenartigen Kraft und mit einer so großen Ernsthaftigkeit, dass niemand sie unterbrach.

»Mein Vater veränderte sich«, fuhr sie fort. »Er war nicht mehr unser lieber, zärtlicher *papito.* Er blieb kein Wochenende mehr bei der Familie, er ging saufen. Fast alle Männer in unserer Stadt soffen und drehten durch, meine Mutter verbot uns Kindern, abends auf die Straße zu gehen. Die Bauern und Horden von Wanderarbeitern, die von überall zur Koka-Ernte einfielen, stürmten die Bars, es floss literweise, was sag ich – tonnenweise *aguardiente* und Bier. Es gab immer mehr Hahnenkämpfe in der Stadt, immer neue Puffs. Allein in unserem Viertel öffneten vier Stück. Rund um die Uhr torkelten die *borrachos,* die Besoffenen, dort ein und aus. Und dann die Krawalle! Prügeleien mitten auf der Straße, Messerstechereien wegen einer Frau, einer Wette, einer Kränkung, einer scheinbaren Ehrenverletzung – im Suff gab es immer einen Grund, sich gegenseitig an die Gurgel zu gehen. Sonntags in der Früh sahen wir auf dem Weg in die Kirche, wie die Verletzen und die Alkoholleichen eingesammelt wurden. Meine Mutter wurde immer ganz bleich, fauchte mich und meine Geschwister an, wir sollten uns beeilen, und *por la madre de Dios,* um der Mutter Gottes, willen nicht so anstandslos glotzen. Hatte es in der Nacht zuvor sogar Tote gegeben, schoben sie die Leichen erst mal beiseite und ließen sie irgendwo am Straßenrand liegen. Nach der Messe waren sie allerdings immer verschwunden. Als ich meinen Vater fragte, warum die Männer sich gegenseitig umbrachten, lachte er. ›Du weißt doch, dass in unseren ländlichen Gegenden fast jeder eine Machete oder ein Gewehr besitzt‹, erklärte er mir. Mehr wollte er nicht sagen. Einmal war ein Freund meines großen Bruders unter den Toten. Er arbeitete in einer Drogerie, er war bestimmt niemals bewaffnet. *Que se yo,* was weiß ich, wie und von wem dieser arme Kerl ermordet wurde.«

Zwei, drei Guerilleras unterbrachen Lucía nun doch und plapperten drauflos, dass sie auch aus der Gegend von Caquetá kämen, aus Städten wie La Playa, Peñas Coloradas oder Florencia. Sie hatten Ähnliches erlebt, ein einziger Albtraum sei das damals gewesen. Aus mehr als hundert Kilometer Entfernung seien die Koka-Pflanzer in die Städte eingefallen, um Geschäfte zu machen und anschließend in den Bars und den Puffs zu versacken. Sie seien zu Fuß gekommen, in Lastwagen, in Autos und mit Booten über den *Caguán*-Fluss. Das ging so lange, bis die FARC das Kommando übernahm.

»Es war im Jahr 1995«, erinnerte sich Lucía. »Die Regierung hatte das Drogenkartell in unserem Land zerschlagen, die Drogenbosse waren verschwunden, schon war die FARC zur Stelle und übernahm in kürzester Zeit die Macht. Es hatten sich schon vorher einige Guerilleros in unseren Städten und Dörfern eingenistet, jetzt besetzten die Rebellen und ihre *comandantes* die gesamte Region und schafften

Ordnung. Sie besteuerten jeden einzelnen Koka-Bauern, jeden einzelnen Drogenhändler, überwachten den Handel mit scharfem Blick und notfalls mit Waffengewalt. Nur ein paar Monate, und Santa Fé war nicht wiederzuerkennen. Die FARC erließ auch harte Gesetze: kein Alkohol von Montag bis Freitag, und an Wochenenden nur eine geregelte Menge. Ansonsten keine Raufereien, kein Gezänk, kein Gegröle auf den Straßen. Es gab kaum noch Kriminalität, und aus Santa Fé war ein friedliches, sicheres Städtchen geworden. Und das Komische, das Erstaunliche daran ist, dass zwar kontrollierter Drogenhandel erlaubt war, aber kein Konsum der Drogen! Kein Kokain, kein *bazuca* – niemals, auch nicht an den Wochenenden! Alles verboten! Wer gegen diese Order verstieß, wurde sofort bestraft. Der Beschuldigte musste vor einem *comandante* antreten, und glaubt ja nicht, es hätte auch nur einer gewagt, nicht zu erscheinen. Der Kommandant hat ihn verhört, und wenn derjenige für schuldig befunden wurde, musste er seine Sachen in ein Bündel packen, sich von seiner Familie verabschieden, und dann – *listo!* Ab in den Urwald, um Bäume zu fällen und Schneisen zu schlagen. Ein Onkel von mir bekam fürs Saufen an einem Wochentag mehrere Monate Arbeit im Straßenbau aufgebrummt!«

Da brachen wir alle auf einen Schlag in lautes Gelächter aus. Das war ja wie bei uns im Camp! Die gleichen Sanktionen, typisch FARC!

Lucía hätte bestimmt noch mehr erzählt, wenn nicht ein *comandante* aufgetaucht wäre und uns angeherrscht hätte: »Es regnet nicht mehr. Raus jetzt, an die Arbeit!«

Während wir durch den Matsch in Richtung *chonto* liefen – ein von uns ausgehobener Graben, der als Klo diente –, erleichtert, endlich unter trockenem Himmel pinkeln zu können, raunte Lucía mir zu: »Du wolltest wissen, warum ich bei der FARC bin. Die Guerilla hat unser Familienleben gerettet und in meiner Heimatstadt aufgeräumt. Ich brauchte keine Angst mehr auf den Straßen Santa Fés zu haben, mein Vater trank kaum noch, er lag jeden Samstagabend anständig bei meiner Mutter im Ehebett. Das verdanke ich dem strengen Regiment der Guerilla.« Lucía nickte heftig, als müsse sie ihrer Dankbarkeit Nachdruck verleihen. »Und dann gab es da diese junge FARC-Kommandantin«, fuhr Lucía fort. »Sie war in unserer Stadt stationiert, um nach dem Rechten zu sehen. Sie ist in meinem Viertel herumgelaufen und hat mit allen Leuten geredet, sie konnte gut mit ihnen umgehen, verstand ihre Probleme. Sogar die Männer haben auf sie gehört, denn sie war hübsch, aber auch sehr stark und bestimmt. Sie hat viele Menschen von ihren schlechten Gewohnheiten befreit. Das hat mir imponiert, und eines Tages beschloss ich, selbst Guerillera zu werden. Ich wollte genauso werden wie diese Frau.« Lucía seufzte. »Und nun bin ich hier, zum Leidwesen meiner Eltern.«

Über ihre eigenen Gefühle, ob sie vielleicht ihre Lebensentscheidung bereut hatte, sagte sie nichts. Das ist verständlich, es hätte sie möglicherweise in Gefahr bringen können. Jedenfalls fiel mir auf, dass Lucía immer bemüht war, dort mitzumachen, wo die FARC ihre Macht benutzte, um ähnlich Ordnung zu schaffen wie damals in Santa Fé. Lucía vermied die Feuergefechte, wann immer sie konnte.

Auch ich habe erlebt, wie die Guerilla aufräumte und besonders bedürftige Landarbeiter und ihre Familien unterstützte. Nur diejenigen natürlich, die auf ihrer Seite standen. Die sich zur FARC bekannten und eine *vacuna* bezahlten, die von der Guerilla erhobene Steuer. Arme zahlen wenig oder geben Naturalien, Wohlhabende zahlen viel.

Die FARC schlichtet auch familiäre Konflikte in ihren Gebieten. Jacinto, ein intelligenter Guerillero mit Schulabschluss, ein gerechter Mann, hat mich gern mitgenommen, wenn man die Guerilla zum Vermitteln herbeirufen musste. Manchmal waren nur ein paar Kilometer zu Fuß bis zum Ort der Kampfhähne zu laufen, manchmal fuhren wir mit einem unserer Autos Stunden über Land, um für Ruhe zu sorgen, landeten in einer Hütte, in einem Bauernhäuschen, in einer Wohnung, irgendwo im Gewühl einer Stadt. Einmal standen wir in der Küche einer verstörten kleinen Bäuerin, die von ihrer Nachbarin verdächtigt wurde, mehrere Hühner gestohlen zu haben. Die Nachbarin bewarf die Kinder dieser unglücklichen Bäuerin auf offener Straße mit faulem Obst, beleidigte sie und fluchte hinter ihnen her. Ein anderes Mal ging es um einen versoffenen Ehemann, der seine Frau und seine Kinder zusammenschlug, wann immer es ihm passte. Das geschah so oft und mit einer solchen Brutalität, dass die aufgebrachten Eltern der verprügelten Frau keinen anderen Ausweg sahen, als einen Schlichter der FARC zu rufen. Ich kann mich auch noch an einen dritten Fall gut erinnern, als wir zu einer vor Eifersucht rasenden Ehefrau kamen, die davon überzeugt war, dass ihr Mann ein Verhältnis mit ihrer engsten Freundin hätte. Sie war darüber so außer sich, dass sie sich in das Schlafzimmer ihrer kleinen Finca eingeschlossen hatte. Hinter der verriegelten Tür ließ sie Schimpfkanonaden gegen den Ehemann los und weigerte sich herauszukommen. Niemand kochte mehr für die Familie, niemand wusch die Wäsche, und wenn die Kinder heulend gegen die Schlafzimmertür pochten, schluchzte die Mutter, stieß

Verwünschung gegen den treulosen Ehemann und die angebliche Geliebte aus. Erst nachts, wenn der Ehemann irgendwo neben seinen Kindern eingeschlafen war, schlich sie sich raus, ging aufs Klo und holte sich etwas zu essen. Jacinto, der kluge Guerillero, wusste immer, was zu tun war.

Als Erstes holte er die Streithähne zu sich und sagte. »*Listo*, erzählt mir, was hier los ist, warum ihr Krach habt!«

Meistens tobten die Leute herum und jammerten sich die Seele aus dem Leib, warfen mit Beschimpfungen, Beleidigungen und Vorwürfen um sich – so lange, bis ihnen die Luft ausging. Der eine Ehemann, der seine Frau geschlagen und misshandelt hatte, warf sich auf die Knie und flehte um Vergebung, das weiß ich noch. Ich war sehr ergriffen. Doch Jacinto konnte das wenig beeindrucken. Hinter verschlossenen Fenstern und Türen, damit die neugierigen Nachbarn nicht plötzlich angerannt kämen, rauchte er in aller Ruhe eine Zigarette nach der anderen und hörte sich alles an, ohne eine Miene zu verziehen. Er war so etwas wie ein Friedensrichter. Wenn sich die Leute beruhigt hatten, schrieb er auf, was vorgefallen war, ging dann zu Verwandten und Freunden der Betroffenen, um sich ein vollständiges Bild zu machen. Am Ende wusste er ziemlich genau, wie die Dinge lagen, was sich zwischen den Leuten wirklich abgespielt hatte. Erst dann fällte er sein Urteil und bestimmte, wer sich in Zukunft auf welche Weise zu verhalten hatte. Diese Anordnungen waren wie ein Richterspruch – wenn sich einer der Betroffenen nicht daran hielt, wurde er bestraft. Keine Anhörung mehr, keine Diskussionen. Er musste dann drei Tage lang eine Bananenplantage sauber hacken oder alle Hühnerställe des Dorfes und der Umgebung ausmisten. Ich bewunderte Jacinto und wollte später auch Konflikte lösen, Streitereien beilegen, Probleme beseitigen. Deswegen hat Jacinto mich so oft wie möglich mitgenommen, damit ich von ihm lernte. Hätte mich das Militär nicht geschnappt, wäre ich bestimmt eine gute Schlichterin geworden.

Ich kann bezeugen, dass in allen Gebieten, in denen die FARC das Sagen hat, Ordnung herrscht. In den so genannten entmilitarisierten Gemeinden, also dort, wo nicht das Militär, sondern die FARC patrouilliert, gehen die Diebstähle, die Morde, die Gewalttaten auf der Straße und in den Familien sofort zurück. Die Guerilleros haben die Menschen im Griff. Tag und Nacht sind sie unterwegs in »ihren« Dörfern, Städten und auf dem Land. Plötzlich tauchen die *camaradas* unerwartet auf, zu zweit oder zu mehreren, zu Fuß, auf Pferden oder Motorrädern, und sehen nach dem Rechten. Sie hören sich um, ziehen Erkundigungen ein, befragen die Leute und finden ganz schnell heraus, ob da irgendeiner aus der Reihe tanzt. Wer sich an die Regeln hält, lebt unbehelligt – und gut. Die FARC sorgt sogar dafür, dass Schotterstraßen befestigt, Brücken gebaut oder notwendige Medikamente herbeigeschafft werden. Manchmal feiern auch alle zusammen hinter einem Bauernhaus oder auf einem Acker – die Kämpfer von der Guerilla, Bauern und Leute aus dem Dorf. Sie spielen Gitarre, singen, machen ein Feuer, braten Hühner und Schweine. Auf diesen Festen vergessen alle für viele Stunden, dass in unserem Land Krieg herrscht.

Es ist wirklich so – wer sich in unseren Gebieten nicht gegen die FARC stellt und seine Schutzgelder zahlt, kann sich auf den Beistand unserer Leute verlassen. Doch wer die Weisungen missachtet, der hat die Aufpasser der FARC sofort vor der Haustür. Da gab es mal einen, der bekam Besuch von weit her. Er hat sich mit Bekannten aus einer Ortschaft getroffen, die der FARC überhaupt nicht wohlgesinnt war. Dieser Mann hat es versäumt, die Guerilla darüber zu verständigen, und das war ein Fehler. Nun gehörte er zu den Verdächtigen, er wurde in eine weit entfernte FARC-Zone verschleppt, mehr weiß ich darüber nicht. Ein anderer Mann aus einem unserer Gebiete wurde in einer vom Paramilitär kontrollierten Stadt gesichtet. Er ging dort in eine Bar, trank einige Biere und unterhielt sich mit den Gästen. Das war dumm von ihm, so eine unvernünftige Person bekommt gewaltigen Ärger. Sie wird gründlich verhört, und wer als Verräter, als Überläufer oder Spitzel überführt wird, dem Gnade Gott. Denn die Guerilla kennt keinerlei Gnade.

Flüchtlinge, paras, *Feuergefechte*

Eines ist jedoch sicher – die Paramilitärs, auch *Autodefensas,* Selbstverteidiger, genannt, sind viel grausamer als die Guerilla, und sie besitzen keine Ideale. Die *paras* sind von den Reichen unseres Landes gekauft, sie sind rechte Todesschwadronen, die gut verdienen, im Gegensatz zu uns Guerilleros. Diese hoch bezahlte und mit den modernsten Waffen ausgerüstete Söldnerarmee macht der armen Landbevölkerung, tausenden von unschuldigen Menschen, das Leben zur Hölle. Ihre Milizen massakrieren die Bewohner ganzer Dörfer, die sie verdächtigen, mit uns zusammenzuarbeiten. Sie verstümmeln FARC-Sympathisanten mit Motorsägen, das erzählt man sich jedenfalls. Außerdem, so sagt man, ist das

Paramilitär Teil der Drogenmafia in unserem Land. Und überall haben die *paras* ihre Schnüffler und gemeinen Denunzianten. Ich habe es selbst erlebt. Einmal lief ich mit einigen Guerilleros an einem Dorf vorbei, das nicht zu unserem Einzugsbereich gehörte. Ich wusste nicht, wer dort das Sagen hatte. Weil wir erschöpft, hungrig und halb verdurstet von dem langen Tagesmarsch waren, klopften wir an die Tür eines Häuschens am äußersten Dorfrand. »Bitte schenk uns ein Gläschen Wasser, *mamita*«, baten wir die junge Bäuerin, eine kleine Frau in einem verwaschenen gelben Kleid und *alpargatas*, Stoffschuhen mit Strohsohlen. Sie trug einen Säugling im Arm, irgendwo hinter ihr hörten wir mehrere Kinderstimmen. »Unsere Behälter sind leer, wir sterben fast vor Durst! Und irgendetwas zu essen bräuchten wir auch«, erklärten wir der Frau. Sie wurde blass. Ich werde niemals vergessen, wie sie sich bekreuzigte – nur weil wir Guerilleros waren. Schnell holte sie uns etwas Wasser und stellte die Reste eines gekochten Hühnchens vor die Tür. Ich lächelte sie an, um sie zu beruhigen, aber sie starrte zu Boden. Wir sollten endlich verschwinden, sonst wollte sie gar nichts. Noch am gleichen Abend tauchten *paras* bei ihr auf und bezichtigten ihre gesamte Familie der Kollaboration mit der Guerilla. Und das nur, weil man uns vor ihrer Haustür gesehen hatte. Sie quetschten ihren Mann aus, bedrängten ihre Kinder – Kinder verplappern sich am leichtesten – und drohten damit, die gesamte Familie ans Militär auszuliefern. Wenn sie noch einmal in der Nähe eines Guerilleros gesichtet würden, könnten sie alle ihre *vidita*, ihr armseliges Leben, an den Nagel hängen. Natürlich wissen die Menschen, was das Militär mit den Leuten macht, die sie für Sympathisanten der Guerilla hält. Es wirft sie ins Gefängnis, wenn die *paras* die Leute nicht schon vorher umgebracht haben. Der Gefängnistrakt, in dem ich einsitze, ist voller Frauen, die nie mit irgendeiner Rebellengruppe zusammengearbeitet haben. Sie kannten bloß ein paar Guerilleros, haben sie auch mal verköstigt, notgedrungen. Nun sitzen sie deswegen hinter Gittern.

Die verschreckte kleine Bäuerin, die uns zu trinken und zu essen geben hatte, ist abgehauen – mit ihrem Mann, ihrem Baby und den restlichen Kindern. Das haben uns Leute aus einem Nachbardorf hinter vorgehaltener Hand berichtet, als uns irgendwann auffiel, dass das Häuschen verlassen war. An die Hauswand hatte jemand mit großen schwarzen Buchstaben gekritzelt: »Du kommunistische Hure, wenn wir dich erwischen, bist du erledigt.«

Bereits ein Tag nach dem »Besuch« der *paras* ist die gesamte Familie Hals über Kopf geflohen mit allem, was sie schleppen konnte. Sie ist bestimmt in einer der großen, anonymen Städte untergetaucht – dort, wo kein Guerillero jemals an die Tür klopft. Und mit ein wenig Glück auch keiner von der *paras* oder vom Militär.

Heute erst, seitdem ich im Gefängnis einen Fernseher habe und mich informieren kann, weiß ich, dass in Kolumbien zehntausende *desplazados*, Vertriebene, durch das Land irren. Sie tun dies so lange, bis sie in irgendeinem Elendsviertel am Rande einer Großstadt einen Unterschlupf finden. Sie betteln an den Ampeln der reichen Wohnviertel, ihre Kinder strecken den Autos selbst geschriebene Pappdeckel entgegen, auf denen steht: Wir sind *desplazados*, wir bitten um eine *limosnita*, um ein kleines Almosen. Diese Flüchtlinge waren zumeist irgendwann achtbare Kleinbauern; in den Städten sind sie jedoch arbeitsloses Lumpenpack. Sie leben in illegalen Hüttensiedlungen, und ihre Behausungen sind irgendwie aus Wellblech, Pappkartons und Holzlatten zusammengeschustert. Es gibt kein fließendes Wasser, keinen Strom, keine Sicherheit, und auch keinerlei Zukunft.

Im Fernsehen erzählte neulich eine alte Frau mit langen, zotteligen grauen Haaren, die aus Arauca kam: »Vor zwei Jahren verschwand mein 22-jähriger Sohn. Einige Wochen später fanden Nachbarn seine Leiche am Ufer unseres Flusses. Es fehlten ihm die Fingernägel der rechten Hand. Ausgerissen. Es müssen die *paras* gewesen sein, denn er arbeitete mit der Organisation der Kleinbauern zusammen, die sich für eine Agrarreform einsetzen. Ich bin geflohen, allein, denn mein Mann ist schon lange tot. Wäre ich geblieben, wäre ich auch tot. Vielleicht wäre das besser, als hier zu hausen.«

Dann zeigte sie mit dem Finger auf den Boden und weinte.

»*Ay, Dios mio,* wo bin ich gelandet. Seht euch das an, das ist der Pfad zu meiner Hütte, dort oben auf dem Berg. Ein stinkender, dunkelgrüner Fluss. Er spült den Müll ins Tal, die ganze *mierda,* die Scheiße. Nachts wimmelt es von Ratten und Kakerlaken. Aber was sollte ich tun, ich hatte keine andere Wahl.«

Ihre Worte über die eigene Wahl haben mich sehr beschäftigt. Ich hatte nie eine, aber ich bin nicht die Einzige in unserem Land – wie viele junge Guerilleros werden von der FARC zwangsrekrutiert, wie viele haben nie darum gebeten, bewaffnete Kämpfer zu sein! Die Guerilla geht durch unser Land und holt sich, wen sie braucht. Sie dringt in abgelegene Bauernhäuschen ein und verlangt von den Eltern, dass sie eines ihrer älteren Kinder hergeben, damit es in der Guerilla kämpft. So sorgt sie für den nötigen Nachwuchs in ihren Truppen. Das ist auch einer der Gründe, weshalb so unendlich viele Familien in Panik die Flucht in die Städte ergreifen, alles zurücklassen und ihre Existenz aufgeben – sie wollen ihre Kinder nicht an die Rebellenarmee verlieren.

Allerdings überlassen manche Eltern ihre Kinder der Guerilla wiederum freiwillig. So ähnlich, wie es auch mit mir passierte. Ein Kind weiß oft nicht, wie ihm geschieht. An seinem fünfzehnten Geburtstag, oder auch etwas später, heißt es: »*Mijito,* mein kleiner Sohn, du gehst zu der FARC.«

Auch Töchter werden an die Guerilla verschenkt, aber seltener. So bessert die armselige Landbevölkerung ihr karges Leben auf, denn die Guerilla unterstützt solche Familien und beschützt sie vor den *paras* und dem Militär. Ich habe in all den Jahren bei der Rebellenarmee einige Leute kennen gelernt, die von ihrer Familie an die FARC weggegeben wurden, ob sie wollten oder nicht.

Sehr viele junge Burschen und Mädchen wollen aber auch von sich aus zur Guerilla. Es gibt welche, die können es gar nicht abwarten, Guerilleros zu werden. Sie sind mittellos, arme Schlucker ohne Zukunft. Sie haben nichts gelernt, was sie weiterbringt, sie können häufig weder schreiben noch lesen. Also gehen sie zur Guerilla. Der Kampfanzug, die Waffen, die gewaltigen Jeeps, das Furcht einflößende Auftreten der Rebellen – das imponiert ihnen. Es blendet und besticht sie, denn nun sind sie wer. Oder sie glauben wenigstens, dass dem so sei. Ich habe sogar neben jungen Typen gekämpft, die nur wegen der glänzenden hohen Gummistiefel zur FARC gekommen sind – es waren die ersten wasserdichten Schuhe ihres Lebens.

Die Guerilla nimmt jeden, aber die ganz jungen Männer sind ihr die liebsten. Das sind die Draufgänger, die sie braucht, denn von diesen Teufelskerlen kennen nur die wenigsten das Gefühl der Angst. Sie sind die Mutigsten, ich habe es erlebt. Da gab es welche unter ihnen, die zogen in den Kampf, als gingen sie auf ein Tanzfest.

Nach dem Kampf trumpften sie auf und riefen: »Es hat Spaß gemacht! Ich habe mich wie Che Guevara gefühlt, es war irre!« Es gab auch *camaradas*, die verkündeten: »Du schießt, du triffst und bist Sieger!« Für manche waren die Gefechte wie ein Rausch, und anschließend fühlten sie sich wie Helden. Dieses Gefühl hatte ich nie, und dennoch teilten wir alle die gleiche Blindheit. Niemand, wirklich niemand sah den Gegner während des Kampfes als einen Menschen aus Fleisch und Blut, als jemanden, der später von seiner Familie beweint wird. Oder als jemanden, der vielleicht nur durch Zufall auf der anderen Seite kämpfte. Wir fragten nicht, was die Menschen getan hatten, gegen die wir den Kampf antraten. Feind ist Feind. Von uns fühlte sich keiner als Mörder, wir waren die Freiheitskämpfer. Später erst, viele Jahre später, geht uns auf, dass wir auf Menschen geschossen haben, die so waren wie wir. Ich begreife es erst jetzt, hier im Gefängnis, und ich frage mich, wie viele meiner Schüsse bei Gefechten ihr Ziel getroffen haben. Wenn im Fernsehen die Kämpfer der FARC gezeigt werden, weil sie wieder einmal einen Anschlag verübt haben, wenn ein Journalist die unaufhörliche Gewalt in unserem Land als den blutigsten Albtraum der Geschichte Kolumbiens bezeichnet und wenn er von hunderttausenden von Opfern seit Beginn des Krieges spricht – dann überkommt mich ein großes Entsetzen. Und Reue.

Vor drei Jahren habe ich auf dem Bildschirm den Amtsantritt unseres jetzigen Präsidenten, Alvaro Uribe, verfolgt, der dramatisch verlief. Es gab Granatenangriffe auf den Präsidentenpalast, Bombenanschläge in mehreren Stadtvierteln, Tote, Verletzte, darunter sehr viele Kinder – trotz des Aufgebots von zwanzigtausend Polizisten. Überall, wo ich hinsah, herrschte Chaos und Panik. Da dachte ich: Das kann nur die FARC gewesen sein. Meine Leute. Und ich schämte mich.

In meiner Anfangszeit bei der FARC habe ich mich gewundert, warum so viele Frauen bei den Rebellen waren, die meisten von ihnen freiwillig. Sie sagten: »Wir träumten von romantischen Nächten am Lagerfeuer. Von den hübschen, kräftigen Burschen in ihren Tarnanzügen und hohen Stiefeln. Schon als kleine Mädchen haben wir ihnen sehnsüchtig nachgeschaut, wenn sie in Gruppen durch die Straßen zogen, an unseren Häusern vorbei. Wir winkten ihnen hinterher, und sie lachten so übermütig zurück. Dabei reckten manche ihr Gewehr siegesbewusst in die Höhe und riefen uns Komplimente zu.«

Diese *muchachos* in Kampfuniform waren einfach viel attraktiver, viel geheimnisvoller als die ärmlichen, nichtsnutzigen Typen aus unseren freudlosen Dörfern. Ich glaube, das muss man verstehen. Die jungen Mädchen, unwissende *chinitas* aus den ärmsten ländlichen Gegenden, malten sich ein aufregendes, abenteuerliches Leben als zukünftige Guerilleras aus. Es ist ja auch aufregend bei der FARC, aber ganz anders, als sie es sich in ihren romantischen Träumen vorgestellt hatten. Zunächst einmal ist das Leben im Camp ein Schock.

Da wird Schluss gemacht mit den Illusionen, die Wirklichkeit wirft die Träume über Bord, und statt romantischer Abenteuer gibt es gnadenlose Disziplinierung und barbarischen Drill, egal, ob bei gewaltigen tropischen Regengüssen oder bei glühender Sonne. Die Schießübungen, das Training, die Pflichten und Dienste im Freien – sie fallen nur aus, wenn es donnert und blitzt oder wenn Dauerregen das gesamte Camp aufweicht und in einen matschigen See verwandelt. Dann sind kurze Pausen erlaubt. Ansonsten ist jeder Tag genau auf die Minute eingeteilt, und die Überwachung ist lückenlos. Selbst wenn einer schnell mal auf den *chonto* will, muss er sich abmelden und spätestens nach zehn Minuten wieder zurück sein. Am schlimmsten jedoch ist die Langeweile. Das Leben in einem Dschungelcamp ist nicht aufregend, es ist öde. Training und Drill – alles wird zur Routine. Ohne Abwechslung ziehen sich die Tage hin, jeder Tag wird zur Ewigkeit.

Und dann das Eingesperrtsein und das Aufeinanderhocken.

Es macht dich traurig und wütend – auf einmal heulst du los, ohne deutlichen Grund, oder brüllst einen *camarada* an, der für deine miese Laune überhaupt nichts kann. Aber du hast dich einfach nicht mehr im Griff. Wenn dich die Wehmut anfällt, denkst du auch sehnsüchtig daran, wie andere Mädchen aufwachsen – sie stehen mitten im wirklichen Leben, sie sind frei, sie gehen Samstagnacht mit ihrem *novio* und ihren Freunden zum Tanzen. Ja, und sie dürfen eine Schule besuchen und sich weiterbilden. Bei der FARC lernst du nur das, was dich zu einem schlagkräftigen Guerillero macht, sonst nichts. Oder fast nichts.

Ich habe zwar gelernt, verletzte Kämpfer zu verarzten, Bomben- und Granatsplitter aus Wunden zu entfernen, Brunnen zu bohren, Schützengräben auszuheben. Aber es gibt eben keine Grammatik-, Mathematik- oder Geschichtsbücher bei der Guerilla. Wir bekommen die Lebensgeschichte von Che Guevara oder Schriften von unserem Oberkommandanten Marulanda zu lesen und lernen revolutionäre Lieder. Alles, was man uns beibringt, hängt mit dem bewaffneten Kampf zusammen. Das zermürbt, und in schlechten Augenblicken verzweifelt man: Wozu soll das alles gut sein – die militärische Ausbildung, die Kampfbereitschaft, dieses seltsame, streng reglementierte Leben? Dann wünscht man sich, man könnte einfach abhauen. Und dumm, wie man ist, träumt man davon, irgendwo ein neues Leben anzufangen. Daher waren die Kampfeinsätze eine Abwechslung, eine willkommene Ablenkung, die von vielen von uns herbeigesehnt wurden. Es galt das Motto, dass man lieber an einer lebensgefährlichen Operation teilnahm, als das leere, lähmende Dasein im Camp zu ertragen, denn nun passierte endlich etwas. Seltsamerweise dachte so gut wie keiner von uns daran, dass es ihn erwischen könnte. Jedenfalls redete niemand darüber. Wir wollten los, wir wollten nicht nachdenken. Ich jedenfalls lebte immer auf, wenn es hieß: Das Militär wird in dem und dem Ort erwartet, macht euch bereit für den Kampf. Soundso viele Tage Fußmarsch, dann ist es so weit.

Ich habe an verschiedenen Feuergefechten teilgenommen, und an einen Kampf kann ich mich besonders lebhaft erinnern. Es ging darum, eine bestimmte Ortschaft zurückzugewinnen, die Polizei und den Bürgermeister zu vertreiben und sie ganz und gar unter unser Kommando zu stellen. Doch dann kam das Militär angerückt, Hundertschaften von Soldaten wollten die Guerilla wieder davonjagen. Das mussten wir verhindern. Wir schlichen uns bei Dunkelheit durch die Sträßchen des Ortes und drangen in verschiedene Wohnungen ein, um dort optimale Schusspositionen einzunehmen. Dann ging es los. Die Soldaten sperrten die Straßen, umzingelten die Häuser, in denen wir hockten, und es kam zu mehreren Schusswechseln. In diesem Fall hat das Militär gesiegt. Es war in der Überzahl, und die Armee war besser ausgerüstet als wir. Es gab viele Verwundete und mehrere Tote, auch unter den Stadtbewohnern. Nach diesem Gefecht habe ich mich viele Wochen lang kein einziges Mal mehr über das langweilige Leben im Camp beklagt. Im Kampf funktioniert man wie eine Maschine, danach erst melden sich die Gefühle. Bei mir war es jedenfalls so.

Häufig fingen wir unsere Kämpfe aus dem Hinterhalt an. Wir lagen in Deckung, entweder in Gräben, hinter dichtem Gebüsch oder auch hinter Häusermauern, und warteten darauf, dass die angekündigten Armeeeinheiten oder die *paras* vorbeimarschierten. Meistens mussten wir lange ausharren, es kam uns wie eine Ewigkeit vor. Wir warteten totenstill, ohne uns zu rühren. Das ist so quälend, dass wir innerlich vor Erleichterung zuckten, wenn die Feinde endlich auftauchten. Dann feuerten wir den ersten Schuss ab, den ersten Granatenwurf und atmeten auf. Ich war vielleicht an zwanzig Gefechten beteiligt, was nicht sehr viel ist angesichts der elf Jahre, die ich bei der FARC war. Aus Liebe zu mir versuchte mein Vater, der als *comandante político* viel zu sagen hatte, mich so oft wie möglich von Kämpfen fern zu halten. Ich bin ihm dankbar dafür. Dabei hatte ich nur selten Angst, denn mir sind die schlimmsten Kämpfe erspart geblieben, ich wurde beispielsweise niemals vom Feind im Schlaf überfallen. Etliche *camaradas,* die ich verarztet habe und zu trösten versuchte, haben von diesen Überraschungsangriffen erzählt. Sie lagen in den Bergen oder im Urwald in ihren Verstecken und schliefen fest. Der Feind griff unvermittelt an, es gab ein Massaker, ein Gemetzel, von dem sich die überlebenden Guerilleros niemals ganz erholten. Die meisten litten unter quälenden Albträumen.

Üblicherweise nimmt einen ein Gefecht dermaßen in Anspruch, dass für Angst nicht eine Sekunde Zeit bleibt. Man kämpft fast immer zu zweit, sozusagen als Paar. Fünf bis zehn Meter von dir entfernt kämpfen die nächsten zwei. Je nach Notwendigkeit bewegst du dich nach vorne oder weichst zurück, rennst hinter einen Baum, hechtest nach rechts oder nach links, während der andere Feuer gibt. So lange, bis er wieder an deiner Seite ist. Das ist die übliche Taktik, unsere Kriegstaktik: Einer geht vor, zurück oder zur Seite, der andere schießt.

Ich hatte Glück, dass ich nicht immer direkt in der Feuerlinie kämpfen musste, sondern häufig das Funkgerät betätigte und aus einem mehr oder minder geschützten Standort die Kommandos weitergab.

Dabei ruft der oberste Kommandant der *escuadra,* des gesamten Geschwaders, in sein Funkgerät: »*Avancen! Quemen!* Vorwärts! Feuer! Schießt alle auf einmal!« Oder: »Die dritte Einheit – schießen! Die erste und zweite in Deckung. Danach Rückzug bis …!«

Ich erhielt die Befehle per Funk und gab sie weiter; es wurde nach einem bestimmten Code benachrichtigt, wie viele Verletzte, wie viele Tote beklagt wurden. ›*Hueso* 34‹, Knochen 34, etwa konnte bedeuten: 34 Tote. Ich hatte also häufig eine weniger gefährliche und gleichzeitig sehr verantwortungsvolle Funktion. Hätte mir jemand gesagt, beim nächsten Gefecht bist du dran, sie werden dich abknallen oder sie werden dich gefangen nehmen und ins Gefängnis werfen, wo du vermoderst, bis du alt bist – ich hätte demjenigen niemals geglaubt! Schließlich fühlten wir uns alle sehr stark. Meistens jedenfalls. Die *comandantes* sorgten dafür, dass wir nicht verzagten. Immer wieder hieß es: Die FARC ist mächtiger als die Regierungsarmee oder das Paramilitär! Wir beherrschen unzählige Provinzen – Arauca, Caquetá, Guaviare, Putumayo, fast den gesamten Süden des Landes. Wir führen seit Jahren mit Präsidenten und den höchsten Ministern des Landes Friedensverhandlungen. An der FARC kommt niemand vorbei! Solche Parolen geben Kraft. Man fühlt sich irgendwie unbesiegbar, verscheucht die Zweifel und erstickt die Ängste. Allerdings sind auch mir ein paar Dinge passiert, die mich in helle Panik versetzt haben. Dinge, die bei uns im Camp stattfanden. Die Hinrichtung eines Informanten beispielsweise, die Hetzjagd auf Deserteure, das Bewachen eines zum Tode verurteilten Gefangenen. Wenn ich daran denke, überkommt mich noch heute ein namenloses Grauen.

V. Tod den Verrätern

Spitzel und Deserteure

In meinem fünften Jahr bei der FARC musste ich vor das Tribunal der Guerilla treten, um einen Rebellen zu verteidigen, dem man vorwarf, ein Verräter zu sein. Es war der scheue Pepe, den ich schon lange kannte. Pepe durfte sich, wie jeder, der beschuldigt wurde, gegen die Gesetze der FARC verstoßen zu haben, einen Verteidiger aussuchen, und seine Wahl fiel auf mich.

Warum, *por Dios*, um Gottes willen, gerade auf mich? Er kannte mich doch! Warum suchte er mich aus, wo er doch wissen musste, dass ich dazu nicht taugte? Dass ich hoffnungslos mit ihm leiden würde, wenn er schuldig gesprochen – wenn er gar hingerichtet würde? Doch Pepe dachte nicht an die Pein, die er mir bereitete, er dachte in seiner Verzweiflung nur an sich und setzte seine letzte Hoffnung auf mich und meine Verteidigung. Wir gehörten beide derselben Einheit an. Er war zwanzig, genauso alt wie ich, und kein besonders guter Kämpfer, aber er konnte immer mithalten. Er war ein schüchterner Mensch, der nicht viel redete und sich selten an unseren Gesprächen beteiligte. Das allein machte ihn natürlich nicht zu einem Verdächtigen, doch eines Nachmittags war er nicht zu den Schießübungen erschienen. Man suchte ihn überall im Camp, rief nach ihm und durchstöberte die Schlafzelte. Irgendwann war allen klar, dass dieser *camarada* abgehauen sein musste. Sofort wurde ein Trupp zusammengestellt, der nach ihm fahnden sollte. Ich wurde nicht dazu eingeteilt und fühlte mich wegen meiner Sympathie für Pepe deswegen so erleichtert, dass ich vor Glück in mein Zelt rannte und dort heimlich ein paar Luftsprünge machte. Doch ich hatte mich zu früh gefreut, denn bereits zwei Stunden später war Pepe geschnappt worden. Ich sah, wie er mit gefesselten Händen von zwei Guerilleros ins Camp geführt wurde. Pepe blutete aus einer Wunde unter dem linken Auge, seine Jacke war zerfetzt, und er lief in gekrümmter Haltung, fast, als erwarte er jede Minute den tödlichen Genickschuss.

»Vielleicht ist er auch nur zu Tode erschöpft«, sagte ich mir, um mich zu beruhigen. Er musste durch den Urwald geprescht sein wie ein Irrer. Die Äste hatten sein Gesicht zerkratzt, wahrscheinlich war er auch gestolpert und hingefallen. Wie sich herausstellte, hatte er gerade erst die Landstraße erreicht, als sie ihn erwischten.

Im Camp stieß man ihn in den Verschlag für Gefangene, eine Art Käfig, und fragte ihn anschließend: »Wer soll dich verteidigen? Auf wen fällt deine Wahl?«

Ohne zu zögern oder abzuwägen, nannte er meinen Namen. Daraufhin rief mich der oberste *comandante* in sein Zelt, teilte mir mit, dass man Pepe des heimtückischen Verrats bezichtigte, und zählte seine Vergehen auf.

Dann meinte er abschließend: »Morgen früh, wenn die Nachtwache abgelöst wird, wirst du ihn verhören. Anschließend wirst du seinen Fall vor dem Kriegsgericht vortragen.«

In dieser Nacht stieß ich ein so jämmerliches Wimmern in meinem Traum aus, dass mich die *compañera* neben mir wachrüttelte und mich anfuhr: »Sei still! Hör auf, dich so aufzuführen! So ein Getue wegen eines blöden Verräters!«

Am nächsten Morgen ging ein Guerillero mit mir zum

Verschlag, öffnete die niedrige Gittertür und ließ mich zu Pepe.

Bevor dieser auch nur ein einziges Wort hervorbringen konnte, überfiel ich ihn mit meinen Fragen: »Stimmt es, dass du dich im Auftrag des Militärs hier eingeschleust hast, um Informationen über die FARC zu sammeln und an die Regierung weiterzugeben? Dass du verraten solltest, welche und wie viele Waffen wir haben? Wer unsere *comandantes* sind, wie sie heißen, wo sie sich gerade aufhalten? Welche Operationen sie planen? Stimmen die Anschuldigungen? Sag es mir! Sie haben Notizen in deinen Sachen gefunden.«

Pepe nickte, und wir senkten unsere Stimmen, sprachen fast im Flüsterton miteinander, damit die Wachen nicht mitbekamen, worum es bei diesem Gespräch ging. Aber am Schluss konnte ich nicht anders und fing an zu schreien: »Warum hast du das getan? Wie konntest du dich auf so etwas einlassen? Du weißt doch, was die FARC ist!«

»Nein«, antwortete er und blieb ganz ruhig. »Ich hatte keine Ahnung, wie es bei der FARC zugeht. Ich besaß doch nicht einmal einen Fernseher, wir hatten keinen Strom. Ich habe immer nur dieses und jenes munkeln gehört. Und was wusste ich schon über das kolumbianische Militär? Auch nichts. Ich weiß immer noch nichts. Nur eines habe ich kapiert. Die Soldaten, die mich angeheuert haben, die kennen sich mit Leuten in meiner Lage aus. Es ist ganz leicht, so einen wie mich zu ködern. Meine Mutter hat eine Krankheit, die Asthma heißt, was bedeutet, dass sie Anfälle von Atemnot bekommt, an denen sie fast erstickt. Ich habe ihr lange die einzige Medizin besorgt, die ihr half, aber irgendwann konnte ich sie nicht mehr bezahlen. Da erschien plötzlich dieser Offizier bei uns zu Hause. Er versprach mir, die Medikamente zu besorgen, wenn ich für das Militär, also für die Regierung, als Spitzel arbeitete. Irgendeiner aus der Nachbarschaft muss ihm und seinen Leuten gesteckt haben, dass ich in meiner Not für sie interessant sein könnte. Und sie hatten Recht.«

Ich fragte ihn, weshalb er sich nicht besser informiert habe, er lebe doch nicht hinter dem Mond, auch Menschen ohne Fernseher wüssten Bescheid über die Guerilla, aber Pedro hörte mir gar nicht zu.

Mit kleiner, herzbewegender Stimme sagte er: »Es war bestimmt die Trauer über ihr schweres Leben, die ihr auf die Brust drückte und ihr den Atem nahm. Diana, du kannst dir nicht vorstellen, wie schlimm das war. Wenn sie so verzweifelt nach Luft rang, glaubten wir, dass sie jeden Augenblick sterben würde. Es war nicht mehr zu ertragen. Und nun habt ihr mich in euren Kerker gesteckt und werdet mich umbringen.«

Diese Geschichte war zu viel für mich, und ich brach in Tränen aus, dort, mitten in diesem Verschlag, in dem Pepe eingepfercht war. »Was hier passiert, ist nicht meine Schuld! Ich kann nichts dafür! Warum hast du bloß mich als Verteidigerin ausgesucht! Das tut mir weh, ich kann doch überhaupt nichts für dich tun.«

»*Tranquila*«, tröstete er mich, »sei ganz ruhig. Es ist meine Schuld. Das Militär sucht sich Männer wie mich gezielt aus, sie riechen die Bedürftigkeit. Sie nützen unsere Armut aus. Und ich – ich dachte wirklich, dass so ein Auftrag schnell erledigt ist. Ein paar Wochen lang Augen und Ohren aufsperren, Informationen sammeln und dann wieder abhauen. So dumm war ich. Keinen Gedanken habe ich daran verschwendet, dass diese Sache mich mein Leben kosten könnte!«

Pepe saß zusammengesunken in seinem Käfig, gefesselt an Füßen und Händen, und hatte Mühe, den Schweiß abzuwischen, der in seine Wunde unter dem Auge rann. »Aber wie hätte ich sonst zu Geld kommen sollen? Sollte ich meine Mutter vielleicht sterben lassen? Und nun ist alles zu spät«, sagte er mehr zu sich als zu mir und schüttelte dabei heftig den Kopf, um die Mücken zu verscheuchen, die gierig über seine Wunde herfielen. Wir wussten beide, dass es überhaupt keinen Zweck hatte, wenn ich mich für ihn einsetzte. Sein Tod war gewiss. Dennoch hielt ich am nächsten Tag ein inbrünstiges Plädoyer zu seiner Verteidigung. Schließlich zählte er auf mich, und ich – ich hoffte trotz allem auf das Unmögliche. Fast das gesamte Camp hatte sich auf dem Übungsplatz versammelt.

Ich stellte mich auf einen Baumstumpf, damit mich alle gut sehen und hören konnten, und begann zu reden: »Dieser Mann ist ein *ser humano*, ein menschliches Wesen!«, rief ich in die Menge, »er hat einen großen Fehler gemacht – aber solche Fehler machen wir alle im Leben und hoffen, dass man uns verzeiht. Als das Militär ihn angeheuert hat, befand er sich in einer verzweifelten Lage. Seine Mutter ist schwer krank, sie hat Asthma, er brauchte Geld für das Medikament Cortison, für Ärzte und für das Krankenhaus. Das Angebot der Militärs war für Pepe wie ein Zeichen Gottes. Verschont ihn, lasst ihn laufen, seine Gründe sind zutiefst menschlich – er wollte nur das Leben seiner armen *mami* retten!«

Ich verstummte für einen Moment und überlegte fieberhaft, was ich um Himmels willen noch zu Pepes Rettung sagen könnte. Plötzlich fiel mir etwas ein: »Unser Pepe gehört zu den Ärmsten der Armen, er hat kein Land und keine feste Arbeit. Er ist einer von denen, für die unsere Guerilla seit über vierzig Jahren kämpft. Er hat eine Familie, seine Kinder sind noch ganz klein. Dieser *compañero* hat ein nobles Herz, das spüre ich! Lasst ihn leben!«

Nach meiner Rede herrschte absolute Stille auf dem gesamten Platz, was sehr selten bei uns vorkam. Alle blickten auf den obersten *comandante,* warteten darauf, dass er aufstand, das Wort ergriff und sein Urteil verkündete.

Über seine Lippen kam nur ein einziger Satz: »All diejenigen, die dafür sind, dass dieser Mann erschossen wird, heben die Hand.«

Die Guerilleros blickten um sich, schienen zu zögern. Aber sie wussten, was von ihnen erwartet wurde, und deswegen gingen alle Arme nach oben. Nur meiner nicht. Als seine Verteidigerin war ich die Einzige, die sich nicht fürchten musste, auf seiner Seite zu stehen. Mich konnte keiner zwingen, den Arm zu heben, das besagten sogar unsere Gesetze. Wenigstens darüber war ich froh, aber das währte nur einen kleinen Augenblick, denn nun führten zwei Guerilleros Pepe ab. Mit hocherhobenem Kopf und ernster Miene sprach er seine letzten Worte: »Möge euch Gott verzeihen, denn ihr wisst nicht, was ihr tut.«

Als wenige Minuten später der Schuss aus dem Wald ertönte, hatte sich die Menge bereits zerstreut, alle gingen ihren üblichen Aktivitäten nach. Wer war schon Pepe? Bloß so ein Schuft, der die FARC verraten hatte. Ich war so traurig, dass ich mich nur noch verstecken und für mich sein wollte. Aber wo sollte ich hin? Ich meldete mich schließlich bei einem der Wachposten ab und lief zum *chonto.* Der Klograben war der einzige Ort, wo man ein Plätzchen für sich hatte. Doch obwohl ich dort allein war, traute ich mich nicht, auch nur den geringsten Laut von mir zu geben. Am liebsten wäre ich in Tränen ausgebrochen, aber das durfte nicht sein. Ich hatte in den letzten zwei Tagen schon zu viel geweint um diesen Verräter, diesen üblen, heimtückischen Spion, wie er nun überall im Camp genannt wurde. Das war verdächtig, und man hätte es mir übel auslegen können. Innerlich weinte ich jedoch um ihn, um seine kranke Mutter und seine Familie, die bestimmt nie erfahren hat, was mit ihm geschah. Sie können nur ahnen, warum er niemals zu ihnen zurückgekehrt ist. Heilige Mutter Gottes, *mamita,* es war eine menschliche Tragödie, deren Erinnerung mich ein Leben lang begleiten wird. Manchmal, wenn ich mitten in einer alltäglichen Unterhaltung oder beim Essen mit meinen Mitgefangenen bin oder unter der Dusche stehe, dann sehe ich plötzlich wieder Pepe vor mir, wie er in diesem Verschlag hockt und den Kopf schüttelt, um die Mücken zu verscheuchen. Ich rieche sogar seinen Angstschweiß. Für einen Augenblick ist die Erinnerung so stark, dass ich nach Luft ringen muss.

In meinem Gedächtnis ist noch ein ähnlich tragisches, finsteres Ereignis abgespeichert, eines, das ich genauso wenig vergessen kann. Es ist die Geschichte eines Liebespärchens, das desertierte. Die beiden liebten sich und wollten der Guerilla bestimmt keinen Schaden zufügen, sie wollten bloß weg von der FARC, um eine eigene Familie zu gründen. Sie träumten davon, miteinander eine glückliche Zukunft aufzubauen, und das ist innerhalb der Guerilla völlig ausgeschlossen. Zweisamkeit, Familie, persönliche Zukunftspläne – alles absolut undenkbar. Glauben Sie mir, ich weiß, wovon ich rede, denn solche Träume hatte ich selbst einmal, und ich habe sie allesamt und für immer begraben müssen. Denn ich, die Tochter eines *comandante,* durfte mich um nichts in der Welt davonmachen. An Desertieren war nicht zu denken. Niemals.

Aber dieses besagte Liebespaar hat es versucht. Der Mann hieß bei der FARC Manuel, und seine Angebetete wurde Victoria genannt. Leider war ich die Erste, die ihr Fehlen bemerkte.

In jener Nacht war die Dunkelheit gerade hereingebrochen, wir lagen alle in unseren Zelten, und kein einziges Licht brannte mehr im Camp. Wie immer zirpte der Chor der Grillen ohrenbetäubend und schrill, wie immer drang die Feuchtigkeit durch die Ritzen, und ich wischte wie jede Nacht die Tropfen weg, die sich an der Innenseite der Plane angesammelt hatten. Dabei stellte ich fest, dass Victoria fehlte. Ihr Schlafplatz hinter meinem war leer. Mir wurde schwummrig zumute, ich ahnte dunkel, was passiert sein könnte. Weil ich ein wenig mit Victoria befreundet war, wollte ich den Moment hinauszögern, an dem auch die anderen merkten, was los war. Also fing ich laut an zu reden und irgendein Zeug zu erzählen, versuchte alles, um die anderen abzulenken. Vergeblich. Irgendjemand verständigte den Wachposten. Bald machte die Meldung die Runde, dass auch Manuel fehlte, was mich nicht überraschte. Aber es jagte mir eine höllische Angst ein, denn seit der Sache mit Pepe wusste ich, was nun folgen würde. Noch in der gleichen Nacht ließ ein *comandante* das gesamte Camp antreten und stellte dann fünf Gruppen zusammen, die aus jeweils sechs Guerilleros bestanden. Auch ich wurde einer solchen Gruppe zugeteilt, die den Auftrag erhielt, nach den Flüchtigen zu fahnden. Einem solchen Befehl durfte sich niemand verweigern. Ein Guerillero verteilte Taschenlampen, dann legten wir unsere Waffen an und machten uns auf den Weg.

Schweigend und fast geräuschlos kämpften wir uns durch den Urwald. Es war eine schreckliche Mission, und bei Dunkelheit fühlte sie sich noch grausamer an.

Der flüchtige Manuel war mir seit Jahren ein guter Freund, der mich beriet und mich tröstete, wenn es mir schlecht ging. Er fand immer die richtigen Worte, um mich aufzuheitern. Auch die hübsche, schmale Victoria, eine *negrita*, eine kleine Schwarzhaarige wie ich, mochte ich gern. Sie hatte mir öfter meine langen Haare zu vielen dünnen Zöpfchen geflochten, und das gelang ihr besser als jeder anderen bei uns im Camp. Beim Haareflechten hat sie mir einmal erzählt, dass sie gerne Friseurin geworden wäre, doch leider habe das Geld für die Ausbildung nicht gereicht, denn ihr Vater sei kurz nach ihrer Geburt auf Nimmerwiedersehen verschwunden. Anstatt zu Hause herumzusitzen, ist Victoria mit sechzehn Jahren aus purer Langeweile zur Guerilla gegangen. Ich hatte schon lange geahnt, dass sie und Manuel nicht nur eine flüchtige Affäre hatten, sondern ein echtes Liebespaar waren. Sexaffären sind bei den FARC gang und gäbe, niemand hat etwas dagegen, denn die so genannte freie Liebe ist Teil unseres Guerillalebens. Nur eine feste, tiefe Liebesbeziehung ist unerwünscht, da sie angeblich die Kampfmoral schwächt. So sagen zumindest die Kommandanten. Victoria hat mir zwar nie ihre wahren Gefühle für Manuel gebeichtet, aber ich habe für solche zwischenmenschlichen Schwingungen einfach feine Antennen, und meine Vermutungen täuschen mich selten. Natürlich habe ich die beiden niemals verraten. Man hätte sie sonst voneinander getrennt und einen von beiden in ein anderes Camp versetzt. Um Erlaubnis für die Beziehung wollten sie schon gar nicht bitten, denn diese wäre ihnen bestimmt verwehrt worden.

Nun betete ich inständig, dass wir sie nicht finden würden, dass sie längst die Straße erreicht und irgendwo an einem unauffindbaren Ort untergetaucht waren. Denn jeder, der desertierte, egal, aus welchen Motiven, konnte sicher sein, dass er sich in Todesgefahr begab. Und würde man die beiden irgendwo in einem Versteck aufspüren, könnte man sie niemals laufen lassen. Auch ich könnte dies nicht tun, denn wir mussten uns alle gegenseitig beobachten. Da wir den Urwald nur wenige Meter voneinander entfernt durchkämmten, konnte jeder zum Denunzianten des anderen werden.

Als der Morgen dämmerte, hatten wir sie immer noch nicht gefunden. Daraufhin wurde von oben beschlossen, mich und einen älteren *camarada* in die Ortschaft zu schicken, aus dem das Paar stammte. Wir sollten ihre Familien aufsuchen und sie aushorchen. Der Schlafmangel machte mir an jenem Tag zu schaffen, mein Kopf schmerzte, die Glieder waren schwer wie Blei, und meine Augen brannten. Ich goss mir mein letztes Trinkwasser über das Gesicht, um nicht schlappzumachen. Wo waren die beiden bloß abgeblieben? Wie hatten sie sich so gut verstecken können, dass dreißig Mann über acht Stunden lang nach ihnen fahndeten, ohne auch nur eine einzige Spur zu finden?

Kurz nach Sonnenaufgang erreichten der ältere Guerillero und ich den Ort, in dem die beiden einmal gelebt hatten. Wir schleppten uns durch die menschenleeren Sträßchen, bis wir vor der Tür standen, die man uns als Adresse genannt hatte. Victorias Mutter bewohnte den hinteren Teil eines Häuschens, von dem bereits die blaue Farbe abblätterte. In dem Hof, der die beiden Haushälften trennte, stand ein verrosteter Eisschrank, Kinderfahrräder lagen herum, und Wäsche baumelte an den Leinen. Wir wollten gerade anklopfen, als die Tür aufging. Victorias Mutter starrte uns mit angsterfüllten, weit aufgerissenen Augen entgegen. Keine Frage, sie hatte uns kommen sehen. Uns war sofort klar, dass sich die beiden im Haus aufhalten mussten. »Sie sind bei Ihnen, *señora*«, sagte der Guerillero mit solchem Nachdruck, dass die arme Frau vor ihm zurückwich. Blankes Entsetzen stand ihr ins Gesicht geschrieben, sie wusste, dass das Leben ihrer Tochter und ihres Liebhabers verloren war.

Mit trauriger Stimme sagte sie mehr zu sich als zu uns: »Sie sind treuherzige Menschen, meine beiden – sie sind einfach nach Hause gelaufen. Meine Tochter ist zu mir, zu ihrer Mutter, zurückgekehrt.«

Auf einem niedrigen Regal stand neben den Bildern ihrer Geschwister ein großes gerahmtes Foto von Victoria. Sie war damals vielleicht vierzehn Jahre alt, hübsch und fröhlich. Damals träumte sie noch davon, Friseurin zu werden. Mein *camarada* sah Victorias Mutter ungerührt an und zuckte mit den Schultern. Ich sehe ihn heute noch vor mir, seine Kälte wirkte auf mich wie eine eindeutige Warnung: Deserteure sind unsere Feinde! Kein Mitleid, Diana!

Wir wollten gerade damit beginnen, das Häuschen zu durchsuchen, als plötzlich Victoria und Manuel erschienen und sich vor uns hinstellten. Sie hielten einander fest an den Händen. Mit einer knappen Kopfbewegung bedeutete mein Mitkämpfer den beiden, uns nach draußen zu folgen. Ich nahm Victorias Arm, er nahm Manuels, und so verließen wir das Haus. Ich sah, wie Victorias Mutter die Tränen über die Wangen liefen. Ich wollte eine Hand nach ihr ausstrecken, drehte mich bereits in ihre Richtung, hielt mich noch rechtzeitig zurück: Kein Mitleid, Diana!

Als sich die Haustür hinter uns schloss, hörte ich die arme

Frau schluchzen. Wir beschleunigten unsere Schritte, sogar mein *camarada* atmete schwer.

Am nächsten Tag wurde dem Pärchen im Camp der Prozess gemacht. Ich war zum Küchendienst eingeteilt, kochte Berge von Mais, Yucca, Reis und schwarzen Bohnen, eine Arbeit, die ich sonst nicht leiden konnte. Aber an diesem Tag war ich dem lieben Gott sehr dankbar dafür. Denn es kam, wie es kommen musste, Victoria und Manuel wurden für schuldig befunden. Wäre ich bei dem Verfahren dabei gewesen, hätte auch ich gegen sie den Arm heben und ihrer Verurteilung zustimmen müssen, denn sie waren eindeutig Deserteure. Und diese wurden, wie wir alle wussten, ausnahmslos mit dem Tod bestraft. Aber dann geschah etwas Merkwürdiges. Noch am gleichen Abend machte die Nachricht die Runde, dass sich die höchsten *comandantes* noch beratschlagen müssten und die Hinrichtung verschoben werde. Im Zweifel haben Marulanda, unser oberster Guerillaführer, den alle Welt unter dem Kriegsnamen »tirofijo« kennt, was »sicherer Schuss« bedeutet, El Mono Jojoy und die anderen Ranghöchsten bei Straffällen immer das letzte Wort und die absolute Entscheidungsgewalt. Sie befanden sich jedoch in einer anderen Region im Süden des Landes. Es konnte also lange dauern, bis ihr endgültiges Urteil unser Camp erreichte, bei Pepe waren genug ranghohe *comandantes* im Lager gewesen. Man beschloss, das Liebespaar in der Zwischenzeit in eine verlassene Dschungelhütte, ganz in der Nähe unseres Camps, einzusperren.

Ich wurde als einzige Frau zusammen mit vier weiteren *camaradas* abkommandiert, die Gefangenen dort hinzubringen und sie zu bewachen, bis die Todesstrafe bestätigt wurde.

Ich atmete auf und freute mich sogar ein wenig. Nicht, dass ich an ihren Freispruch glaubte, man würde sie bestimmt nicht verschonen. Aber wenigstens würde ich in den Tagen des Wartens mit ihnen reden und ihnen Mut zusprechen können, was ihnen vielleicht den Abschied von dieser unbarmherzigen Welt erleichtern würde. Das Häuschen lag in einer engen Waldschneise und war überwuchert und wie zusammengedrückt von dem grünen Dickicht des Dschungels. Die Feuchtigkeit war durch Türen und Mauern gedrungen, alles in dem Haus war klamm und roch nach Moder. Wo man hinsah, liefen Heerscharen von Ameisen in langen, krummen Schlangen die Wände hoch, über die morschen Möbel und auf dem Lehmboden entlang. Die Hütte bestand aus zwei kleinen Räumen und einer Abstellkammer. In jedem Raum standen Schlafpritschen, die die Guerilla hier vor längerer Zeit abgestellt hatte, als sie beschloss, die Hütte in einen Kerker zu verwandeln. Manuel kam in die Abstellkammer, Victoria wurde in eines der zwei Zimmerchen gesperrt. Beide waren an Händen und Füßen gefesselt. Meine *camaradas* und ich versammelten uns in dem anderen Zimmer und stellten uns innerlich auf mehrere Tage Bewachungsdienst ein. Wir versuchten, es uns so bequem wie möglich zu machen. Bevor wir uns schlafen legten, spielten wir Karten und plauderten. Ich versuchte, nicht an das bevorstehende Urteil zu denken. Am zweiten oder dritten Abend – ich hatte meine Pistole und mein Gewehr bereits abgelegt und war dabei, die Stiefel unter die Pritsche zu schieben – hörte ich Victoria nach mir rufen.

Sie hämmerte gegen die halboffene Tür ihres Kämmerchens und rief: »Diana, komm bitte! Diana, hörst du mich?«

Direkt vor ihrem Zimmer saß ein Guerillero, ein stämmiger, meist schlecht gelaunter Typ, der den Raum im Auge behielt, bis er von einem anderen abgelöst wurde.

Als Victoria meinen Namen rief, brüllte er sie an: »Sei still da drinnen!« Aber ich war schon hinzugeeilt und bat ihn, mich zu Victoria zu lassen. Zuerst weigerte er sich, aber schließlich konnte ich ihn irgendwie überreden. Mit grimmiger Miene gab er mir seine Pistole – man konnte ja nie wissen – und schubste mich widerwillig durch die Tür. Ich zog sie hinter mir zu. Victoria stand mit dem Rücken zu dem vergitterten Fenster und schaute mich an. Noch nie habe ich eine solche Verzweiflung in dem Blick meines Gegenübers gesehen. Ihre Angst füllte das ganze Zimmer und ließ mich erstarren.

»Dianita«, raunte sie mir zu, »Dianita, bitte, du bist unsere Freundin. Lass uns hier raus. Wenn die anderen alle schlafen, befreist du uns. Das geht ganz schnell.«

Ich war fassungslos. »Ich soll dich befreien? Wie kannst du das von mir verlangen! Willst du mein Leben vernichten? Sollen wir alle sterben?«

»Bitte!«

»Nein, Victoria, das kann ich nicht.«

Da drehte sie mir den Rücken zu und drückte ihre Stirn gegen die Gitter. Sie zitterte bis in die Haarspitzen. Wie betäubt verließ ich das Zimmer. Die anderen verlangten sofort zu wissen, was Victoria von mir gewollt hatte.

»Sie hatte eine Bitte«, sagte ich und versuchte, gelassen zu wirken.

»Eine Bitte?«, lachten die *compañeros*. »Braucht sie vielleicht eine Beichtmutter?«

»Victoria braucht Manuel«, erwiderte ich, »wir müssen Manuel zu ihr lassen.«

Die Männer starrten mich an, nur der grimmige Typ, der gerade abgelöst worden war, lehnte meinen Vorschlag sofort zornerfüllt ab und meinte, dass ich wohl verrückt geworden sei.

Aber der *comandante* unserer Truppe, der am ranghöchsten war und der mich immer schon mochte, dachte kurz nach und sagte dann: »Diana hat Recht. Warum sollen wir sie nicht zusammen in ein Zimmer stecken? Sie werden schließlich auch gemeinsam sterben.«

Jetzt stimmten auch die anderen zu. In der Tiefe ihres Herzens waren auch die anderen Guerilleros gegen die Hinrichtung dieses bedauernswerten Liebespärchens.

»Sollen sie doch miteinander schlafen, solange sie es noch können«, meinten sie und grinsten. Außerdem sei es doch praktisch, wenn statt zweier nur ein Zimmerchen bewacht werden musste. Wir brachten Manuel zu Victoria und gaben den beiden noch ein Radio, mehr konnten wir nicht für sie tun. Das heißt, ich selbst habe doch noch etwas getan. Als Victoria irgendwann wieder nach mir rief, weil sie mich kämmen und mir unbedingt Zöpfchen flechten wollte, bin ich noch mal zu ihr gegangen. Es war mir egal, dass ich damit gegen die Vorschriften verstieß. Victoria war erstaunlich ruhig. Wir lachten sogar miteinander. Sie, Manuel und ich hockten auf der Schlafpritsche und plauderten über belanglose Dinge, so gut es ging. Ich glaube, sie konnten den Tod sogar für ein Weilchen aus ihren Köpfen verscheuchen. Die Hoffnung, egal, wie unbegründet sie ist, überlistet jeden von uns, das kenne ich auch von mir selbst. Dem Grimmigen gefiel das alles aber überhaupt nicht. Er schimpfte, meine Kumpanei mit den beiden sei verboten und auch viel zu gefährlich. Niemand dürfe sich mit Gefangenen zusammensetzen und scherzen.

»Was, wenn sie dich plötzlich als Geisel nehmen? Was dann?«, knurrte er.

Aber ich nahm das Risiko auf mich, denn außer dem Griesgram waren die *camaradas* alle entspannt. Wir alle mochten Manuel und Victoria, auch der *comandante* hatte wohl insgeheim Mitleid mit ihnen. Außerdem stimmte ihn seine Sympathie für mich weich, er wollte nicht streng mit mir sein. Also befahl er dem sturen *camarada,* endlich seine *jeta,* sein Maul, zu halten. Wir konnten nicht ahnen, dass unsere Sorglosigkeit uns allen zum Verhängnis werden sollte.

Aus Liebe geflohen

Ay Mamita, heilige Mutter Gottes, mir stockt jetzt noch der Atem, wenn ich daran denke, was damals geschah. Es war früh am Abend, kurz vor sechs und gerade mal zwei Tage nachdem Manuel und Victoria zusammengelegt worden waren – es war die Zeit, zu der einer von uns in die Kammer der Gefangenen gehen musste, um sie zu kontrollieren. Ich hatte den Raum schon vor geraumer Zeit verlassen, war jedoch nun wieder damit beauftragt zu prüfen, ob die beiden ordnungsgemäß an Händen und Füßen gefesselt waren – gerade so fest, dass sie kleine Schritte machen und mit den Händen ein Glas Wasser halten und zum Mund führen konnten. Danach würden wir sie für den Rest der Nacht allein lassen. Die Tür blieb immer einen Spaltbreit offen, damit der jeweilige Wachposten sie jederzeit im Blick hatte.

Als ich den Raum betrat, redete ich wie ein Wasserfall, um zu überspielen, wie demütigend meine Kontrolle für sie war.

Plötzlich sagte Manuel ganz leise: »Wenn ich wollte, könnte ich heute Nacht fliehen. Ich weiß, wie ich ganz einfach und schnell verschwinden kann – mit Hilfe einer höheren Kraft. Ich muss nur die Kerze ausblasen. Bis du sie wieder angezündet hast, bin ich weg.« Ich starrte in sein aufgeregtes Gesicht und fragte mich, ob er verrückt geworden sei. »Keine Angst, Diana«, beruhigte er mich lächelnd, »ich bleibe ja hier, weil ich Victoria nicht mitnehmen könnte.«

»Mach keine Witze«, sagte ich ernst. »Dafür ist jetzt nicht der passende Zeitpunkt.« Beim Hinausgehen schaute ich ihm streng in die Augen und setzte mich dann vor die Tür. Meine Wache dauerte vier Stunden, also bis zehn Uhr. Als ich abgelöst wurde, schlief unser Liebespärchen fest, und ich war froh, auch endlich ins Bett fallen zu können. So ein Verrückter!, dachte ich noch, kurz bevor mir die Augen zufielen. Gegen Mitternacht stand ich auf, um ein wenig Wasser zu trinken, tapste am Wachposten, Ricardo, vorbei und grüßte ihn mit einem knappen *hola*.

Ich wollte mich gerade wieder hinlegen, als er plötzlich aufschrie: »Sie sind weg! Sie sind weg!«

Wir stürzten alle gleichzeitig zu ihm, und tatsächlich: Das Zimmer war leer. Der arme Ricardo lief heulend im Zimmer umher, wir bekamen keinen einzigen verständlichen Satz aus ihm heraus. Erst als der Kommandant ihn auf einen Stuhl drückte und ihn anschrie, er solle sich beherrschen, er sei schließlich kein winselnder Köter, sondern ein Guerillero, kam er zu sich und berichtete, was passiert war.

»Das Bett hat so laut gequietscht, dass ich meine Taschenlampe in das Zimmer gerichtet habe. Die beiden lagen eng umschlungen beieinander, alles war in bester Ordnung. Also setze ich mich wieder vor die Tür auf meinen Stuhl. Plötzlich spüre ich einen eisigen Hauch, als ob etwas schnell an mir vorbeifliegt. Ich bin aufgesprungen und habe in die Kammer geleuchtet, aber da waren sie plötzlich weg!«

»Du bist eingeschlafen!«, brüllte der *comandante*.

»Du hast sie rausgelassen, du selbst!«, schrie ein anderer. »Du bist ein Verräter!«

»Warum bist du ihnen nicht nachgerannt, du Idiot! Wieso hast du nicht auf sie geschossen? Und zwar sofort, als dieser mysteriöse Hauch dich gestreift hat?«, tobte der Grimmige, warf sich auf Ricardo und schüttelte ihn wie ein Besessener. Das Einzige, was wir aus dem armen Wachposten noch herausbekamen, war ein verzweifeltes Gestammel. Dabei strich er sich dauernd mit der Hand über sein Gesicht, als wolle er das schreckliche Ereignis irgendwie wegwischen. Starr vor Angst sei er gewesen, vollkommen gelähmt, einfach unfähig, sich von der Stelle zu rühren. Er könne sich das auch nicht erklären. Wir ließen von ihm ab und starteten voller Panik eine Suchaktion. Bis zum Morgengrauen waren wir unterwegs, sind sieben Stunden lang mit unseren Taschenlampen herumgeirrt und haben fast jeden Quadratmeter Wald abgelaufen, aber gefunden haben wir sie nicht. Keiner von uns hat sie je wiedergesehen. Monate später sagte mir jemand, der mit Freunden von Manuel und Victoria gesprochen hatte, dass die beiden über die Grenze nach Venezuela geflüchtet seien, und dort habe man sie dann erschossen.

»Aber vielleicht«, sagte er, »leben sie auch noch.«

Als der Tag anbrach, gaben wir die Suchaktion auf. Unsere Erschöpfung war stärker als die Angst, wir ließen uns auf die Betten fallen und schliefen sofort ein. Nur der *comandante* blieb wach, ihn würden die Obersten als Ersten zur Rechenschaft ziehen. Er war so ratlos, dass er mich weckte. »Diana, wir müssen etwas unternehmen. Du bist zuständig für das Funktelefon, ruf im Camp an. Sag ihnen, was passiert ist. Wir haben keine andere Wahl.«

Als ich endlich eine Verbindung hatte, muss ich etwas gestammelt haben, das sich anhörte wie: »Hier spricht Diana. Die zwei Gefangenen sind geflohen, *señor comandante.*«

Schweigen schlug mir entgegen, so viel weiß ich noch. Der Guerillero am anderen Ende war wohl so entsetzt, dass er kein Wort herausbrachte. Dann meinte er endlich: »Das kann nicht sein!«

»Doch, *señor comandante!* Es war ein Unfall. Wir haben keine Ahnung, wie es passiert ist.«

Ich musste in den Apparat schreien, um verstanden zu werden, denn die Verbindung war miserabel. Meine *camaradas* hielten die Luft an, ich spürte ihre Anspannung, über Ricarditos Wangen strömte der Angstschweiß.

Dann wollte man im Camp wissen, wer in dieser Nacht für die persönliche Bewachung des Pärchens zuständig gewesen sei. In diesem Augenblick versagte mir die Stimme, ich brachte den Namen des armen Wachpostens nicht über die Lippen. Wie ohnmächtig reichte ich dem neben mir stehenden Kommandanten das Funktelefon. »Es war Ricardo, der aus Peñas Coloradas«, antwortete er, wurde aschfahl im Gesicht und beendete das Gespräch. Dann schloss er die Augen und sagte: »Wir sollen ihn auf der Stelle erschießen. Heute Nachmittag holen sie uns ab, wir sollen hier mit der Leiche auf sie warten.«

Daraufhin fesselten meine *compañeros* den armen Ricardo an den Füßen und banden ihm die Hände auf dem Rücken fest.

Obwohl wir nicht ein einziges Wort darüber verloren, waren wir uns alle einig, dass keiner von uns Ricardo töten würde. Nicht einmal der Grimmige brachte es fertig, ihn zu erschießen. Nun warteten wir darauf, dass die Guerilleros aus dem Camp auftauchten, um uns abzuholen. Eine Stunde nach der anderen verstrich, es wurde Mittag, aber sie kamen und kamen nicht. Von Minute zu Minute wuchs unsere Unruhe, wir saßen wie auf glühenden Kohlen. Der Grimmige verfluchte uns alle lauthals, wir anderen fauchten zurück und wünschten ihn zur Hölle. Währenddessen saß der gefesselte Ricardo zwischen uns und wiegte den Körper vor und zurück, starrte zu Boden und murmelte seltsame Dinge.

Er hat sie so oft wiederholt, dass ich sie heute noch aufsagen kann: *»Por Dios,* bei Gott, ich war es nicht. Da waren höhere Mächte im Spiel. *Así fué, así fué,* so war es, so war es. Sie haben die beiden geholt. Unsichtbare Mächte. So war es, hohes Gericht, ich schwöre, so war es.«

Die Warterei zermürbte uns derartig, dass ich beschloss, noch mal im Camp anzurufen. Die Männer seien schon unterwegs, wurde mir bestätigt. Um drei Uhr nachmittags waren sie endlich da, setzten sich vors Haus, um etwas Wasser zu trinken, nahmen unser Grüppchen in ihre Mitte und machten sich mit uns auf den Rückweg. Sie brannten vor Neugier und stellten uns jede Menge Fragen, aber wir gaben keinerlei Auskunft, das hatten wir zuvor vereinbart. Jeder befürchtete, das Falsche zu sagen, selbst irgendwie in Verdacht zu geraten. »Die *camaradas* stehen unter Schock«, sagte unser Kommandant, und es stimmte ja auch.

Im Camp hatten sich etwa achtzig Rebellen versammelt, sie erwarteten uns bereits und starrten uns schweigend entgegen, als kämen wir von einem anderen Stern.

»Ihr habt ihn nicht erschossen«, stellte der oberste aller Kommandanten als Erstes fest. Seine Stimme klang hart. »Warum?! Warum lebt er noch?«

Wir schwiegen.

Ich sah uns schon den nächsten Tag gefesselt auf unser Verfahren warten. Im besten Fall bekamen wir Strafen aufgebrummt – Schützengräben ausheben, einen Monat lang jede Woche Nachtwache halten. Im schlimmsten Fall würden sie uns erschießen.

Mich nicht, dachte ich, mich bestimmt nicht. Mein Vater wird es nicht zulassen. Aber der arme Ricardo wird sterben. Niemand wird ihm glauben. Es gibt keine höheren unsichtbaren Mächte, die Gefangene befreien.

Aber es gibt tatsächlich Wunder.

Der *comandante*, der mit uns das Pärchen in der Dschungel-Hütte bewacht hatte, rettete uns, indem er sich vor die versammelten Guerilleros hinstellte und mit lauter Stimme verkündete: »Die Schuld liegt bei euch.«

Ich traute meinen Ohren nicht. Hatte er wirklich den *comandantes* die Schuld gegeben? Noch nie hatte jemand gewagt, einen solchen Satz zu äußern. Ich schnappte nach Luft.

»Ihr habt einen entscheidenden Fehler gemacht«, fuhr unser mutiger Kommandant fort, »denn ihr habt uns keine Hand- und Fußschellen aus Metall mitgegeben. Sobald wir das bemerkt haben, hat Diana umgehend im Camp angerufen, damit man sie uns bringt. Sie sind niemals eingetroffen. Also mussten wir das Pärchen mit Stricken fesseln. Wie leicht es ist, einen Strick zu lösen oder durchzutrennen, wisst ihr alle! Die Gefangenen mussten ihre lächerlichen Fesseln nur lange genug unter der Bettdecke an irgendeinem harten Gegenstand reiben, schon waren sie frei. Die beiden sind entkommen, weil die FARC einen Fehler gemacht hat!«

Es ist unglaublich, aber wir wurden wirklich freigesprochen. Niemand wurde bestraft. Niemand!

Gracias a Dios, Dank sei Gott, bestimmen die Gesetze der FARC, dass kein Angeklagter aus den eigenen Reihen hingerichtet werden darf, wenn seine Schuld nicht eindeutig bewiesen ist. Die FARC verlangt handfeste Beweise, diese Regel gilt immer. Nicht einmal der Wachposten, unser Ricardito, bekam eine Strafe. Wenn er nicht irgendwann während eines Gefechts erschossen wurde, kämpft er wahrscheinlich noch heute für die Guerilla. Wenigstens habe ich auch eine Geschichte erzählen können, die gut ausging, obwohl ich nicht weiß, ob Victoria und Manuel noch leben.

Es gibt noch eine Geschichte, die ich bei der FARC erlebt habe, und an sie möchte ich gar nicht erinnert werden. Ich wünschte, ich könnte sie für immer aus meinem Gedächtnis löschen. Wochenlang lässt sie mich in Ruhe, aber plötzlich ist sie wieder da und verfolgt mich wie ein finsterer Albtraum am helllichten Tag. Ich kann kaum darüber sprechen, doch ich werde es hier tun, damit man alles erfährt, was ich erlebt habe.

Damals ging es um zwei *camaradas,* die auf ihre Exekution warteten. Der eine hatte ein junges Mädchen vergewaltigt, irgendeine *muchachita,* die ihm abends auf einer Landstraße über den Weg gelaufen war. Der andere wurde bezichtigt, sich mit Kleinbauern getroffen zu haben, die mit der Polizei ihres Ortes zusammenarbeiteten und Aktionen gegen die FARC ausheckten. So in etwa lautete die Anschuldigung, an mehr kann ich mich nicht erinnern. Ausgerechnet ich sollte dem angeblichen Spitzel den Todesschuss geben. Ich, die noch nie einem Tier, geschweige denn einem Menschen, höchstens mal einem lästigen Insekt etwas zuleide getan hatte, ausgerechnet ich sollte einen Mann hinrichten!

»Bringt *mich* um, wenn ihr wollt! Bringt mich um, aber verlangt nicht, dass ich einen Menschen töte!«, schrie ich und flüchtete in mein Zelt. Ich war so außer mir, dass die *comandantes* tatsächlich erschraken. Sie machten eine noch nie da gewesene Ausnahme und befreiten mich von der Verpflichtung, den Verräter, den angeblichen Polizeispitzel, zu erschießen. Stattdessen musste ich seine Bewachung übernehmen.

Zuvor aber flüsterte mir ein *comandante* ins Ohr: »Dem passiert nichts. Den kenne ich seit meiner Kindheit, wir haben zusammen Basketball gespielt. Er ist verurteilt, aber ich werde dafür sorgen, dass er freikommt. Merke dir, Diana, kein Wort darüber zu irgendjemanden.«

Ich konnte aber nicht an mich halten und sagte es dem armen Jungen sofort weiter, so erleichtert war ich, so glücklich.

»Stimmt das wirklich? Bist du ganz sicher?«, flüsterte er zurück.

»Ganz sicher. Sei beruhigt, der *comandante,* mit dem du befreundet bist, hat es mir versprochen!«

Er strahlte über das ganze Gesicht. »Du bist ein Engelchen«, raunte er mir zu und strich mir über den Kopf. »Du hast so schönes glänzendes Haar, es ist wie ein blanker dunkler See.«

»Wenn du freigesprochen wirst, pass in Zukunft auf, mit wem du dich triffst«, ermahnte ich ihn und schob seine Hand weg.

»Und du auch, pass auf dich auf, *negrita*, gib Acht auf dich, du bist ein so wundervolles Mädchen!«

Doch dann geschah das Entsetzliche.

Zwei Guerilleros kamen angelaufen, zerrten den Gefangenen auf die Beine und brüllten: »Hände auf den Rücken!« Er lachte noch, weil er glaubte, dass sie Witze machen. »Du Hurensohn! Hände auf den Rücken!«

»Ich verstehe nicht! Ich verstehe nicht!«, rief ich und blickte angsterfüllt um mich – wo war der *comandante*, der diesen Mann retten wollte? Die Guerilleros stießen mich zur Seite und riefen, ich solle das Maul halten und lieber mal den Spaten holen, denn jetzt sei ich dran, das Grab des Polizeispitzels zu schaufeln. Dann führten sie ihn ab. Er bettelte um Mitleid, blickte mit flehenden Augen zu mir herüber, schrie, dass das Ganze ein Fehler sei, ein Missverständnis, rief nach dem Kommandanten, seinem Freund aus der Kindheit. Aber dieser war nirgends zu sehen. Wenige Minuten später hörte ich den Schuss. Sein Grab haben andere geschaufelt, weil mir so übel geworden war, dass ich im *chonto* verschwinden musste.

Als ich mit einigen anderen am nächsten Tag bei einem Kleinbauern Milch holen ging, stand ich plötzlich vor der Grube des hingerichteten Burschen. Sie hatten ihn schlampig begraben, durch die Erde schimmerte sein nackter Oberkörper, eine Schulter, die Spitzen der Zehe. Ich fing an zu rennen, immer schneller und schneller. Ich war ganz sicher, dass dieser Mann hinter mir her war, dass er mich einholen, mich packen und in die Welt hinausschreien würde: »Du hast mich angelogen! Du hast mich getäuscht! Ich bin unschuldig, das weißt du! Ich werde es dir heimzahlen, du verdammte Lügnerin!«

Wenn ich heute an ihn denke, schaue ich direkt in seine irren, verzweifelten Augen, als sie ihn abführten. Ich fühle mich schuldig, ganz so, als sei ich verantwortlich für seinen Tod. Ganz schlimm ist es, wenn diese Geschichte mich nachts im Traum überfällt, wenn sich der Blick des Ermordeten mit dem meines kleinen Sohnes vermischt.

Der erschossene Guerillero steht vor mir, aber auf einmal werden seine Augen die meines Kindes, das mich anklagt: »Du hast mich verlassen. Bleib weg, fass mich nicht an. Du hast dich schuldig gemacht.«

VI. Liebesverbot

Traumwelten

Bei uns heißt es, dass es im Leben einer Frau nur eine große Liebe, nur eine wirkliche Leidenschaft gibt. Für mich trifft diese Weisheit zu. Meine einzige große Liebe war und ist Diomer. Als ich neu war im Camp und wie erstarrt in meinem Unglück niemanden ansprach, niemanden ansah, da tauchte er plötzlich auf, als habe ihn der Himmel gesandt. Mit seinem karibischen Lachen und seinen strahlenden Augen hat er mich damals ins Leben zurückgeholt. Diomer hat mich verzaubert, hat meine Seele und meinen Körper zum Beben gebracht. Doch ein solches Glück ist bei der FARC selten von Dauer. Liebesbeziehungen sind bei der Guerilla unerwünscht, denn wenn zwei sich ernsthaft ineinander verlieben, wollen sie für- und miteinander leben, anstatt sich für die FARC in tödliche Gefechte zu stürzen. Manchmal gibt es Unerschrockene, die versuchen, die Erlaubnis für ihre Beziehung beim obersten Kommandanten einzuholen, aber sie kommen nur selten damit durch.

Dem Raubtierblick der *comandantes* war also nicht entgangen, dass dieser hübsche junge Bursche und ich uns liebten, und das erregte ihr Missfallen. Diomer und ich standen fortan unter Beobachtung. Etwa acht oder neun Monate nach meiner Ankunft im Guerilla-Camp geschah es, dass Diomer und ich zur gleichen Zeit für den Küchendienst eingeteilt waren. Wir standen dicht nebeneinander und schälten mit vier oder fünf weiteren Kämpfern Berge von Süßkartoffeln. Unsere Liebe war noch frisch und äußerte sich in leidenschaftlichen Blicken, scheuen Berührungen oder einem flüchtigen Kuss, sonst nichts.

Auf einmal flüstert Diomer mir zu: »Ich möchte für mein Leben gern deine *carita*, dein hübsches Gesicht, streicheln! Wenn meine Finger bloß nicht so schrecklich dreckig wären!«

Ich beuge mich zu ihm, um etwas Zärtliches zu erwidern, als Kommandant Roldán – er ist einer der obersten Befehlshaber im Camp – in diesem Moment auf mich zustürzt und mich aus dem Küchenzelt zerrt. Mit hochrotem Gesicht schnauzt er mich an, dass ich sofort zu der Gruppe hinübergehen soll, die am anderen Ende des Camps Holz für ein Feuer zusammenträgt. Bei einem anderen Mal, als gerade Kampfeinheiten für ein bevorstehendes Gefecht zusammengestellt werden, befinden Diomer und ich uns in der gleichen Truppe und stehen zu unserer großen Überraschung auch noch direkt nebeneinander. Die *comandantes* müssen an dem Tag wohl geschlafen haben, dachten wir, doch leider war es uns nicht vergönnt, gemeinsam in den Kampf zu ziehen …

Die Vorbereitungen für den Fußmarsch und den anschließenden Kampf waren getroffen, und wir warteten gestiefelt, bewaffnet und bepackt auf den Aufbruch. Zwei Einheiten waren bereits vor uns aufgebrochen. Mein Trupp wollte sich gerade auf den Weg machen, als wieder einmal dieser Roldán auf mich zustürzt, meinen Rucksack packt, mir das Gewehr entreißt und brüllt: »Diana, du bleibst hier. Diesmal kämpfst du nicht!«

Mir schossen die Tränen in die Augen. Ich wollte nur noch raus aus dem Camp, weg aus diesem beengenden, bedrückenden Lager und hatte mich schon darauf eingestellt, mit Diomer den Dschungel zu durchqueren, die *sierra* zu überwinden und dann Seite an Seite mit ihm in den Kampf zu ziehen. Dass einer von uns erschossen werden könnte, dass er oder ich im Gefecht sterben könnte – daran dachte ich keine Sekunde. Dazu war ich viel zu verliebt, zu blind, zu liebestrunken. Und nun wurden wir wieder einmal voneinander getrennt, und man zwang mich, ohne meinen Liebsten im Camp zurückzubleiben. Ich stampfte in mein Zelt und stieß alle Flüche und Beschimpfungen aus, die ich jemals gehört hatte. Ich ahnte bereits, dass sie entweder Diomer oder mich sehr bald schon in einem anderen, weit entfernten Camp stationieren würden. Mehreren Frauen vor mir war das Gleiche passiert, und die Unglücklichen hatten sich in meinen Armen ausgeweint, weil man sie für immer von ihren Liebsten getrennt hatte.

Aber Diomer und ich, wir waren doch gar kein Liebespaar! Nichts war bisher zwischen uns vorgefallen, nicht einmal ein inniger Kuss! Außerdem sind Affären schließlich erlaubt! Es gibt mehr Sex bei der Guerilla als irgendwo sonst in Kolumbien. Sogar während der Ruhepausen bei den gewaltigen Fußmärschen, vor und nach den Kämpfen wird kokettiert und geschmust. Wenn wir unterwegs bei irgendwelchen Guerilla-freundlichen Bauern übernachteten, setzten sich unsere Frauen den Männern auf den Schoß, streichelten sie und knutschten sie ab. Nachts schliefen sie dann miteinander, die Kämpfer und ihre flüchtigen Geliebten. Niemand störte sich daran, weder die anderen Kämpfer, die das Zimmer mit ihnen teilten, noch die Kommandanten. Was hatten sie also, um Himmels willen, gegen ein Verhältnis zwischen mir und

Diomer einzuwenden? Die Antwort erfuhr ich am nächsten Morgen, als mich *comandante* Roldán zu sich zitierte: »Diana, dein Vater möchte dich nicht mit diesem Jungen sehen.«

»Mein Vater? Wieso denn mein Vater? Das kann nicht wahr sein!«

»Doch. Dieser Junge ist nur ein Rekrut. Für eine besondere Frau wie dich, für die Tochter eines Kommandanten, steht er zu weit unten in der Hierarchie. Für dich, Diana, kommt nur ein *comandante* in Frage.«

Ich schaute in sein stark gerötetes Gesicht und wusste auf einen Schlag, was er mir sagen wollte. Sein auffordernder Blick und das verräterische Feuer in seinen Augen ließen mich innerlich zurückweichen. Er hatte die Brust vorgereckt und strich mit seiner Hand über meine Schulter. Das was es also. Ich schenkte dem Mann ein breites Lächeln, denn einen Guerilla-Führer im Camp sollte man nie vor den Kopf stoßen. Doch dann lief ich blitzschnell in mein Zelt zurück und schrieb meinem Vater einen Brief. Ich musste unbedingt wissen, ob mein *papito* tatsächlich mit dem entflammten *comandante* unter einer Decke steckte. Es würde lange dauern, bis ich mit einer Antwort von ihm rechnen konnte, denn die Kuriere, die regelmäßig zwischen den verschiedenen Camps unterwegs sind, brauchen oft viele Tage auf ihren langen Touren zu Fuß oder per Jeep. Noch sehnlicher als auf die Antwort meines Vaters wartete ich jedoch auf Diomer. Seit er ohne mich aufgebrochen war, bangte ich schrecklich um ihn. Immer wieder zitterten mir die Knie, und ich musste sie festhalten, um meine Unruhe geheim zu halten, meine Angst vor den anderen zu verbergen. Es stimmt wirklich, sagte ich mir, Verliebte taugen nicht für den Krieg. Sie machen sich zu viele Sorgen umeinander, und ihr Herz wird zu weich.

Wehmütig dachte ich an die Zeit zurück, als ich noch ein ahnungsloses zwölfjähriges Mädchen war. Schon damals – ich lebte gerade bei meiner zweiten oder dritten Gastfamilie – schwärmte ich für den hübschen Diomer. Bei einem Weihnachtsfest, das ich mit meinem Vater und vielen anderen Guerilleros in einem Camp verbrachte, hatte ich mich in ihn verliebt, in seine wilden schwarzen Locken, die unter seiner Militärkappe hervorquollen, in die Art, wie er mit allen lachte und herumalberte. Er war das Gegenteil von meinem ernsten, gedankenvollen *papá*. Ich war damals schon so vernarrt in Diomer, dass ich den Guerrilleros, die durch unser Städtchen zogen, sooft es nur ging, Zigaretten und Kaugummis für ihn zusteckte.

»Die sind für Diomer, euren *camarada* mit dem riesigen Lockenkopf, nur für ihn!«, sagte ich und wundere mich noch heute, dass er meine kleinen Geschenke wirklich bekommen hat. Später erzählte mir Diomer, dass die Männer ihm meine kleinen Gaben nur deswegen übergeben hätten, weil sie mich so süß und anrührend fanden. Sonst hätten sie wenigstens die Zigaretten selbst eingesteckt.

»Nimm, das ist von einer kleinen *negrita*, der du den Kopf verdreht hast!«, haben sie gesagt und von einem Ohr zum anderen gegrinst. Damals sehnte ich die Weihnachtsfeste und Schulferien in den Camps der FARC schon Wochen vorher herbei, zählte die Tage, bis mich mein Vater holte und ich endlich nicht nur ihn, sondern auch Diomer wiedersah. Zu der Zeit machte sich Diomer jedoch noch über mich lustig. Sobald ich zu ihm lief und ihn anhimmelte, zog er mich auf, ganz so, wie man es mit dummen kleinen Kindern macht. Als ich ihm einmal gestand, dass ich ihn in meinen Träumen geküsst hatte, brach er in lautes Gelächter aus. Ich verriet ihm auch, wie eifersüchtig ich auf diese Guerillera mit dem riesigen Hintern sei, eine aufdringliche Frau, die nicht die geringste Notiz von mir nahm, aber dauernd ihren Po an Diomers Hüften rieb. »Sie hat bestimmt die Krätze, diese Frau!«, schimpfte ich und brachte ihn wieder zum Lachen. Diomer kniff mir in die Wange, neckte mich und bemerkte gar nicht, wie sehr er mich damit kränkte. Er war achtzehn und begehrte die andere, was ich heute natürlich verstehen kann. Er war schon ein Mann, und ich war damals fast noch ein Kind. Doch jetzt war ich endlich eine Frau, erwachsen genug für einen jungen Burschen wie Diomer, und was geschah? Man riss uns auseinander. Ich verfluchte mein elendiges Schicksal. Wenigstens hatte mir Diomer einige Wochen vor dem letzten Aufbruch auf wunderbare, einzigartig Weise seine Gefühle gestanden.

Während der *horas culturales*, der verordneten Freizeit, die ein, zwei Mal wöchentlich etwa um sieben Uhr abends in jedem großen Camp stattfanden, erklärte er mir seine Liebe und tat dies so verschlüsselt, dass nur er und ich wussten, wen er meinte. Wir hatten uns an jenem Abend in der Aula versammelt – so nannten wir den runden Platz, der von Pfosten umzäunt war und über dem sich ein Dach aus Stangen und Ästen befand. Sämtliche aus rohen Brettern zusammengezimmerte Hocker waren besetzt. Alle lärmten und redeten durcheinander, während sie auf die Darbietungen warteten, die gleich losgehen sollten. Jeder, der Lust hat, darf bei der Freizeit nach vorn auf die provisorische Bretterbühne treten und einen Witz zum Besten geben, ein Gedicht aufsagen oder eine lustige Geschichte erzählen. Manche singen ein Lied zum Rhythmus der *maracas*, der Kürbisrasseln, viele spielen Gitarre oder Mandoline. Die Aula war wie immer brechend voll. Wir klatschten wie wild über jede Darbietung und lachten sogar über die dümmsten, ältesten Witze. Es war egal, wer da vorn was von sich gab – die *horas culturales* waren unser einziges Vergnügungsprogramm, und meistens brachte es großen Spaß.

In den Guerilla-Camps gibt es kein Kino, kein Fernsehprogramm mit *telenovelas*, und so stellten wir unsere eigenen Veranstaltungen auf die Beine. Manchmal tanzten wir zu Boleros, zu Bambucos oder Salsa. Die Musik und unsere Gesänge hallten weit über das Camp hinaus. Kämpfer, die an solchen Abenden gerade von einem Gefecht zurückkamen, konnten die Musik hören, lange bevor sie das Lager erreichten. Ich weiß noch, wie ich mit einigen anderen nach einem langen Fußmarsch begann, trotz aller Müdigkeit, trotz der Last unseres Gepäcks, mich in den Hüften zu wiegen, als schon von weitem die Musik unsere Ohren kitzelte.

An dem Abend, als Diomer auftrat, war die Stimmung ein wenig flau und nicht so lustig wie sonst. Einer aus dem Grenzgebiet zu Venezuela besang in einem *joropo*, einem Volkslied aus der Gegend von Llanos, die Opferbereitschaft eines nimmermüden Kaffeepflückers. Dann trug eine ältere Kämpferin ein selbst verfasstes Gedicht vor, in dem Guerilleros ihren patriotischen Kampf für das kolumbianische Volk mit dem Kerker bezahlten. Wir langweilten uns. Die *comandantes* klatschten lange und begeistert, denn natürlich waren ihnen die revolutionären Lieder am liebsten, sie taten jedenfalls so. Wir anderen standen aber auf, streckten unsere Glieder und wollten gerade gehen, als Diomer nach vorn trat, sich auf die kleine Bretterbühne stellte und nach Ruhe verlangte. Er kündigte an, dass er für uns alle ein Lied singen wolle. Also setzten wir uns wieder, obwohl einige murrten, dass der Abend schon gelaufen sei. Vereinzelt wurden aber Stimmen laut, die riefen: »Diomer, leg los, zeig, was du zu bieten hast!«

Diomer ist ein *costeño,* einer aus der karibischen Küstenregion, wo die wehmütigen *vallenatos* herkommen, die fast immer von den Irrwegen und schlimmen Enttäuschungen des Lebens und den Schmerzen der Liebe handeln. Also rechneten wir mit einer der bekannten Balladen, und eine Guerillera neben mir flüsterte in mein Ohr, dass wir endlich auch mal mitsingen könnten und vielleicht doch noch Stimmung aufkäme. Diomer holte sich einen Hocker, stellte einen Fuß auf die Sitzfläche, rückte seine Gitarre zurecht und bat noch einmal um Ruhe. Dann räusperte er sich und begann zu singen. Erst leise, dann mit kräftiger, leidenschaftlicher Stimme. Niemand kannte das Lied, kein Einziger hatte es jemals gehört – Diomer hat es selbst verfasst. Schon nach der ersten Zeile wusste ich, dass dieses Lied für mich bestimmt war, dass es von mir handelte und eine Liebeserklärung war. Ich hielt den Atem an und umklammerte die Beine meines Schemels mit beiden Händen. Ein Liebeslied von Diomer für mich, vorgetragen bei den *horas culturales* – das übertraf meine wildesten Erwartungen, es war Schwindel erregend. Ich kann mich nicht mehr an alle Strophen des Liedes erinnern, aber doch an die wichtigsten Zeilen. Diomer hat sie aufgeschrieben und mir später irgendwann einmal gezeigt. Sie lauten so:

Früher war sie ein kleines Mädchen,
keiner durfte sie berühren.
Keiner, der es gut mit ihr meinte,

durfte ihre Reinheit beschmutzen, sie ihrer Würde berauben.
Heute ist sie eine Frau, und alles, was sie ist,
alles an ihr glänzt wie schimmernde Seide.
Ihre Seele, ihr Haar, ihre Haut, ihre Augen.
Alles glänzt, alles schimmert wie Seide.

Als ich das Lied an jenem Abend zum ersten Mal hörte, wusste ich, dass Diomer mich liebt. Ein Beifallssturm erscholl, die Leute klatschten und pfiffen vor Begeisterung. Dann stimmten sie in den Refrain ein und sangen aus voller Kehle mit: »Alles glänzt an ihr, alles schimmert wie Seide.«

Danach riefen sie *otra! otra!*, was hieß, dass sie eine Zugabe wollten. Diomer musste weitere Lieder singen und entschied sich für bekannte Titel wie *Nunca nieges que te amo* (»Leugne nie, dass ich die liebe«) und *Mi Diosa humana* (»Meine Göttin in Menschengestalt«). Alle sangen mit und fingen an zu tanzen, sogar die *comandantes.* Sollten sie jemals den Verdacht gehabt haben, dass Diomers Liebeslied mir galt, wird der anschließende Tanz sie bestimmt betäubt und vollkommen abgelenkt haben.

Aber all das lag Wochen zurück, und nun hockte ich im Camp und betete täglich: »Heilige Maria, Mutter Gottes, bitte schau, dass ihm nichts geschieht, lass ihn endlich vom Kampf zurückkommen, ich flehe dich an!«

Bevor ich jedoch erfuhr, ob meine Gebete erhört worden waren, kam die Antwort meines Vaters auf meinen Brief. Ungläubig überflog ich, was er mit seiner ungeübten, krakeligen Schrift zu Papier gebracht hatte:

»Sandrita«, stand da, »ich meine, Diana, meine geliebte Tochter. Sei vernünftig. Die Frauen eines Kommandanten haben es am besten. Sie genießen den größten Respekt, deswegen wünsche ich dir eine Beziehung mit dem Guerilla-Führer namens Roldán. Er sieht gut aus, er ist schon dreißig, also erfahren, und außerdem einer der am meisten gefürchteten Kämpfer bei der FARC. Er genießt deswegen den größten Respekt.«

Am Ende stand noch, dass nur der beste Mann gut genug für mich sei. Ich habe immer auf meinen Vater gehört. Aber in diesem Fall hatte seine Autorität ein Ende. Ich zerknüllte den Brief und schleuderte ihn aus dem Zelt.

Die Zeit kroch langsam dahin. Ich weiß nicht mehr genau, wie lange ich auf Diomer gewartet habe, doch ich erinnere mich noch genau an den Nachmittag, als er endlich von den Gefechten zurückkam. Ich war gerade mit einigen anderen dabei, einen neuen *chonto*, einen frischen Klograben, auszuheben. Es hatte tagelang geregnet, und wir standen bis zu den Knien im Schlamm, Dreck spritzte uns ins Gesicht. Unsere Laune war miserabel.

Plötzlich hörte ich gedämpftes Getrampel, das aus der Richtung des Waldes kam. Knackende Äste, Stimmengemurmel. Als der Trupp Kämpfer an uns vorbeistapfte, versuchte ich, Diomer auszumachen, ließ meinen Blick suchend von einem zum anderen wandern, bis ich ihn endlich sah – da war er! Doch Diomer sah mich nicht, sein Blick war zu Boden gerichtet. Hastig bespritzte ich Gesicht und Arme mit Wasser, wusch mich, so gut es ging, und wartete dann, bis die *camaradas* im Camp Halt machten und ihre Waffen ablegten. Dann lief ich ihnen entgegen.

Stumm stehen Diomer und ich voreinander, er atmet schwer, seine Augen sind leer und erloschen. Seine Locken hängen ihm ins Gesicht und kleben wie kleine schwarze Würmer an seiner Stirn. In einem solchen Zustand ist er noch nie von einem Kampfeinsatz wiedergekehrt. Ein kleines, sehr müdes Lächeln huscht über sein Gesicht. Wer weiß, was für Gefechte sie hinter sich haben, wer weiß, was Diomer erlebt hat. Nur etwa die Hälfte seines Trupps war mit ihm zurückgekehrt. Aber Diomer war unversehrt. Keine Verwundung, nicht einmal einen Kratzer hatte er davongetragen, das sah ich sofort. Was war mit ihm geschehen? War er wirklich nur entkräftet und abgekämpft? Ich drehte mich um, bedeckte das Gesicht mit den Händen und weinte. Ich weiß noch genau, wie mir die Tränen über die Finger strömten – meine Freude und die Erleichterung, weil Diomer endlich wieder da war, mischte sich mit dem Entsetzen über seinen sonderbaren Zustand. So standen wir mitten im Camp, und um uns herrschte geschäftiges Treiben, sodass ich mich nicht traute, ihn auf das anzusprechen, was geschehen war. Doch als es Abend wurde, war ich besessen von dem Gedanken, wie und wann ich zu ihm gehen konnte. Ich hatte Glück, oder besser gesagt wir hatten Glück: In der darauf folgenden Nacht nach seiner Rückkehr hatte ich Wachdienst und lief mit meinem Gewehr im Camp auf und ab. Es war eine schwarze Nacht ohne Mondschein, ohne Sterne, der Himmel schien mir so finster wie noch nie zu sein. Das beruhigte mich. Ich wollte nicht, dass einer der anderen Wachposten bemerkte, wie ich um Diomers Zelt herumschlich und angespannt lauschte. Ich wusste, dass er wach lag, spürte es am ganzen Körper. Und dann stand er auf einmal vor mir. Ich zuckte zusammen, schlug blitzschnell die Hand vor den Mund, um einen Freudenschrei zu unterdrücken.

»Diana«, flüstert er, »komm näher.«

»Diomer«, sage ich, »wieso schläfst du nicht?«

»Weil ich mit dir reden will. Ich habe geahnt, dass du kommst, nein, ich habe es gewusst!«

»Was ist mit dir los, Diomercito, *mi amor?*«

»Diana, sie wollten mich daran hindern, in dieses Camp zurückzukehren. Befehl von Roldán.«

»Und dann, was ist dann passiert? Du bist doch jetzt hier.«

»Mein Freund, *comandante* Patricio, hat sich für mich eingesetzt. Er hat es mit großem Geschick geschafft, dass man mir erlaubte, nach der Operation in dieses Camp zu kommen, zu dir. Am nächsten Tag ging dann die Hölle los. Ein Gefecht gegen das Militär. Wir haben die Soldaten in einem Hinterhalt erwartet. Sie kamen, fünf Kampfhelikopter, vielleicht fünfundzwanzig Mann. Als sie zur Landung ansetzen, schnellen wir hinter den Büschen hoch, feuern, du weißt, mit Mörsern, mit Maschinengewehren. Zwei Hubschrauber krachen zu Boden, die Luft ist schwarz und stinkt vom Rauch der brennenden Maschinen, das kennst du ja. Dann springen jede Menge Soldaten aus den anderen Helikoptern und feuern zurück. Einen halber Meter vor mir schlägt eine Granate ein. Nicht enden wollender Kugelhagel, plötzlich ein kurzes Aufstöhnen neben mir – Patricio. Wir haben die Soldaten verjagt, Diana, aber Patricio, mein Gott, Patricio ist tot. Bauchschuss und ein Arm abgerissen. Viele Tote diesmal, darunter *camaradas,* mit denen ich am liebsten zusammen gesessen und getrunken habe, auch ein Freund aus meinem Dorf, Bolita, *Bällchen,* nannten wir ihn in der Schule. Er war schon als kleines Kind dick und rund.«

Ich habe Diomer in den Arm genommen, damit er seinen Kopf auf meine Schulter legen und sich von mir trösten lassen konnte. So standen wir mitten in der sternenlosen Nacht einfach nur da, ich weiß nicht, ob uns einer der wachhabenden Guerilleros gesehen hat, doch niemand hat uns behelligt. Als wir auseinander gingen, flüsterte Diomer:

»Du bist jetzt eine *mujercita*, Diana, eine richtige kleine Frau, auch wenn du erst sechzehn bist. Du gehörst jetzt zu mir.«

»Wie soll das gehen? Sie bekämpfen uns. Roldán bekämpft uns.«

»Nur Mut, Dianita. Heute um vier Uhr früh muss ich zwar wieder los, aber sei unbesorgt – kein Gefecht, nur Arbeit an einer der Bergstraßen in Richtung Sierra Nevada. Zu viele Regengüsse, die Straße ist überflutet, scheinbar sind Felsen heruntergekracht, es gibt kein Durchkommen. Wenn ich zurück bin, dann wirst du schon sehen! Wir zwei sind stärker als alle unsere Gegner zusammen. Dann werden wir endlich ein Liebespaar!«

Er drückte mich fest an sich, dann schlich er leise zurück in sein Zelt. Am nächsten Morgen war er verschwunden. Wieder einmal musste ich auf Diomer warten. Die Tage vergingen, Wochen verstrichen, doch er kam und kam nicht zurück. Dafür wurde ich unentwegt von *comandante* Roldán verfolgt.

Ekel

Wo immer ich zu tun hatte, tauchte Roldán plötzlich auf, ergriff meine Hand, sah mir in die Augen und überschüttete mich mit Komplimenten. So bezaubernd, so süß, so anziehend wie ich sei keine andere. Er sagte mir, dass er bereits am ersten Tag meiner Ankunft im Camp ein Auge auf mich geworfen habe. »Du warst so verschüchtert und ängstlich, so still und traurig, du hast mein Innerstes berührt. Ich bin dir verfallen! Ich habe Feuer gefangen! Du bist die einzige *negrita* für mich, sonst niemand.«

Irgendwann gab ich nach. Meine Furcht vor ihm nahm mir den Mut, mich gegen ihn zu wehren. Roldán hatte ein Einzelzelt, in das er mich regelmäßig rief. Kaum hatte sich der Vorhang hinter mir geschlossen, streichelte er mein Gesicht und überhäufte mich wieder mit Schmeicheleien über meine Augen, mein Haar, meinen duftenden Atem. Er griff mit seinen rauen Fingern in die Hose meiner Kampfuniform und schwärmte von meinen festen, kleinen Hüften. Eines Nachts hob er mich kurzerhand zu sich in die Hängematte und nahm mich. *Comandante* Roldán war der erste Mann in meinem Leben. Zwei ganze Monate lang galt ich als seine Frau, war die Geliebte dieses dreißigjährigen, hoch geachteten Guerrilla-Führers, den sich mein Vater so sehr für mich gewünscht hatte. Man beneidete mich – ich, eine kleine, unbedeutende Rekrutin, war die Auserwählte des obersten Befehlshabers im Camp. So ein *chusco,* sagten sie, so ein fabelhaft aussehender Mann! Kleine, eng stehende Augen, eine kolossale Nase, ein wuchtiges Kinn und der Gang eines Bären – das fanden sie wohl beeindruckend. Ich allerdings nicht. Der Neid meiner weiblichen *camaradas* war durch nichts begründet, denn dieser erfahrene, gefürchtete Mann war kein gefühlvoller Liebhaber, er war ein Bulldozer. *Guache* war er, grob – ohne Rücksicht gegenüber einem unerfahrenen Mädchen wie mir.

Dabei hatte ich ihm gesagt: »Ich habe Angst, es ist mein erstes Mal, ich habe sehr große Angst!«

Doch das kümmerte ihn wenig. Ich verabscheute Roldán. Noch heute fühle ich den Zorn, der in mir brannte, die ohnmächtige Wut. Nicht nur, weil mich dieser Kommandant regelmäßig einfach packte und in mich eindrang, als sei ich eine jener abgebrühten Frauen, die schon alles ausprobiert haben. Und nicht nur, weil ich nach dem ersten Mal blutete und anschließend hohes Fieber bekam. Sondern vor allem, weil ich diesem Mann so ausgeliefert war. Seine Gewalt über mich brachte mein Blut zum Überkochen. Doch er war einer der Befehlshaber – wie sollte ich ihm sagen, dass ich einen Grobian wie ihn nicht mehr wollte? Dass ich ihn nicht ausstehen konnte? Dass ich ihn sogar hasste? Wer wusste schon, was er mir antun würde, er konnte mich bestrafen, er konnte sich an mir rächen und seine gewaltige Macht ausspielen, wie es ihm passte. Da ich mir nicht zu helfen wusste, versuchte ich, ihm auszuweichen, so gut ich nur konnte. Sobald ich ihn irgendwo im Camp erblickte, drehte ich mich wie zufällig um und rannte weg. Kam er in meine Nähe, erstarrte ich zu Stein. Meine Kameradinnen konnten mich überhaupt nicht verstehen – so ein wichtiger, gut aussehender *comandante!* »Und auch noch wie ein Besessener hinter dir her, und du, du bist so dumm und zeigst ihm die kalte Schulter!«

Auf seine grobe Weise war Roldán wohl wirklich in mich verliebt, denn er ließ mich selbst dann nicht fallen, als ich krank wurde, und versorgte mich sogar mit Medikamenten. Seine Verehrung schien grenzenlos zu sein. Aber das machte es nur noch schlimmer, er ekelte mich an. Als es wieder einmal so weit war, dass er mich zu sich rufen ließ, versuchte ich mich gegen ihn zu wehren. »Ich kann gerade nicht, ich bin beschäftigt«, erklärte ich dem *compañero,* der mich holen sollte, und versuchte vor ihm wegzulaufen. Aber er packte mich am Arm und starrte mich fassungslos an. Einem Kommandanten wie Roldán den Gehorsam verweigern? Das gab es nicht. Er konnte es nicht glauben.

»Ich kann nicht zu ihm. Ich kann nicht!«, rief ich und stürzte davon. Zwei Tage später passte Roldán mich ab.

»Warum läufst du vor mir weg, Diana? Was ist mit dir los?«

»Nichts. Gar nichts!«

»Rede doch mit mir!«

»Nein, nein, nein!«

»Magst du mich nicht mehr? Willst du nicht mehr mit mir zusammen sein?«

Das war mein Stichwort. Ich sammelte meinen ganzen Mut zusammen und rief: »Ich will nicht mehr, ich kann einfach nicht.«

Er wollte den Grund wissen, doch ich wiederholte immer nur »Nein!« und noch mal »Nein!«.

Auch als er sagte, er würde alles tun, was ich wollte, alles, was ich mir wünschte, blieb meine Angst vor seinen Berührungen unverändert. Und mein Ekel auch.

»Nein, *comandante*, ich kann nicht mehr!«

Was war geschehen, dass ich einen derartigen Willen aufbrachte? Es musste an Diomer gelegen haben, den ich seit Wochen immer schmerzlicher vermisste. Ich konnte es noch so sehr versuchen, es gelang mir einfach nicht, ihn aus meinem Herzen zu verbannen.

Kurz nach dem Streit mit Roldán erschien mein Vater im Camp. Er drückte mich an sich und lachte über das ganze, von der Sonne fast schwarz gebräunte Gesicht. Was wollte er hier? Doch im gleichen Augenblick verstand ich, natürlich!

Noch nie hatte ich meinen geliebten Vater gefürchtet, immer wenn wir uns sahen, und das war selten genug, machte ich einen Luftsprung und rannte in seine offenen Arme. Jetzt aber erstarrte ich und ließ seine Umarmungen reglos über mich ergehen, wie ein Tier, das sich tot stellt, wenn sein Leben bedroht ist.

»Was ist los, meine kleine Sandrita, Ich meine, Diana. *Comandante* Roldán hat mich nur deinetwegen hergebeten, stell dir das vor. Er hofft, dass ich mir dir rede, dass ich dich umstimmen kann. So ein verdienter Guerilla-Führer, und du weist ihn ab? »

»*Papá*, ich mag diesen Mann nicht, *guache* ist er, ich werde ihn niemals mögen, niemals! Und jetzt gehe ich in mein Zelt, womöglich taucht er gleich auf.«

Mein Vater folgte mir, setzte sich auf meine Schlafliege und zog mich auf seine Knie. Er wollte mich beruhigen, doch das führte nur dazu, dass ich anfing zu weinen und überhaupt nicht mehr aufhören konnte. Alles strömte aus mir heraus, der Schmerz über Diomer, der Zorn auf Roldán und vor allem eine schreckliche Wut auf mich selbst. Das Weinen tat gut. Roldán hat mich seither nie wieder belästigt, ich vermute, dass mein Vater mit ihm gesprochen hat. Kurze Zeit später zog Roldán in den Kampf, und ich habe ihn nur noch ein einziges Mal wiedergesehen, wovon ich noch berichten werde. Später erfuhr ich, dass er desertiert war. Er hatte sich in eine Zivilistin verliebt und war von einem Tag auf den anderen untergetaucht.

Nach dem Besuch meines Vaters hatte ich endlich Ruhe vor Roldán und hielt mich auch von den anderen *camaradas* im

Camp fern und wies brüsk jeden ab, der sich an mich heranwagte. Durch den derben Roldán hatte ich eine panische Angst vor Männern entwickelt. Auch Diomer, meine große Liebe, gab ich zu dieser Zeit innerlich auf.

Du wirst ihn sowieso nie wiedersehen, sagte ich mir, streiche ihn aus deinem Herzen, verbanne ihn aus deinen Träumen, sie lassen ihn niemals zurück in dieses Camp, und auch in kein anderes, solange du dort bist.

Grimmig dachte ich daran, dass den *comandantes* jede Form von Liebesbeziehung erlaubt war. Tatsächlich hatten die meisten von ihnen eine feste Frau, manche blieben bis zu fünfzehn Jahren mit der gleichen zusammen! Nur uns niedere Kämpfer ohne Rang terrorisierten sie, wenn wir uns ernsthaft verliebten, beraubten uns der Möglichkeit, unsere Liebe zu leben.

Zum Glück begegnete ich kurz nach meinem siebzehnten Geburtstag einem jungen *camarada,* dem es auf wundersame Weise gelang, mich von meiner Angst zu befreien. Miguel war so alt ist wie ich, ein stämmiger kleiner Bursche mit weich blickenden, grauen Augen, heller Haut und glänzenden braunen Haaren. *Monito* nannten sie ihn, wie jeden, der keine pechschwarzen Haare hat, *Mono,* rief man ihn, wenn es ernst wurde. Miguel war so sanft in seiner Art, dass die Mauern, die ich um mich errichtet hatte, eine nach der anderen in sich zusammenfielen. Er bedrängte mich nicht mit billigen Komplimenten, versuchte niemals, sich bei mir mit zuckersüßen Worten einzuschleimen. Er sah mich nur direkt und aufmerksam an, wenn ich in seiner Nähe zu tun hatte, und stellte immer wieder sein ehrliches, ernsthaftes Interesse an mir unter Beweis: »Du bist eine gute Schützin, Diana, aber vergiss nie, jede einzelne deiner Waffen noch einmal zu erproben, bevor du in den Kampf gehst. Manche haben ihre Marotten, du musst sie genau kennen. Ich will nicht, dass dir etwas Schlimmes passiert!«

Einmal ließ er mich wissen: »Diana, das Dach von eurem Zelt hängt durch, der Regen fließt nicht ab, das Wasser drückt die Plane immer weiter nach unten. Komm, wir richten das!«

Eines Tages, nachdem ich mehrere Stunden damit verbracht hatte, mit ein paar anderen einen neuen Brunnen auszuheben, bot er mir eine aufgeschnittene Zitrone an und sagte: »Ein *limonsito* zum Lutschen, Diana. Du hast so lange in der glühenden Hitze geschuftet, du musst ja sterben vor Durst!« In diesem Augenblick verliebte ich mich in ihn. Verblüffenderweise hatten die Kommandanten nichts gegen diese Beziehung einzuwenden, vermutlich weil Miguel viel unterwegs war und sich nie an mich klammerte. Er war klug und brach immer bereitwillig auf, wenn sie ihn wieder einmal fortschickten. Die Oberen versprachen sich viel von ihm, denn er war nicht nur extrem mutig, er ging auch mit den Bauern und den Leuten in den Städten ruhig und verständnisvoll um. Miguel war ein leidenschaftlicher Guerillero. So einen wie ihn brauchte die FARC.

Kaum war er nach einer Operation ins Camp zurückgekehrt und waren gerade mal drei, vier Tage verstrichen, bekam er wieder neue Aufträge: bei Gefechten in dieser oder jener Region mitmachen, Schutzgelder bei den wohlhabenden Bauern und auf den großen *haciendas* eintreiben, wo übrigens die Besitzer nicht mehr anzutreffen sind, sondern nur noch Verwalter. Die Grundherren trauen sich schon seit Jahren nicht mehr, in ihren Landhäusern zu leben. Außerdem sollte Miguel in größeren Städten nach dem Rechten sehen und sich mit unseren *milícias* treffen, den Milizen, die uns in der Stadt vertreten und für uns arbeiteten. Ein paar Mal musste Miguel auch mögliche Zielpunkte für Sprengstoffanschläge auf Polizei- oder Armeeposten ausspähen. Obwohl ich Miguel hin und wieder von meinen eigenen Einsätzen erzählte, war es meistens er, der redete. Einmal berichtete er mir atemlos von einem besonders blutigen Gefecht in der Provinz Córdoba mitten im Kerngebiet der Paramilitärs, bei dem mehrere Mitkämpfer, darunter sein Cousin, ein blutjunger, fünfzehnjähriger Guerillero, gefallen waren. Er und seine Truppe hatten nicht einmal Zeit gehabt, sich um die Toten zu kümmern, so überstürzt hatten sie den Rückzug antreten müssen. Während er berichtete, zündete er sich hektisch eine Zigarette nach der anderen an. Er war fertig mit den Nerven. Ich wundere mich heute, weshalb ich mir damals nicht mehr Sorgen um ihn machte, wieso ich nicht um sein Leben fürchtete, wenn er in ein Gefecht zog. Vielleicht hatten sich meine Ängste um einen geliebten Mann bereits aufgebraucht. Vielleicht hatte mich die Sorge um Diomer irgendwie abgestumpft. Doch zum Glück erzählte mir Miguel auch von guten, erfreulichen Dingen. Man hatte ihn und seine Einheit in eine Ortschaft geschickt, wo sich die Wege in der Regenzeit in Schlammbecken verwandelten, die Maulesel, die Pferde und Fahrzeuge tief im Morast versanken und stecken blieben. In einer mehrere Tage dauernden Aktion hatten die Guerilleros gemeinsam mit den Bewohnern des Ortes die zwei Hauptstraßen asphaltiert. So glückliche, dankbare Menschen habe er schon sehr lange nicht erlebt, sagte mein Miguel und strahlte dabei über das ganze Gesicht. Bei unseren seltenen Zusammenkünften im Camp verfielen wir allerdings beide manchmal in ein dumpfes, lang anhaltendes Schweigen. Mit zusammengepressten Lippen und geschlossenen Herzen saßen wir nebeneinander und brüteten vor uns hin. In meinem Kopf war eine erdrückende Leere, die nichts hereinließ – weder Sehnsüchte noch Ängste, noch irgendwelche anderen Gefühle. Alle Empfindungen waren abgestorben. Auch der Schmerz. Viele von uns kannten diesen Zustand. Er überfällt einen aus heiterem Himmel. Vielleicht – das denke ich mir heute – hatten wir zu viele Tote gesehen, zu viele Erschossene, ohne Kopf, ohne Beine, ohne Gesicht. Vielleicht hatten wir zu viele Freunde verloren, zu viele, die zu uns gehörten wie Brüder und Schwestern. Im Camp war der Tod näher als mitten im Feuergefecht. Deshalb schaltete sich mein Kopf manchmal vollkommen aus. Ich glaube, ich musste meine Gedanken, meine Zweifel und all die Ungewissheiten verjagen, sonst hätte ich mein heftiges, gewaltsames Leben sicher nicht durchgehalten. Wer weiß, vielleicht wäre ich sonst sogar verrückt geworden.

Ich war ein knappes Jahr lang Miguels Geliebte. In den Armen meines *monito* erwachten meine Gefühle, sie blühten förmlich auf. Er nannte mich *mi florcita,* mein Blümchen, und ich sagte zu ihm: »Du hast den Felsbrocken, der das Blümchen erdrückte, zerschmettert. Deshalb lebt die kleine Blume wieder.«

Eine Bäuerin, bei der wir häufig während unserer Fußmärsche Ruhepausen einlegten, eine kleine, dicke Frau mit unruhigen Äuglein, die ihre Kinder ins Nebenzimmer scheuchte, wenn unsere Leute tranken und schmusten, diese Frau hat mich einmal hinter vorgehaltener Hand gefragt: »Wie könnt ihr FARC-Leute so einen blutigen Krieg führen und euch zwischendurch in die Arme fallen und lieben? Wie könnt ihr überhaupt so zart und gefühlvoll miteinander sein?«

»Wir tun es einfach«, erwiderte ich. Dann dachte ich kurz nach und fügte hinzu: »Es ist unmöglich, geboren zu werden und zu sterben, ohne zu lieben und geliebt zu werden. Das hält niemand aus.«

Sie nickte, ich glaube, diese Weisheit leuchtete ihr ein. Wer weiß, wie lange ich mit Miguel zusammengeblieben wäre, wenn nicht eines Tages, wie aus dem Nichts, Diomer wieder aufgetaucht wäre. Vielleicht wäre dann Miguel der Vater meines Kindes geworden. Aber kaum sah ich Diomer – meinen Diomer! – wieder, fing mein Herz an zu jagen, und ich entflammte, als hätte jemand ein Feuer in meinem Körper entzündet. In Sekundenschnelle erloschen meine Gefühle für den armen Miguel. Es war, als hätte er nie existiert.

Sandra Arango

Ein Hochsicherheitstrakt des Frauengefängnisses »Buen Pastor« *in Bogotá*

Essensausgabe im Gefängnis

Die Direktorin des Frauengefängnisses »Buen Pastor« *in ihrem Büro*

Eine Mitgefangene bei den Telefonzellen, die den Häftlingen zur Verfügung stehen

Die Gefängniswerkstätten – hier können die Inhaftierten eine Ausbildung machen

Der Eingang zu einem Gefängnistrakt

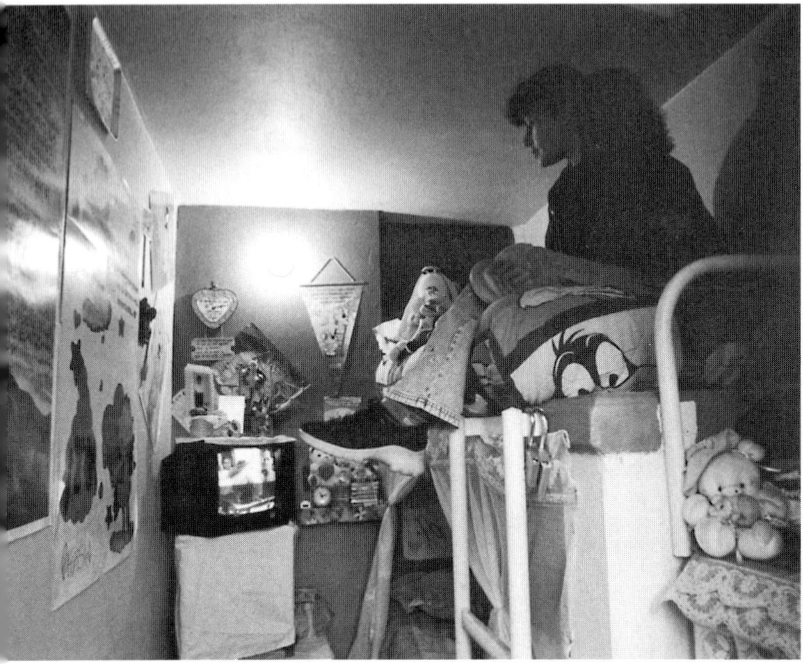

Sandra Arangos Zelle, die sie sich mit einer Mitgefangenen teilt

Der Blick aus den vergitterten Fenstern, hinter Sandra: Che Guevara an der Wand

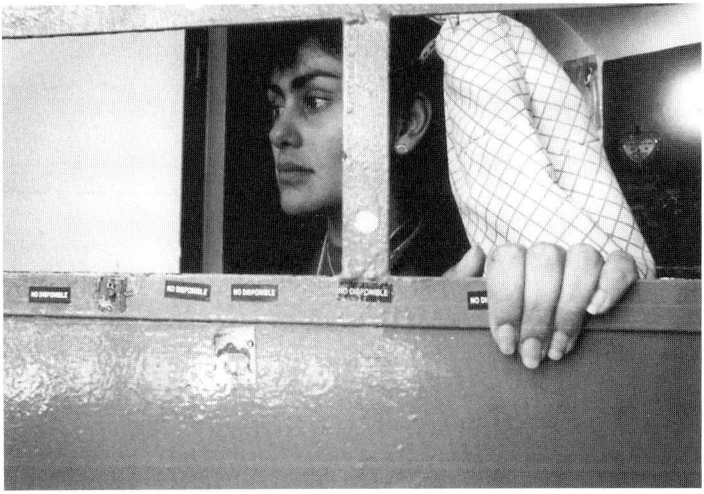

Sandras Freundin Miriam, der Blick aus dem Waschraum

Cornelia von Schelling in Begleitung der kolumbianischen Polizei

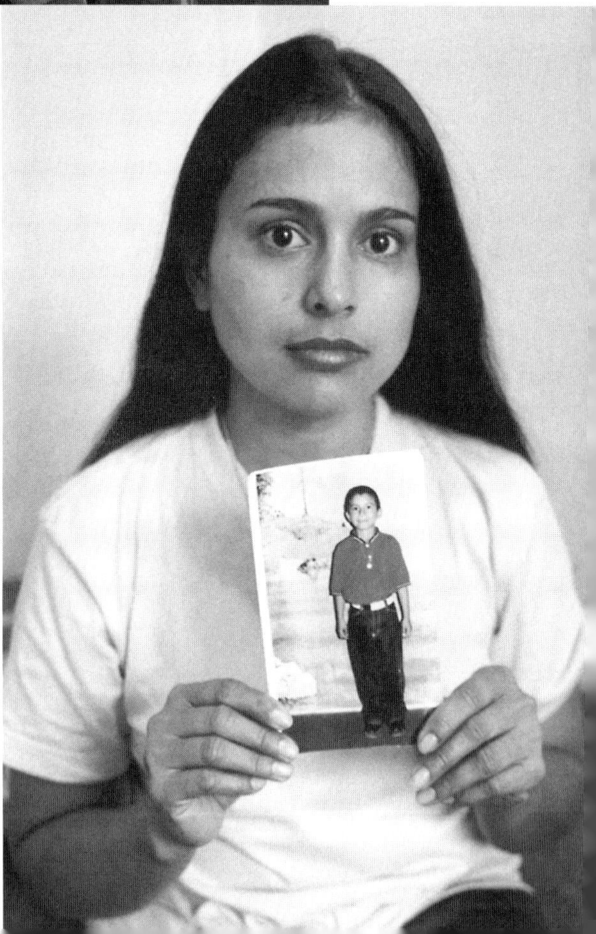

Sandra Arango mit einer Fotografie ihres Sohnes, den sie seit seiner sechsten Lebenswoche nicht mehr gesehen hat

VII. Der verrückte Diomer

Wir überlisten die comandantes

Diomer erschien einen Tag, nachdem wir in der Nähe von Mesetas ein Feuergefecht gegen die Armee hinter uns gebracht hatten. Die Region um Mesetas ist eine unserer Hochburgen; als sie in Gefahr geriet, mussten wir sie unter allen Umständen verteidigen. Es war ein sehr erfolgreicher Einsatz, denn wir konnten die Soldaten nicht nur zurückschlagen, sondern hatten nur eine Hand voll Verletzte und, soweit ich mich erinnere, keinen einzigen Toten zu beklagen. Das musste gefeiert werden. Meine gesamte Kompanie von etwa achtzig Mann versammelte sich auf dem Sportplatz des nächstliegenden Camps. Nach einer kurzen Weile kam ein weiter Trupp hinzu, der auch mitfeiern wollte. Wir waren alle in extrem guter Stimmung, hatten unsere Waffen abgelegt, ein gewaltiges Feuer angezündet, und es gab jede Menge Bier. Die Leute in der Küche hatten Berge von *tamales* zubereitet – ein Gemisch aus gemahlenem Mais und Schmalz, aus Kartoffelscheiben, Tomaten, Zwiebeln und sogar Fleischstücken, die in frische Bananenblätter gewickelt waren. Wenn wir feierten, flüsterte ich mir stets in Gedanken zu: Jetzt tu so, als wäre dies ein Fest im richtigen Leben. So verschaffte ich mir ein schönes Gefühl.

Ich weiß noch, wie ich gerade mit kleinen Tanzschritten auf zwei junge Männer zuging, die eine *cumbia* spielten, einen der ältesten kolumbianischen Tänze. Einer der beiden Musikanten blies auf der *gaita*, einer Flöte, der andere schüttelte sein Tamburin – als plötzlich hinter den Flammen Diomer hervortrat. Mir blieb die Luft weg. Träumte ich? War ich verrückt geworden?

Die Nacht war schon angebrochen, erst der Feuerschein erhellte kurz sein vertrautes, lachendes Gesicht. Nein, ich war nicht verrückt geworden. Du meine Güte, *ay mamita*, was machte er hier? Woher kam er? Trotz der beißenden Hitze begann ich am ganzen Körper zu zittern. Gleich würde er mich entdecken, in wenigen Sekunden würden sich unsere Blicke treffen. Ich senkte den Kopf, denn ich schämte mich plötzlich. Was mochte er wohl von mir denken? Respektierte er mich noch? Er wusste bestimmt, dass ich bereits zwei Männer gehabt hatte. Würde er deswegen auf mich herabsehen?

Bei der FARC sind mehrere Liebhaber kein Grund, eine Frau zu verachten, sie darf so viele Liebhaber haben, wie sie will, Männer und Frauen haben die gleichen Rechte – aber was sagte das schon?

Ich versteckte mich mit meiner Flasche Limonade hinter meinen Freundinnen, hörte wie die Männer um Diomer mit ihrem Einsatz prahlten. Es war ihnen gelungen, aus einem Militärdepot Galil-Gewehre und M-16-Maschinengewehre zu erbeuten, und nun spielten sie sich gewaltig auf. An weitere Einzelheiten kann ich mich nicht mehr erinnern, ich weiß nicht mal mehr, woher sie anmarschiert kamen, warum sie gerade in dieser Zone, in dem Camp bei Mesetas gelandet waren. Auf jeden Fall waren sie in Hochstimmung.

Es dauerte nicht lange, und dann stand Diomer plötzlich vor mir. Mein wunderbarer Diomercito. Er nahm mein Kinn in die Hand und hob mein Gesicht zu sich hoch. Der Ausdruck seiner Augen war kalt.

»*Hola,* Diana«, sagt er.

»*Hola,* Diomer«, erwiderte ich leise und versuchte, seinem Blick standzuhalten.

»Ich habe gehört, du hast einen Mann.«

»Nein, nein«, hörte ich mich sagen, »so ist es nicht. Wirklich nicht.«

Er nahm mich beiseite und sprach mich mit meinem Kindernamen an: »Sandra, warum hast du nicht auf mich gewartet?«

»Weil es nicht ging. Weil sie stärker sind als wir!«

In diesem Moment trat Miguel zu uns, er musste uns beobachtet haben. Er streckte Diomer die Hand entgegen, Diomer jedoch wand den Kopf ab und verweigerte ihm den Handschlag. Dann schnaufte er verächtlich und ließ uns einfach stehen. Um uns herum sangen die Leute, einige begannen, die traditionelle *cumbia* zu tanzen, dabei reicht der Mann der Tanzpartnerin eine Kerze, die sie ins Feuer hält, um sie anzuzünden, dann drehen sie sich mit kleinen trippelnden Tanzschritten und wippen mit dem Oberkörper. Nun machte auch *aguardiente* die Runde, starker Zuckerrohrschnaps, den ich verabscheute, denn er ließ die *camaradas* laut und aufdringlich werden.

»Diana, kann es sein, dass du nicht mehr meine Frau sein willst?«, fragte mich Miguel mit belegter Stimme.

»Warum sagst du so etwas?«, fragte ich und spürte, wie Angst in mir hochstieg.

»Weil du diesen *muchacho* immer gemocht hast.«

»Ja, ich habe Diomer schon als kleines Mädchen gemocht.«

Miguel räusperte sich. »*Florcita,* wenn du mich nicht mehr willst, dann lasse ich dich in Ruhe. Ich möchte dich zu nichts zwingen. Ich muss nur wissen, ob du bei mir bleiben willst oder nicht.«

Ich holte tief Luft und sagte geradeheraus: »Nein, ich will dich nicht mehr. *Quiero a Diomer,* ich liebe Diomer noch immer. Es tut mir Leid, bitte verzeih mir.«

Da hob er die Tüte auf, die er neben sich auf den Boden gestellt hatte, und reichte sie mir mit den Worten: »Ich habe es immer geahnt. Nimm, da sind Trauben und Mangos drin, ich schenke sie dir zum Abschied.«

Ich ergriff die Tüte, schob Miguel zur Seite, stolperte durch die Menge der singenden und trinkenden Guerilleros und lief so schell ich konnte zu meiner *cambucha,* meiner Schlafstelle. Atemlos ließ ich mich auf die Strohliege fallen und starrte auf die löcherige, schlapp durchhängende Plastikplane über mir. Ich bat Miguel innerlich noch einmal um Verzeihung und dankte ihm inbrünstig für sein Verständnis. Dann setzte ich mich auf und lauschte. Warum ließ Diomer diese kreischende, tanzende Horde nicht einfach stehen und legte sich neben mich? Er musste kommen, mein Kopf, mein Herz, mein gesamter Körper verlangte nach ihm. Wieso spürte er das nicht? Irgendwann schlief ich ein, und als ich die Augen öffnete, beugte sich Diomer über mich. Draußen wurde noch wie verrückt gefeiert – bei neuer Musik, irgendeiner kubanischen Salsa, schrillem Stimmengewirr, betrunkenem, lautem Gelächter. Die Guerilleros amüsieren sich immer so hemmungslos, als wäre es ihr letztes Mal. Niemand würde also Diomers Abwesenheit bemerkt haben. Glückselig streckte ich die Arme nach ihm aus, versuchte ihn an mich ziehen, aber er, er holte aus, schlug meine Arme mit beiden Fäusten zurück und rückte von mir ab. Er benahm sich, als müsste er einen lebensbedrohlichen Angriff abwehren.

»Miguel hat dir wohl den Laufpass gegeben, was? Sonst wärst du ja wohl nicht hier«, sagte er mit schneidender Stimme.

»Nein, Diomer. Ich habe ihm gesagt, dass ich ihn nicht liebe.«

Diomer schaute mich an. »Und wen liebst du?«, fragte er.

»Dich«, antwortete ich. Auf diese Antwort musste er gewartet haben, denn er zögerte nur kurz und warf mir einen letzten misstrauischen Blick zu, bevor er sich auf mich legte und sein Gesicht in meinem Haar vergrub. Ich fühlte mich wie in einem Märchen, wie eine Prinzessin, die von einem ewigen Fluch befreit war. Endlich war das Glück auf unserer Seite, und wir umarmten uns und redeten und redeten.

»Warum liebst du mich, Sandra?«, fragte er.

Die Antworten sprudelten aus mir heraus wie Sturzbäche, die von den Gipfeln der *cordilleras*, den Bergketten, ins Tal schießen. »Warum ich dich liebe, Diomer? Ich sage es dir, ich sag es dir! Weil du als einziger Sandrita zu mir sagst. Wie mein *papito*. Und wegen deiner *linda risita*, dieses hübschen kleinen Lachens, mit dem du die Menschen anstrahlst. Und weil ich als Kind schon hinter dir her war, und weil ich damals durch die Hölle der Eifersucht gehen musste. Außerdem liebe ich dich, weil sie gegen uns sind!«

»Und ich«, wisperte Diomer in mein Ohr, »ich liebe dich, weil ich nicht anders kann.«

Ich habe keine Ahnung mehr, was wir uns noch alles zugeflüstert haben, auf jeden Fall waren wir vollkommen sicher, dass uns beiden nichts mehr passieren konnte. Das Schicksal hatte uns endgültig zusammengefügt. Wieso trafen wir sonst ausgerechnet zur gleichen Zeit im gleichen Camp aufeinander? Das konnte kein Zufall sein. Wieso konnten wir uns mitten in der Nacht in den Armen liegen, allein und ungestört in einem brechend vollen Lager?

»Weil unsere Liebe wie eine Sturmflut ist, wie ein Orkan, der über alles hinwegfegt«, sagte ich zu meinem Diomercito.

»Das Glück gehört uns, es hat uns gefunden!«, erwiderte er. Bei der Guerilla waren ernsthafte Liebesbeziehungen verboten, deswegen fragten die meisten erst gar nicht um Erlaubnis, ich kann es nicht oft genug sagen. Doch für uns sei dies bestimmt kein Problem, versicherte mir Diomer in seinem Liebesrausch, die *comandantes* würden nie etwas dagegen unternehmen. Dann gab er mir den längsten Kuss meines Lebens. Was waren wir dumm in unserer Verliebtheit! Wir hatten nicht das Glück gefunden, wir hatten den Verstand verloren. Mitten in unseren endlosen Kuss platzte eine wütende männliche Stimme.

»Was macht ihr hier?!«, brüllte es. Das war das abscheuliche Organ von *comandante* Roldán, der nun nach meinem Diomer griff und ihn unter den schlimmsten Drohungen aus dem Zelt zerrte. Wie ich damals noch nicht wusste, war dies das letzte Mal, dass ich Roldán sah, und in meiner Erinnerung werde ich immer das Bild seines vor Wut und Eifersucht verzerrten Gesichts vor Augen haben. Ich rückte rasch meine Kleidung zurecht und wollte den beiden gerade nachlaufen, als sich ein großer, bulliger Kommandant, den ich noch nie gesehen hatte, breitbeinig vor mich hinstellte und mir den Weg versperrte. »Stopp! Hier kommt keiner mehr raus! Befehl von oben! Morgen früh um vier Uhr startet eine Truppe aus sechs Einheiten, und du bist dabei. Leg dich hin und schlaf, du musst fit sein für diese Mission.«

Ich wehrte mich nicht. Warum sollte ich mich wehren?

Es hatte sowieso keinen Sinn, und ich fühlte mich viel zu schwach für ein einziges Widerwort. Noch vor wenigen Minuten hatte ich wortreich von der Liebe und dem Glück gesprochen, jetzt brachte ich keinen Ton mehr hervor. Von meiner Sturmflut der Liebe mit Diomer waren bloß noch Traurigkeit und Ohnmacht geblieben. Draußen wurde es allmählich still, die Musik war verstummt und das Fest zu Ende. Schwatzend und gut gelaunt strömten immer mehr *camaradas* ins Zelt. Es hatte zu regnen begonnen. Einzelne Tropfen sickerten durch die Ritzen im Zeltdach und fielen auf mein Gesicht.

In dieser Nacht schloss ich kein Auge. *Comandante* Roldán, der Mann, der mir die Unschuld brutal geraubt hatte, war von Anfang an ein Ungeheuer gewesen. *Madre mia*, war der eifersüchtig, und die Waffen der Eifersucht sind die schlimmsten! Ich hoffte, dass er Diomer lediglich in sein Zelt verfrachtet und ihm nichts weiter angetan hatte.

Es war stockfinster, als wir in den ersten Morgenstunden stumm, schlapp und unausgeschlafen losmarschierten. Die meisten *camaradas* waren schrecklich verkatert. Auch im Wald schliefen noch die Tiere des Dschungels, nur fernes Affengeschrei hallte ab und zu durch den frühen Morgen. An einer Schotterstraße angelangt, stieg ich mit meiner Truppe in einen vor Schmutz starrenden Laster, der uns in eine kleine, von der Guerilla kontrollierte Ortschaft bringen sollte, wo wir auf weitere Befehle warten mussten. Es hieß, wir würden von dort an andere Orte geschickt, um mit den Einwohnern über die FARC zu diskutieren. Diese Art Mission war mir nur allzu vertraut. Bei solchen Aufträgen ging es darum, die Menschen für uns zu gewinnen, sie von den revolutionären Zielen der FARC zu überzeugen. Unsere Parolen lauteten: Die Guerilla kämpft für die Ärmsten der Armen! Die Guerilla steht auf eurer Seite! Übergebt uns eines – oder mehrere – eurer ältesten Kinder, bei der FARC werden sie es zu etwas bringen, eine militärische Karriere machen, anstatt in Lehmhütten zu leben und für einen Hungerlohn in den großen *haciendas* zu schuften!

Doch wie sollte ich in meinem elenden Zustand irgendeinen Menschen überzeugen? Die FARC machte mir gerade mein Leben zur Hölle, und ich sollte sie in den Himmel heben?

Der Laster setzte uns direkt vor einer Kneipe ab, in der bereits weitere Guerilleros herumlungerten. Ich holte mir einen *tintico,* einen kleinen Becher mit starkem, bitterem Kaffee, verdrückte mich in eine Ecke und starrte dumpf vor mich hin. Auf einmal überkam mich eine sonderbare Ahnung. Ich blickte auf und traute meinen Augen nicht. Wer stand dort an die Theke gelehnt, ein Flasche Bier in der Hand? Diomer. Es war eine scheußliche Kneipe. Die benutzten Gläser der Gäste, die vor uns hier gewesen waren, standen noch überall herum, der Boden war übersät von Zigarettenkippen, Essensresten und leeren Flaschen. Meine Füße traten in etwas Klebriges, wahrscheinlich hatte sich jemand an dieser Stelle übergeben. Der Wirt hatte die Bar, ohne aufzuräumen, für die Nacht geschlossen und im Morgengrauen für uns wieder geöffnet. Angewidert kratzte ich den Dreck unter meinem Stiefel an einem Stuhlbein ab und zwängte mich an den schlapp herumhängenden *compañeros* vorbei. Ich blickte weder nach rechts noch links, es war mir ganz egal, wer mich beobachtete, ich wollte einfach nur zu

Diomer. Er war mindestens genauso verblüfft wie ich, als ich vor ihm stand und ihn anblickte.

»Dianita, *mi amor,* was machst du denn hier?«

»Das Glück mag uns doch«, sagte ich und lächelte ihn zufrieden an. »Es findet immer wieder zu uns.«

»La felicidad lucha, das Glück kämpft«, lallte Diomer und ließ sich mit seinem gesamten Gewicht in meine Arme fallen.

»Diomer, du bist ja völlig betrunken!«, rief ich aus und erinnerte mich im gleichen Moment an die Warnung meines Vaters damals, als er extra in mein Camp gekommen war, um mir Diomer auszureden. Er ist ein *tomatrago,* ein Alkoholschlucker ohne Selbstdisziplin, ein Taugenichts.

»Hör auf zu trinken! Hör sofort auf!«, zischte ich Diomer ins Ohr, »es ist noch nicht einmal Morgen, und du bist besoffen. Und vor einer Mission wird sowieso nicht getrunken!«

Er kippte den Kopf nach hinten, lachte sehr laut und leerte den Rest seiner Bierflasche. Ich hielt ihn fest, denn er schwankte und war kurz davor umzufallen und hätte uns beide um ein Haar zu Boden gerissen. Ich fragte ein paar andere aus seiner Einheit, wieso sie hier waren, warum sie sich in dieser Kneipe versammelt hatten.

»Aus genau dem gleichen Grund wie du«, antworteten sie, »auch wir warten darauf, abgeholt zu werden, wir sollen am Rande einer ländlichen Siedlung für die FARC trommeln.«

Anscheinend hatten sich die Kommandanten nicht abgesprochen, hatten verschiedene Verbände losgeschickt und nicht darauf geachtet, worauf es Roldán ankam: mich und Diomer zu trennen.

Als die ersten Sonnenstrahlen hinter den schmierigen

Fensterscheiben aufblitzten – die meisten Kämpfer waren eingeschlafen oder dösten vor sich hin –, donnerte eine Stimme durch den Raum: *»Listo!* Es geht an die Arbeit!«

Diomers Truppe war als erste dran. Er wankte mit seinen Leuten aus der Kneipe, und ich sah durch die offene Tür, wie sie sich auf zwei kleine Laster verteilten. Dann gaben die Fahrer der Lkws Gas und fuhren davon. Danach waren wir an der Reihe, hievten uns auf die Ladefläche unserer Fahrzeuge und starteten. Plötzlich zog jemand kräftig an meinem Gewehr. Verärgert drehte ich mich um. Warum ließ man mich nicht in Ruhe, ich fühlte mich schwach und verwirrt, das unerwartete Zusammentreffen mit dem betrunkenen Diomer lag mir wie ein tonnenschweres Gewicht auf der Seele.

»Que se joden! Verdammt noch mal, lass die Finger von mir!«, fauchte ich – und blickte direkt in das grinsende Gesicht meines Diomer.

»Ich habe sie ausgetrickst«, kicherte er. Zu Tode erschrocken, aber auch entzückt prustete ich los, ich war fassungslos. Diomer lachte über das ganze Gesicht. Ihm war fast immer zum Lachen zumute. Diesmal steckte er mich an, wir lachten beide, was die anderen bloß dazu brachte, kurz aufzustöhnen. Dann rückten sie ein wenig, um Diomer Platz zu machen, zu weiteren Reaktionen waren sie nicht in der Lage.

Da hatte sich der volltrunkene Diomer vor der Kneipe kaltblütig von seiner Truppe abgeseilt und war unbemerkt in meinen Laster gestiegen – nur um bei mir zu sein. Sämtliche Gedanken an die Konsequenzen wischte er weg, unbekümmert und strahlend wie immer. Er war verliebt und gar nicht in der Lage, nüchtern zu denken.

Von unserem Auftrag in der kleinen, abgelegenen Siedlung weiß ich nur noch, dass ich immer heftig nickte, wenn unsere Leute eindringlich von den revolutionären Großtaten der FARC berichteten. Nach dem Ende dieser Mission wurden wir, nach Einbruch der Dunkelheit, ins Camp zurückgefahren. Das heißt bis zu der Straße, die einige Kilometer davor endet, nämlich dort, wo der Urwald beginnt. An dem Punkt wurden wir abgesetzt. Diomer war niemandem aufgefallen, auch nicht dem verantwortlichen Kommandanten. Dieser hatte weder bemerkt, dass sich Diomer in die falsche Einheit geschlichen hatte, noch kapiert, dass er an dem Auftritt im Dorf gar nicht teilgenommen hatte. Stattdessen hatte sich Diomer an den Stamm einer Bananenpalme gelehnt und mit halboffenen Augen unter dem Schutz der riesigen, schlaff herunterhängenden Blätter vor sich hin gedöst. Vielleicht war ja auch der Kommandant nicht mehr ganz nüchtern gewesen. Womöglich drückte er aber auch ein Auge zu, aus Sympathie für uns. Denn er war selbst verliebt und hatte ununterbrochen Händchen mit seiner Freundin gehalten, während er an die Jugendlichen unter den Dorfbewohnern appellierte, der FARC beizutreten. Der gesamte Trupp schien uns zu ignorieren. Nachdem die Laster uns abgesetzt hatten und wir uns wieder auf den Weg ins Camp machten, quatschten die *camaradas* und rissen einen Witz nach dem anderen. So ging es meistens bei der FARC zu, wenn die Mission gut verlaufen war und man sich auf dem Rückweg befand, egal, ob nach einem Gefecht, nach dem Auskundschaften eines Polizeipostens, nach einem Anschlag, was auch immer – wenn wir unverletzt zurück in unsere Zelte und zu unseren Leuten konnten, drehten wir auf.

An jenem Abend war ich die Einzige, die nicht aufdrehte. In meinem Kopf kreiste wie verrückt die verzweifelte Frage: Was wird mit Diomer? Wohin mit ihm?

Er gehörte nicht in unser Camp, seine Einheit war längst ganz woanders. Spätestens wenn wir in unseren Zelten verschwanden und uns schlafen legten, würde einer übrig bleiben – der immer noch betrunkene, wahnsinnige Diomer. Sie würden ihn und mich nicht nur bestrafen, sie würden endgültig dafür sorgen, dass wir uns wirklich nie wieder zu sehen bekämen.

Ich musste auf der Stelle eine Lösung finden, es war an mir, und nur an mir, für uns beide zu denken. Diomer und ich liefen im Pulk mit den anderen die restlichen Kilometer durch den Urwald bis ins Lager. Der nächtliche Dschungel war uns vertraut, wir verliefen uns nie. Die meiste Zeit stapften wir auf einem Pfad entlang, der so schmal war wie eine Fußsohle, über uns das Schwarz der Baumkronen, die in den Himmel ragten. Nur selten konnte man durch das Blätterdach für eine halbe Sekunde einen Stern blinken sehen. Eigentlich mochte ich die Stille der Nacht, mochte den leichten Geruch von Fäulnis, der unter dem feuchten Boden in meine Nase stieg. Tags war die Luft meist schwer, heiß und bewegungslos, nachts war sie frischer, sie kam mir weicher vor, irgendwie zarter. Diese Frische half mir beim Denken.

Wir waren vielleicht drei-, oder vierhundert Meter vom Camp entfernt, als ich endlich wusste, was zu tun war. Es gab nur eine einzige Lösung, nur eine Möglichkeit, Diomer und mich doch noch zu retten. Aber sie bedeutete, dass wir uns erneut voneinander trennen mussten und unser Glück damit in noch größere Entfernung rückte.

»Diomercito«, sagte ich und verlangsamte meine Schritte. Ich hielt ihn am Arm zurück. »Lass die anderen vorgehen. Ich habe eine Idee. Du bleibst über Nacht hier.«

»Was? Nein! Ich bleib bei dir!«

Er klammerte sich an meinen Arm, aber ich wusste, was ich tat.

»Diomer, hör mir zu! Wir bereiten dir ein Lager hier in den Büschen. Du darfst nicht im Camp erscheinen. Oder willst du alles für immer verderben? Also, morgen früh läufst du in den nächsten Ort. Das sind vielleicht zwei Stunden zu Fuß. Von dort aus meldest du dich bei deinen Leuten, sagst, du wärst krank geworden, blass genug siehst du aus. Erzähl ihnen, unser Kommandant habe dich versorgt und dann zurückgeschickt. Das ist unsere einzige Chance.«

Ich dachte, dass er nun erst richtig protestieren oder mich auslachen würde, aber er nickte traurig und war fromm wie ein Lämmchen. Offensichtlich hatte auch ihn die Furcht vor den Folgen seiner Eskapade eingeholt, Angst vor der Rache Roldáns. Vielleicht war er auch bloß zu entkräftet, um sich weiter zu wehren.

Als die anderen weit genug entfernt waren, hielten wir an und schauten uns nach einem verborgenen Plätzchen um. Unter einem Dach aus dichten Pflanzen und Ästen breitete ich meine Kampfjacke aus, zog Diomer die Stiefel von den Füßen, deckte ihn mit der Plane zu, die ich dabeihatte, und redete ihm noch ins Gewissen, unbedingt Acht zu geben. Aber da war er schon eingeschlafen. Sein Atem roch noch immer nach Schnaps. Ich drückte ihm meine Wasserflasche an die Brust, strich zum Abschied noch einmal über sein festes, lockiges Haar und lief los. Ich lief und lief, um meine Leute einzuholen, stolperte vorwärts und wunderte mich, wie weit sie bereits gegangen waren. Allmählich bekam ich Angst – wo waren sie abgeblieben? Ich stoppte und starrte in die Dunkelheit, bis mir klar wurde, dass ich mich verirrt hatte. Das war mir noch nie passiert.

Wir FARC-Guerilleros verliefen uns nicht. Wir kannten den Urwald wie die Bauern ihre Hühnerställe. Gerade in der Umgebung der Camps waren uns alle Pfade, alle Abkürzungen, alle Erhebungen und unpassierbaren Stellen vertraut, wir wussten die Geräusche der Natur, die Schreie der Vögel und die Laute der Tiere voneinander zu unterscheiden. Wie oft hatte ich den wohlbekannten Geruch der nassen Erde, der feuchten Blätter und Moose eingeatmet, jetzt aber durchzog mich von den Füßen bis zu den Haarspitzen eine namenlose Angst. Ich blickte auf, um wenigstens einen einzigen Stern zu erhaschen. Doch der Urwald war wie ein schwarzes, undurchdringliches Ungetüm, von dem zum ersten Mal für mich Gefahr ausging. Es kam mir vor, als rückten die Bäume immer näher. Panisch und ziellos rannte ich durch das dicke Gestrüpp. Es nützte nichts, ein Gefühl abgrundtiefer Trostlosigkeit ergriff von mir Besitz, und ich musste mich an einem Baumstamm festhalten, um nicht umzufallen. In meinem Kopf schien sich alles zu drehen. Vor meinen Augen wirbelten Bilder umher: Mein Vater, der irgendwo in einem entlegenen FARC-Gebiet war, der am andern Ende der Welt zu sein schien; Diomer, sein unbekümmertes Lachen, sein Lallen, sein Torkeln; der brüllende Roldán, dann plötzlich meine Großmutter mit ihrer Katze um den Hals. Wo war ich überhaupt? Und was war mit meiner Jacke, meiner Wasserflasche geschehen? Was hatte ich damit gemacht? Wieso hatte ich keine Mutter, die mich liebte, wie richtige Mütter ihre Kinder lieben? O Gott, wo war mein Gewehr? Auf einen Schlag war mir alles egal. Es kümmerte sowieso niemanden, was mir widerfuhr, man hatte vergessen, dass es mich gab. Ich weiß noch, wie ich mich an einem Baumstamm entlang auf den Boden rutschen ließ. Insektenschwärme fielen über mich her, und ich spürte, wie Kolonnen von Ameisen an meinen Armen hochkrochen. Trotzdem musste ich eingeschlafen sein, denn als ich Stimmen hörte, schreckte ich hoch. Wortfetzen, leises Knacken, Stille, wieder ein Rascheln von Ästen und Blättern, die bewegt wurden. Waren es Kameraden, die mitten in der Nacht im Urwald umhertappten? Vielleicht ein Suchtrupp, der nach mir fahndete? Unsicher raffte ich mich auf und tat ein paar Schritte in die Richtung, aus der ich glaubte, die Geräusche vernommen zu haben. Irgendetwas klebte an meinem Hals. Als ich hinfasste, spürte ich unter den Fingern eine handgroße Schnecke, die sich an mir festgesaugt hatte. Angewidert schleuderte ich sie auf den Boden und zerdrückte sie mit dem Stiefel. Ich war wieder da. Mein Kopf begann wieder zu arbeiten, und mir wurde klar, dass ich die *camaradas* abfangen musste. Ich musste verhindern, dass sie Diomer fanden! Dabei konnte ich mich nur noch daran erinnern, dass er irgendwo im Wald war, irgendwo nichts ahnend lag und schlief. Vielleicht waren sie schon zufällig auf ihn gestoßen, plötzlich über das schlafende Bündel Diomer gefallen.

Und wenn ich die Geräusche bloß geträumt hatte? Womöglich bildete ich mir bloß ein, dass sie mich suchten? Ich fing an zu schreien, so laut ich konnte: »*Socorro, socorro,* Hilfe, wo seid ihr? Ich bin hier!«

Ein Grüppchen von drei Guerilleros, und unter ihnen Elvira, meine liebste Freundin Elvira, fand mich schließlich.

Welch ein Geschenk des Himmels! Sie hatte meine Abwesenheit als Erste bemerkt, hatte daraufhin das Suchkommando zusammengetrommelt und darauf bestanden, selbst mitzugehen. »*Mi amiguita*, meine Freundin, Diana, die braucht mich jetzt«, hatte sie, wie sie mir später berichtete, den Kommandanten gesagt.

Ich brauchte sie wirklich. Leise bedrängte ich sie, doch bitte sofort die restlichen Leute, die noch im Wald unterwegs waren, per Funk zurückzuholen.

»Ich habe mich verlaufen, ich bin so durcheinander. Bitte, Elvirita, sag den anderen *camaradas* Bescheid, dass ihr mich gefunden habt, dass sie aufhören können zu suchen. Schnell bitte, ich erkläre dir später, warum es so eilt.«

Elvira fragte nicht lange, sondern rief ins Gerät: »Wir haben sie, lauft direkt zurück ins Camp, die Nacht ist fast vorbei, beeilt euch, sonst bekommen wir überhaupt keinen Schlaf mehr!«

Das Funkgerät knatterte und ächzte, die Akkus waren fast leer, und Elvira verstand nicht, was ihr die *camaradas* am anderen Ende antworteten, ob sie überhaupt begriffen hatten, was sie ihnen mitgeteilt hatte.

Ich versuchte, ruhig und vollkommen gelassen zu wirken, damit die anderen beiden Guerilleros nicht misstrauisch wurden. Doch innerlich bibberte ich und betete inbrünstig zum Himmel, dass bitte noch alles gut gehen möge. Dass die anderen nicht längst Diomer gefunden, gepackt und ins Camp zurückgeschleppt hatten. Doch niemand fand Diomer.

Ich hoffte, bald etwas über ihn zu erfahren, aber er war und blieb verschwunden. Nichts hörte ich von ihm, kein einziges Wort, nicht einmal ein Gerücht über seinen Verbleib. Viele

Monate wartete ich täglich auf eine Nachricht, auf irgendein noch so vages Lebenszeichen. Aber ich hoffte vergeblich. Ich hätte mich unauffällig erkundigen können, hätte befreundete *camaradas* befragen können, notfalls sogar meinen Vater. Aber ich tat es nicht. Ich hatte keine Kraft dazu und beschloss, das Kapitel Diomer ein für alle Mal abzuschließen. Selbst als ich eines Tages bei einem Fußmarsch ganz nah an dem Platz vorbeilief, wo er gelegen hatte – ein *camarada* trat beim Pinkeln im Gebüsch auf die zerknautschte Plastikplane, wedelte damit in der Luft herum und scherzte: »Welches Liebespärchen hat sich denn hier heimlich herumgewälzt?« –, selbst dann blieb ich kalt und verzog keine Miene. Das Glück meinte es nicht gut mit Diomer und mir, die FARC hatte es für immer weggeekelt. Ich wollte Diomer vergessen, ich war es leid, ein Gespenst zu lieben.

Doch wieder einmal kam alles ganz anders. Ungefähr ein halbes Jahr nach dem Vorfall im Urwald tauchte Diomer wie aus dem Nichts in unserem Camp auf, wie immer über das ganze hübsche Gesicht lachend. Aber seine Stimme klang lauter als sonst, fast grölend, und das Sonderbare war, dass er mich keines einzigen Blickes würdigte. Dafür fiel er den anderen Mädchen wild um den Hals und küsste jede einzelne von ihnen ab. Früher war Diomers Lachen ein Sonnenstrahl, der meinen Körper von den Zehen bis zu den Haarspitzen mit Wärme durchflutete. Jetzt war sein Lachen wie kalter Hagel auf meiner Seele. Ich wollte weinen, aber es kam keine einzige Träne. Ich schickte Elvira zu ihm. Als er endlich in seinem Zelt entschwand, bat ich sie, möglichst vorsichtig herauszubekommen, was in ihn gefahren war. Er wirkte, als käme er direkt aus dem *manicomio*, aus der Irrenanstalt.

Leider war meine Freundin Elvira keine vorsichtige Frau, denn sie stellte sich vor ihn, die Fäuste in die Hüften gestemmt, und brüllte ihn an. Ich stand draußen, direkt an die Rückseite des Zeltes gepresst, und bekam jedes einzelne Wort mit.

»Was fällt dir ein?«, schrie sie, *»le partiste el alma,* du hast ihr die Seele gespalten, und jetzt erscheinst du hier ohne ein Wort der Erklärung? *Miserable! Desgraciado!* Du elender Kerl, was fällt dir ein?«

Diomer schwieg, worauf Elvira wieder loslegte, ihn einen herzlosen, groben, eitlen, kaltschnäuzigen Trunkenbold nannte, der eine noble Frau wie mich nicht im Geringsten verdient habe. Schließlich murmelte er etwas von Arglist und Treulosigkeit, ja, dass er sich in mir entsetzlich getäuscht habe.

»Diana hat mich, ihren Liebsten, mitten in der Nacht betrunken und schlafend im Urwald zurückgelassen und ist abgehauen.« Dann brummte er etwas, das ich nicht verstand. Elvira beschimpfte ihn noch mal und kam dann kochend vor Zorn ins Freie gestürmt.

»Dieser verrückte *chico* behauptet wirklich, er könne dir nicht verzeihen!«, sagte sie, legte den Arm um meine Schultern und begleitete mich in mein Zelt.

Irgendwann hat mir Diomer dann doch verziehen. Vielleicht lag es an Elviras Bemerkung, der Suff habe ihm wohl das Gedächtnis und obendrein den Verstand geraubt. Ihre Worte müssen ihn beunruhigt haben, und ihre Aufforderung, er solle sich gefälligst von mir erzählen lassen, was wirklich geschehen sei, muss wohl gewirkt haben. Er brauchte allerdings zwei Tage, um mich aufzusuchen. Zwei ganze, zermürbende Tage, während deren ich ihm aus dem Weg ging, mal voller Wut, dann voller Zweifel, ihn beschuldigte, mich beschuldigte und meine *compañeros* ankeifte, weil in meinem Inneren das Chaos tobte.

Dann kam er endlich angelaufen. Es regnete an diesem Tag, und ich stand gerade mit etwa einem Dutzend *camaradas* zusammengepfercht unter dem Vordach des Küchenzelts und schaufelte Reis, Bohnen und eine gebratene Banane in mich hinein. Er war nass und atemlos, ohne sein Lachen, eher ernst und verlegen.

»*Hola*, Diomer«, sagte ich.

Er nahm mir den halb vollen Teller und die Gabel aus der Hand, stellte sie auf den Boden und führte mich ohne ein Wort aus dem Vordach hervor ins Freie, wo wir sofort bis auf die Knochen durchnässt wurden. Ich weiß nicht mehr, wer angefangen hat zu reden, was er oder ich gesagt habe. Was zählt, ist, dass wir innerhalb von Minuten alle Missverständnisse klären konnten. Diomer war morgens auf seinem Lager im Urwald aufgewacht und hatte sich an nichts mehr erinnern können. So intensiv er auch in seinem Gedächtnis wühlte, er hatte keine Ahnung, was in der vorherigen Nacht passiert war. Er wusste nicht, wo er war, warum er ohne Stiefel mitten im Urwald lag, wer ihn zugedeckt hatte – nichts war mehr an Erinnerung in seinem Kopf, der sich wie eine leere *totuma*, ein ausgehöhlter Kürbis, anfühlte. Trotzdem fand Diomer zu seinen Leuten zurück – wie, das bekomme ich nicht mehr zusammen. Kann sein, dass ich vor Aufregung nicht richtig zugehört habe. Nur, dass er wirklich krank war, als er endlich wieder in sein Camp gelangte, so viel weiß ich noch. Und dass die Krankheit seine Rettung war, weil er sich vor niemandem wegen seiner Abwesenheit rechtfertigen musste. Er hatte eine schwere Bronchitis und damit einhergehend Halluzinationen im Fieberwahn. Nur deswegen haben sie ihn niemals bestraft. Und als ich ihm – und nicht er mir! – ganz und gar verziehen hatte, meinte Diomer, nun könnten wir endlich ein Paar werden. Ein akzeptiertes, genehmigtes Liebespaar.

Mittlerweile war *comandante* Roldán längst abgehauen, desertiert, um mit einer Zivilistin irgendwo ein neues Leben zu beginnen, wie ich beim Mittagessen eines Tages erfuhr. Niemand scherte sich noch um mich und Diomer, wir konnten also darauf hoffen, dass man unsere Beziehung zulassen würde, auch wenn die Chancen nicht gut standen.

Alle Kämpfer bei den FARC müssen um Erlaubnis bitten, wenn sie ein ernsthaftes Verhältnis eingehen wollen. Die *comandantes* bestimmen, wem sie eine Liebesbeziehung genehmigen und wem nicht. Sie wollen genau wissen, wer mit wem geht, um die Kontrolle zu behalten und zu beobachten, ob die Beziehung nicht die Disziplin und die Kampfmoral der verliebten Kämpfer schwächt. In dem Fall wird das Pärchen gnadenlos getrennt. Meistens geschieht genau das.

Diomer bedrängte mich. Täglich bestürmte er mich, doch endlich mit ihm zusammen die Genehmigung einzuholen. Aber ich – ich traute mich nicht. Dabei hatte ich gar nicht mal Angst vor dem möglicherweise negativen Urteil des *comandante* – er war kein Tyrann, sondern freundlich –, ich fürchtete vielmehr, Diomers *novia* zu werden. Eine innere Stimme flüsterte mir ein, dass er mich nehmen und sitzen lassen würde, sobald ich seine offizielle Freundin war: Aus Rache, weil du vor ihm schon zwei Männer hattest, anstatt auf ihn zu warten. Männer sind so, auch FARC-Kämpfer sind kein bisschen anders, sie sind und bleiben stolze kolumbianische Machos.

»Lass uns noch ein wenig warten«, sagte ich immer wieder. Ich zögerte so lange, bis Diomer der Geduldsfaden riss und er auf einen Schlag mit mir brach. *Ay, mamita,* du liebe Güte, das wollte ich natürlich nicht! Es war sogar das Allerletzte, was ich wollte, also schickte ich von Panik geschüttelt seinen besten Freund zu ihm.

»Sag ihm, dass ich jetzt doch bereit bin, seine *novia* zu werden, wir können die *comandantes* sofort um Erlaubnis bitten, sofort, morgen früh, wann immer er will!«

Aber Diomer war nicht zu erweichen, er kochte vor Wut. Er ließ mir sagen, er habe mich satt. Mein Zaudern und Schwanken, das Hin und Her – davon habe er die Nase endgültig voll. Er wolle mich nicht mehr, um nichts in der Welt. Zur Hölle mit mir, *al infierno!*

Nun war es an mir, zu ihm zu gehen. Diomer verlieren? Das durfte ich nicht zulassen. Niemals! Ich liebte ihn doch!

Ich passte ihn zwei Tage später ab, als er von einer Schießübung kam. Eine Ladung neuer Waffen war im Camp eingetroffen. Ich wusste, dass er gerade dabei war, sie mit einer Gruppe erfahrener Kämpfer zu erproben. Ich wartete, bis kein Schuss mehr zu hören war und die Männer ihr Training beendet hatten und in Richtung Küchenzelt liefen, um Getränke zu holen. Dann schnitt ich Diomer kurzerhand den Weg ab und baute mich vor ihm auf: »Ich will mit dir reden, Diomer.«

»Was willst du noch von mir?«

»Wir können jetzt um Erlaubnis bitten.«

»Ich glaube dir kein Wort.«

»Ich verspreche es dir!«

»Was versprichst du mir?«

»Dass du mir wichtiger bist als alles andere auf der Welt!«

Er stutzte, kratzte sich am Hinterkopf, schluckte und hüstelte, dann atmete er endlich tief durch und nahm mein Gesicht in seine Hände, zog es zu sich und schaute mir in die Augen. Als er nicht das geringste Flackern in meinem Blick entdeckte – keine Angst, keine Zweifel –, hob er mich mit beiden Armen hoch in die Luft. Er sprang mit mir im Kreis, drehte sich immer und immer wieder. Meine Beine zappelten, und ich kreischte vor Freude. Einige *camaradas*, die gerade gewaltige *platanos*, Bananenstauden, auf ihren Schultern an uns vorbeischleppten, ließen alles fallen, klatschten in die Hände und johlten. Endlich hatten Diomer und ich zueinander gefunden.

Unsere Beziehung wurde genehmigt, das grenzte an ein Wunder! Der *comandante* nickte feierlich, legte erst mir und dann Diomer eine große, verschwitzte Hand auf die Schulter und sagte, dass wir uns lieben dürften. Unsere Kampfbereitschaft dürfe jedoch deswegen keinen Tag nachlassen.

Diomer war vierundzwanzig, und ich war gerade achtzehn geworden. Meine Befürchtung, er würde mich nach der ersten Nacht sitzen lassen, um sich für meine Untreue zu rächen, erwies sich, Gott sei Dank, als grundlos. Er warf mich nicht weg, er respektierte mich, so wie man die Frau achtet, die ganz und gar zu einem gehört. Zwischen den Gefechten und anderen Operationen liebten wir uns. Wir vergaßen, wie es sich anfühlte, Angst um den anderen zu haben. Es war verrückt, aber unsere Liebe jagte die Angst zum Teufel. Immer, wenn wir heil und unverletzt von einem bewaffneten Kampf oder einer anderen Operation in einem entlegenen Teil unseres Landes zurückkehrten, fielen wir uns im Camp in die Arme. Wir schmusten die ganze Nacht, bis die Sonne aufging und wir entkräftet und benommen zu unseren Kampfanzügen griffen, um in den Tag zu starten. Ich war sehr glücklich. Doch bald genügten mir die Nächte nicht mehr. Mit der Schläue und Unersättlichkeit der Verliebten setzte ich alles in Bewegung, um auch während der Gefechte mit Diomer zusammen zu sein.

Einmal hatte ich hintenherum dafür gesorgt, dass Diomer und ich in die gleiche Einheit eingeteilt wurden, als mehrere Verbände losziehen sollten, um in verschiedenen Orten neue, junge Kämpfer zu rekrutieren. Ich konnte mein Glück kaum fassen, noch nie hatte ich einer Operation so entgegengefiebert wie dieser. Doch kurz vor dem Abmarsch wurden die Einheiten plötzlich neu zusammengestellt, dabei wurde Diomer von mir getrennt. Fassungslos sah ich zu, wie die *comandantes* durch die Reihen der Guerilleros gingen, sich einzelne herauspickten und in eine andere Truppe abkommandierten. Ein paar Sekunden nachdem Diomer von meiner Seite genommen wurde, packte mich eine maßlose Wut. Ich sagte kein Wort, das wäre sträflich gewesen, aber ich schmiedete einen Plan. Auf dem Weg aus dem Camp passte ich einen Augenblick ab, als unser Kommandant allein voranging, lief zu ihm und bekniete ihn ohne Umschweife, mir zu helfen. Am Abend, wenn alle Gruppen wieder zusammenkämen, um über ihre Ergebnisse zu berichten, solle er doch Diomer bitte in unsere Einheit zurückholen. Der *comandante* lachte mich aus. »Die *camarada* Diana ist wohl unsterblich verliebt?«, spottete er. »Hat sie vergessen, dass wir Freiheitskämpfer sind und keine Sammelstelle für Turteltäubchen?«

»Waren Sie nie verliebt, *señor comandante?*«, erwiderte ich mit einem schnellen Blick auf seine Freundin, die einige Schritte hinter uns herlief und meistens um ihn herumscharwenzelte wie ein Hündchen. Als der Anflug eines Grinsens über das Gesicht des *comandante* huschte, fasste ich noch mehr Mut und sagte siegesgewiss: »Ein guter Guerillero meistert beides: die Liebe *und* den bewaffneten Kampf.«

Ich kann mich an seine Antwort nicht mehr erinnern, aber in dieser Nacht fanden Diomer und ich uns nicht nur im gleichen Dorf wieder, wir waren auch im selben Haus und im selben Zimmer untergebracht. Es war die Nacht, in der ich schwanger wurde.

Ich hatte schon seit einiger Zeit aufgehört, die Pille zu nehmen, denn Diomer und ich wollten unbedingt ein Kind haben. Scheußliche Gedanken über die Folgen für unser Leben oder für das unseres gemeinsamen Babys verjagten wir einfach. Wir waren davon überzeugt, dass wir alle Schwierigkeiten meistern konnten, denn wir hielten unsere Liebe für stärker als die geballte Macht der FARC. Gewaltiger als irgendeine Kraft von außen, die versuchen könnte, unser Glück zu zerstören.

Als meine Periode ausblieb und meine Brüste zu schwellen begannen, als ich mir meiner Schwangerschaft vollkommen sicher war, versprachen Diomer und ich uns gegenseitig, niemandem etwas zu verraten, auch nicht unseren engsten Freunden. Kein Mensch durfte unser Geheimnis teilen, um es in einem unbedachten Moment vielleicht auszuplaudern. Denn das hieße, unser Glück aufs Spiel zu setzen. Schließlich galt die Regel, dass bis zur achten Schwangerschaftswoche, manchmal auch noch danach, Guerilleras gezwungen wurden abzutreiben. Mir durfte das nicht passieren, mir nicht! Diomer konnte vor Entzücken kaum an sich halten, so sehr freute er sich auf unser Baby. Immer, wenn wir uns während unserer Aktivitäten im Camp über den Weg liefen, hüpfte er wie ein junges Fohlen und winkte mir zu, bis ich außer Sichtweite war. Und bei jeder nur möglichen Gelegenheit kniff er sanft in meine Brüste und staunte wie ein kleines Kind über das bisschen cremige Flüssigkeit, das aus ihnen heraussickerte.

Kampf um mein Baby

In dieser Zeit veränderte ich mich. Natürlich war ich glücklich, doch auf einmal fürchtete ich mich vor den bewaffneten Kämpfen. Der Gedanke an Blut und Grausamkeiten erschreckte mich maßlos. Zugleich war da die ständige Angst, entdeckt zu werden. Was würde sein, wenn sie doch herausfanden, dass ich schwanger war? Die körperlichen Veränderungen konnte ich sehr lange verbergen, die seelischen jedoch nur mit allergrößter Mühe. Ein harscher Befehl, ein raues Wort oder auch nur eine böse Bemerkung über irgendeinen unserer Leute, und ich zuckte zusammen. Ein schiefer Blick, und schon füllten sich meine Augen mit Tränen. Das musste irgendwann auffallen.

Eines Morgens, während ich gerade den Auftrag hatte zu errechnen, welche Mengen Reis, Bohnen und andere Lebensmittel für die derzeit im Camp anwesenden Guerilleros gebraucht wurden, gesellte sich plötzlich ein *comandante* zu mir. Er war ein Freund meines Vaters, er kannte mich gut.

»Diana, was ist mit dir los? Was hast du?«

»Nichts!«, sagte ich. »Gar nichts! Und jetzt muss ich sofort meine Aufstellung für die Einkäufe in das Küchenzelt bringen. Die warten schon darauf.«

Ich versuchte, mich an ihm vorbeizuschieben, aber er packte mich am Arm und blickte mir ins Gesicht.

»Diana, kann es sein, dass du schwanger bist?«

»Nein, *camarada*, wieso denn?«

»Wann war deine letzte Periode?«

Diese Frage brachte mich aus der Fassung. Ein Schluchzen erschütterte meinen Körper, und ich hatte keine Kontrolle mehr über mich, als mir die Tränen in Bächen über die Wangen strömten. Weitere Fragen waren überflüssig. Der *comandante* hielt mich fest und sagte in einem Ton, der jeden Widerspruch ausschloss, dass ich dem obersten Kommandanten sofort Bescheid sagen müsse. *»Sueltame!* Lass mich los!«, rief ich und stürzte davon.

Diomer war gerade nicht im Camp, und so musste ich mit meiner Angst allein fertig werden. Ich ermahnte mich streng, nicht dauernd zu weinen. Ich durfte nicht noch mehr auffallen. Von dem herrlichen Gefühl, der FARC zu trotzen, war plötzlich nichts mehr übrig. Mit einem Schlag war es wie ausgelöscht. Stattdessen stiegen böse Bilder in mir auf, und ich stellte mir vor, wie mich die *comandantes* herbeizitierten, wie sie alle gleichzeitig auf mich einredeten und zur Abtreibung zwangen. In meinen Träumen lief ich nachts mit blutenden Händen durch das Camp, ein lebloses Schäfchen im Arm, ein nacktes, geschorenes Schäfchen. Ich irrte umher und suchte Hilfe, aber niemand achtete auf mich, niemand interessierte sich für mich und mein totes Tierchen.

Ich spürte, wie meine Angst täglich wuchs, und strich immer wieder mit langsamen Bewegungen über meinen Bauch, um mein Baby und mich zu beruhigen. Zwei, drei Tage vergingen, dann geschah genau das, wovor ich mich gefürchtet hatte: Ich erhielt den Befehl, einen Arzt aufzusuchen. Meine Schwangerschaft sollte eindeutig festgestellt werden.

Ich brüllte dem Kommandanten ins Gesicht: »Wieso denn? Ich habe nur zugenommen, ich habe zu viel Mais und Kartoffeln gegessen. Ihr werdet schon sehen, ich bin überhaupt nicht schwanger! So eine dumme, überflüssige Aktion! Lass mich lieber die Waffen putzen!«

Aber er lachte mich aus. Ein älterer Guerillero und eine Kämpferin, die ich nicht kannte, holten mich gleich am nächsten Morgen ab. Sie liefen mit mir die Strecke bis zur Straße – der übliche Pfad durch das grüne Dickicht des Urwalds –, stiegen mit mir in ein wartendes Auto und brachten mich in einen Ort mit einer größeren Krankenstation, einen Ort, wo sich die FARC auskannte und die Bewohner mit uns zusammenarbeiteten. Wir betraten die Krankenstation, in der ich untersucht werden sollte. Meine Begleiter warteten mit mir auf die Krankenschwester, und als sie erschien, weigerten sie sich, mich mit ihr allein zu lassen. Sie trauten mir nicht.

Als die Krankenschwester, eine hagere kleine Frau, erfuhr, was die *compañeros* von ihr verlangten, riss sie die Arme hoch und rief: »Einen Schwangerschaftstest? Nein, das geht nicht. Eine Untersuchung? *Ni pensar* – undenkbar! Wir haben hier keine Schwangerschaftstests, keine Geräte, schaut her, hier gibt es nur Pflaster und Verbandszeug, Spritzen gegen Schlangenbisse, ein paar Krücken, Mittel gegen Hakenwürmer, Tabletten gegen Tripper …«

Der Guerillero unterbrach sie und schrie sie an, sie solle endlich das Maul halten. Er platzte fast vor Wut, und ich – ich beeilte mich zu sagen, dass ich sowieso nicht schwanger sei, dass wir gar keine Tests oder Geräte bräuchten. Die ganze Aktion sei vollkommen überflüssig, nun sollten wir doch endlich ins Camp zurückkehren. Natürlich hoffte ich vergeblich, denn sie beschlossen, mich in die nächste Stadt zu schaffen, in der es eine richtige Klinik gab.

Da die zwei *camaradas* wussten, dass es in dem Ort nur so von Polizei und Soldaten wimmelte, und sie befürchteten, erkannt zu werden, befahlen sie der hageren jungen Frau, mich dorthin zu begleiten. Sie würden zurückbleiben und auf uns warten, egal, wie lange wir bräuchten.

Bevor wir uns auf den Weg machten, musste ich meine Kampfuniform ablegen und mir eine lange Hose, ein T-Shirt und Turnschuhe von der Krankenschwester ausleihen. Die *compañeros* fuhren uns bis an den Stadtrand und versahen mich mit dem nötigen Geld für den Arzt. Dann ließen sie die Frau und mich aussteigen, bläuten uns ein, uns zu beeilen und ja keine Bar zu betreten, wo wir bestimmt mit anderen Leuten herumquatschen würden. Wir sollten uns bloß keinerlei *vaina*, keine Sauerei, einfallen lassen.

»Diana! Kein Fluchtversuch, wenn du dein Leben liebst!«, drohte der Guerillero, betonte jedes Wort einzeln und spuckte dann kräftig aus.

»Denk an deinen Vater und denk an Diomer«, fügte die Guerillera hinzu, »du weißt, was mit ihnen passiert, wenn du abhaust!«

Warum sollte ich abhauen? Warum sollte ich diejenigen

gefährden, die ich am meisten liebte? Ich verstand nicht, warum sich diese zwei *compañeros* so feindlich mir gegenüber verhielten. Ich war keine Verräterin, keine Deserteurin, keine Spionin, keine *sapo*, also keine Informantin, die den Feinden zuarbeitete. Ich war in keiner Weise verdächtig. Ich erwartete bloß ein Baby, und der Vater des Kindes war auch nicht suspekt – warum also bedrohten mich die *camaradas?* Weil sie neidisch sind, sagte ich mir, um mich zu beschwichtigen. Weil die Frau auch gerne Mutter wäre und der Mann ein liebender Vater. Weil sie nicht ertragen, dass ich ein Kind zur Welt bringe und sie nicht.

Die hagere Frau von der Krankenstation und ich machten uns also auf den Weg durch die Stadt. Mit jedem Schritt schien sie noch dünner, noch kleiner zu werden. Sie hetzte mit zusammengepressten Lippen durch die engen, verstaubten Gassen voller Menschen, Straßenverkäufern und lärmenden Kindern. Ich humpelte so gut ich konnte hinter ihr her, ihre Turnschuhe waren mir einige Nummern zu klein und drückten. Die Frau sagte kein Wort, der heikle Auftrag hatte ihr wohl die Sprache verschlagen. Vielleicht merkte sie auch, wie angespannt und unglücklich ich war, sie stellte jedenfalls keinerlei Fragen und zupfte nur ein paar Mal unruhig an mir herum, bis meine Kleidung einigermaßen saß. Niemand läuft gerne mit einer Guerillera durch eine Stadt, in der Polizei und Militär stationiert sind.

Aber nichts Unangenehmes geschah, und wir erreichten unbehelligt die Klinik. In einem kleinen weiß getünchten Raum musste ich mich auf eine Liege legen, und ein hübscher junger Arzt machte einen Ultraschall. Gebannt schauten der Arzt, meine Reisebegleitung und ich auf den Schirm. Da – ein schwimmendes Bläschen, mein eigenes winziges

Baby! Überwältigt hielt ich die Luft an. Für mich war es wie ein Wunder, dass ich mein Kind schon vor der Geburt mit eigenen Augen erkennen konnte. Am liebsten hätte ich den Bildschirm geküsst, wie man das Foto eines geliebten Menschen küsst, aber natürlich hielt ich mich zurück. Als ich das Zimmerchen wieder verließ, wusste ich nicht, ob ich vor Sorge weinen oder vor Freude in die Luft springen sollte. Extrem angespannt lief ich mit der Krankenschwester wieder hinaus auf die Straße. Eine geballte, übermächtige Ladung aus Angst, Glück und Kampfbereitschaft stürmte auf mich ein. Es war, als tobten drei verrückt gewordene Mächte in meiner Seele.

Doch dann bewegte sich das Baby zum ersten Mal ganz zaghaft in meinem Bauch, und ich spürte, wie die Glücksgefühle über die Ängste siegten. Ich versprach meinem quicklebendigen Kind, das ich soeben auf dem Schirm erblickt hatte, dass ich es auf die Welt bringen würde. Dafür wollte ich kämpfen mit den Kräften einer Löwin.

Die zwei Guerilleros erwarteten uns voller Ungeduld und waren natürlich kein bisschen überrascht, als ihnen meine Schwangerschaft bestätigt wurde. Auf dem Weg zurück ins Camp setzte sich der ältere Guerillero neben mich auf den Rücksitz des Autos und versuchte, mich umzustimmen.

Eindringlich redete er auf mich ein: »Diana, weißt du überhaupt, was es bedeutet, wenn du das Kind bekommst? Es schadet deiner militärischen Karriere bei der FARC, einen hohen Posten als Kommandantin kannst du vergessen! Außerdem musst du dein Kind weggeben. Zwei, drei Monate nach der Geburt, vielleicht auch schon früher wird es dir aus den Armen gerissen. Du weißt, dass du nichts dagegen tun kannst. Fremde Menschen werden es aufziehen. Willst du das? Ist das nicht dumm und verantwortungslos? Befreie dich von diesem Kind, lass es wegmachen, gleich morgen. Dann bist du wieder frei, das geht ganz schnell.« Ich schwieg. Was sollte ich ihm auch sagen? Dass mich nichts und niemand davon abbringen konnte, dieses Baby zu kriegen?

Zurück im Camp, nahm ich meine üblichen Tätigkeiten auf – und wartete. Aber nichts geschah, nicht am nächsten Tag und auch nicht an den darauf folgenden Tagen. Ich verstand die FARC nicht mehr – was hatten sie mit mir vor? Warum bestellte mich kein Kommandant zu sich? Wieso wurde ich nicht bedrängt und eingeschüchtert? Weshalb griff niemand durch und machte kurzen Prozess?

Etwa zehn Tage später wusste ich, warum. Sie hatten Diomer ins Camp kommen lassen. Meine Freundin Elvira entdeckte ihn als Erste, kam zu mir gelaufen und flüsterte in mein Ohr: »Diomer ist da. Dort hinten steht er. Erschrick nicht, Diana!«

Und wie ich erschrak! Ich hatte ihn mehrere Wochen nicht gesehen, und als ich ihn erblickte, musste ich mir die Hand vor den Mund halten, um nicht aufzuschreien. Er hatte sich so verändert, dass ich ihn im ersten Augenblick kaum wiedererkannte. Er war derartig abgemagert, dass die Kampfuniform wie ein alter Lappen an ihm herunterhing. Die Augen waren blutunterlaufen, er musste in der letzten Zeit sehr viel getrunken haben. Wie finstere Schatten lagen die Augenringe über seinem schmal gewordenen, blassen Gesicht. Ich blieb wie angewurzelt vor ihm stehen und bekam nicht ein einziges Wort über die Lippen, so fremd schien er mir.

Diomer hatte gerade erst ein gewaltiges Gefecht gegen das Militär in einer der FARC-Bastionen in Caquetá überstanden, bei dem die Regierung sogar die Luftwaffe eingesetzt hatte. Viele von unseren Männern und Frauen waren gefallen, außerdem hatte die Armee nicht weit davon entfernt noch über hundert Gewehre, zahlreiche Pistolen, Mörser, Granatwerfer und Sprengstoff beschlagnahmt. War mein Liebster deswegen so dürr und so mitgenommen?

»Diomer, was ist mit dir? Was haben sie mit dir gemacht?«, wagte ich endlich zu fragen und strich vorsichtig über seine struppigen, schwarzen Locken. Voller Angst starrte ich in sein fahles Gesicht.

»Mit mir? Was soll schon sein, *mi negrita*, nichts ist mir.«

»Aber du siehst nicht mehr aus wie mein Diomer! Bist du krank?«

Als er mir endlich den Grund für seinen elenden Zustand nannte, blieb mir fast die Luft weg.

»Dianita, ich kann es selbst nicht glauben, aber es ist deine Schwangerschaft. Sie macht mich verrückt. Mir ist schwindelig, mir ist übel; kaum esse ich etwas, spucke ich alles wieder aus, alles. Es ist, als wäre ich schwanger und nicht du.«

Ich war sprachlos. Mir sollte übel und schwindlig sein, doch nicht ihm! Was war los? War er so sehr ein Teil von mir geworden? Hatte er so große Angst um mich und das Baby? Diomer, der immer sorglos in den Kampf zog, als wäre das Ganze ein Kriegsspiel unter Kindern, mein unbekümmerter Diomer brach zusammen unter *meiner* Schwangerschaft?

Er blickte sich kurz um, um sicherzugehen, dass niemand zuhörte, und flüsterte dann: »Im letzten Feuergefecht war es am schlimmsten. Als eine Kugel den *camarada* neben mir traf und er zu Boden fiel, sackte ich wie ohnmächtig neben ihm zusammen und kam nicht mehr hoch. Alle Kraft war aus meinem Körper gewichen. Ich dachte immer nur das eine – wenn ich jetzt sterbe, werde ich niemals mein Baby erleben. *Ay,* Dianita! Als ich spürte, wie das Blut meines verletzten *camaradas* warm über meine Hand rann, quollen mir Tränen aus den Augen. Mitten im Kugelhagel, Dianita, lag ich da und heulte!« Er schüttelte immer wieder den Kopf, so entsetzt war er über das, was mit ihm geschah. Er konnte es einfach nicht fassen und ich genauso wenig. »Ich weiß nicht, wie ich diesen Kampf überlebt habe, *mamita.* Am Ende haben sie mich mit den Verletzten und Toten vom Kampfplatz geschleift.«

Er grinste, aber in seinen weit aufgerissenen Augen lag ein verlorener Ausdruck, den ich an ihm noch niemals erlebt hatte. Die Geschichte seines seltsamen Leidens rührte mich zutiefst, und sein vertrauter Geruch, sein verzagtes Lächeln gingen mir durch und durch. Ich wollte ihn gerade in meine Arme schließen, als uns ein *camarada* plötzlich unterbrach. Er kam, um uns zum obersten Kommandanten des Camps zu bringen. Der *comandante* Esteban verlangte nach uns, wollte uns augenblicklich sprechen. Er war ein muskulöser Mann mit kurzen, stämmigen Beinen und einem massigen Oberkörper, ein Kämpfer, dem die geballte Härte des Guerillalebens in Fleisch und Blut übergegangen war. Ich habe mich immer vor ihm gefürchtet. Esteban saß an einem Tisch in seinem Arbeitszelt über ein knarrendes Funkgerät gebeugt.

Ohne auch nur einmal aufzublicken, sagte er in harschem Befehlston: »Das Kind wird morgen weggemacht. Drei Guerilleros werden Diana noch heute in die Stadt fahren, in der Klinik absetzen, warten, bis alles vorbei ist, und sie wieder hierher bringen. Der entsprechende Arzt weiß Bescheid. *Listo,* Diana, zieh dir Zivilkleider an, es geht gleich los.«

Diomer griff nach meinem Arm und krallte sich daran fest. Seine Augen flackerten, und ich spürte, wie seine Panik auf mich überging, wie sie meinen gesamten Körper durchzuckte. Blitzschnell erkannte ich, dass ich handeln musste, dass nur ich etwas tun konnte. Diomer war dazu nicht in der Lage. Kaum hatte ich beschlossen, mich zu wehren, war meine Angst verschwunden. Meine Entschiedenheit hatte sie einfach aufgefressen. Wenn dieser Mann dachte, ich würde mein Kind für die FARC opfern, hatte er sich geirrt!

Heute noch lache ich laut auf, wenn ich daran zurückdenke, wie ich dort stand, tief einatmete und dann vollkommen ruhig einen großen Schritt auf den *comandante* zuging. Ich zog Diomer mit und blieb so lange vor dem bulligen Mann stehen, bis er aufschaute und uns im gleichen Moment mit einer verächtlichen Handbewegung wegjagen wollte.

»*Listo!* Los, habe ich gesagt. Auf was wartet ihr noch?«

Ich blickte direkt in seine ärgerlich blitzenden Augen und log ihn an: »*Señor comandante,* es tut mir sehr Leid, aber ich bin am Ende des vierten Monats. Es ist zu spät, um das Kind abzutreiben.«

Das hatte er nicht erwartet. Er sprang von seinem grob zusammengehämmerten Schemel hoch, baute sich mit seinem bedrohlichen Oberkörper vor uns auf und schrie: »Das habt ihr mit Absicht getan! Ihr versucht, die FARC auszutricksen! Ihr hinterlistigen Dreckschweine! Glaubt ihr wirklich, ihr kommt damit durch?«

Bei jedem seiner Worte spritzte seine Spucke durch die Luft, angeekelt wichen Diomer und ich zurück. Er hatte uns durchschaut, das war auch nicht schwer, aber noch konnte er nicht beweisen, dass ich log. Der Arzt aus der Klinik hatte bloß meine Schwangerschaft bestätigt, sonst nichts. Jetzt durfte ich nicht aufgeben, also setzte ich an, seine Anschuldigungen lauthals zu bestreiten. Aber er ließ mich kaum zu Wort kommen, schrie, ich solle mein Maul halten, er wolle nichts mehr von uns sehen oder hören. Meine Unerschrockenheit ließ ihn noch wütender werden, ich spürte seine Ohnmacht, er war wie von Sinnen. Er kam mir vor, wie ein rasender Hund an der Kette.

»Verschwindet, haut ab, ihr Hurensöhne, ihr werdet schon sehen, was jetzt mit euch geschieht!«

Als wir außer Sichtweite waren, fielen Diomer und ich uns erschöpft in die Arme.

»Die Strafe wird schrecklich«, sagte Diomer, »so einer kennt keine Gnade.«

Tatsächlich hatte die Strafe, die sie uns auferlegten, nur ein einziges Ziel: Ich sollte mein Baby auch ohne einen medizinischen Eingriff verlieren. So kam es, dass sie Diomer, mich und zwei weitere Guerilleros, die ebenfalls Strafen verbüßen mussten, zusammen mit drei Bewachungspersonen auf eine Finca schickten, die der FARC gehörte. Dort wartete harte körperliche Arbeit auf uns. Nach sieben Stunden Fußmarsch erreichten wir das Haus. Es hatte kein Licht und kein Wasser, und der Boden war aus fest gestampftem Lehm. In den Matratzen hausten Legionen von Kakerlaken. Man hatte uns aufgetragen, die Felder um das Haus urbar zu machen, die verwilderte Bananenplantage zu säubern, sie mit Sichel und Machete zu lichten und von Ungeziefer zu befreien. In dem anschließenden Stück Wald sollten wir um die fünfzig Bäume fällen, die Stämme abtransportieren und auf die Lichtung dann Mais und sogar Reis pflanzen. Vom ersten Tag an unterliefen die *compañeros*, und zwar alle von ihnen, die grausame

Taktik der Kommandanten. Beim Fußmarsch durfte Diomer meinen Proviant tragen, und im Haus angekommen, spannten die Männer eine Hängematte zwischen zwei Mandelbäume und befahlen mir, mich auszuruhen.

Gleich am nächsten Morgen begannen sie mit der Arbeit. Sie bearbeiteten den Acker, pflückten massenweise Bananen – die Früchte mussten noch grün sein, sonst pickten die Vögel Löcher hinein – fällten und schleppten Bäume. Dann holten sie mit Eimern das Wasser, das wir zum Waschen und Kochen brauchten, aus dem Brunnen hoch und besorgten Brennholz. Und ich – ich wurde geschont. Ich blieb in der Küche, kochte und wusch ab. Sonst nichts. Ohne sich abzusprechen, ohne auch nur ein einziges Wort darüber zu verlieren, hatte jeder Einzelne für sich beschlossen, mein Baby zu retten. Diomer erholte sich von seinem Leiden. Ihm war weder übel, noch wurde ihm schwindlig, und er erwachte wieder zum richtigen Leben. Wir schmusten und redeten die Nächte durch. Kaum schlief ich ein, zupfte Diomer an meinem Ohrläppchen, und ich kroch noch näher an ihn heran, um im Halbschlaf nichts von all den schönen Dingen zu verpassen, die er mir sagte. Manchmal legte er seine Wange auf meinen Bauch und redete mit unserem Baby.

»Hijito!«, flüsterte er, denn er war sicher, dass wir einen Jungen bekommen würden. »Mein kleiner Sohn, du wirst ein starker Mann werden, ein mutiger, gut aussehender Mann wie dein Vater! Du wirst sehen, du und ich, wir werden die besten Freunde.«

Erst bei Sonnenaufgang, wenn die ersten Vögel erwachten und ihre *canticos*, ihre Liedchen, durch die vergitterte Öffnung unserer winzigen Kammer drangen, verstummte Diomer. Erschöpft schlief er dann ein.

Um sechs Uhr früh begann bereits unser Tag. Draußen war es noch kühl, die Männer bespritzten sich am Brunnen mit Wasser, und während ich Kaffee kochte, hörte ich, wie sie meinen Diomer aufzogen: »Macht ihr es noch? Die *barriguita*, das Bäuchlein, diese pralle Kugel – ist sie nicht im Weg? Will sie überhaupt noch, deine Diana?«

Diomer lachte und prustete ihnen Wasser ins Gesicht, sie alberten und sprangen herum wie kleine Jungen. Dann tranken sie ihren Kaffee, schulterten ihr Werkzeug und machten sich schnell wieder an die Arbeit. In diesen Wochen schwebten wir über den Wolken vor Glück. Diomer und ich glaubten wieder einmal ganz fest, dass wir stark genug waren, um alle Hürden dieser Welt zu nehmen. Was auch immer passieren mochte, uns würde nichts und niemand jemals trennen, und unser Baby gehörte uns – kein FARC-Gesetz, kein *comandante*, keine Strafandrohung würde uns in die Knie zwingen. Uns nicht!

Nur manchmal, hin und wieder, verzagte ich doch, nämlich wenn die Männer irgendwo weit entfernt arbeiteten und nirgends eine menschliche Stimme oder ein Lufthauch zu vernehmen war. Wenn es nur brütende Hitze, Insektenstiche und Rückenschmerzen gab. Verschwitzt bis unter die Haarwurzeln ließ ich mich dann in die Hängematte fallen, und eine maßlose Angst zog mir langsam die gesamte Kraft aus dem Körper. Was, wenn mit mir etwas Unvorhergesehenes geschah? Plötzliche Blutungen oder vorzeitige Wehen? Und was, wenn mein Baby nicht kräftig genug war, um auf dieser Welt zu überleben? Seitdem ich mein Kind erwartete, hatte mich kein einziger Arzt untersucht. Wie sollte ich wissen, ob es dem *bebesito* gut ging, ob es gesund war? Ich legte die

Hände auf den Bauch, und wenn sich minutenlang in mir nichts bewegte, betete ich, mein Kindchen möge nur eingeschlafen sein, trommelte gegen die Bauchdecke, um es aufzuschrecken. Manchmal wurde ich böse auf den armen, irgendwo in der Bananeplantage rackernden Diomer: Warum blieb er nicht einfach bei mir? Wieso ließ er mich so lange allein? Doch anschließend schämte ich mich. Außerdem rechnete ich jeden Tag damit – und zitterte bei der Vorstellung –, es könne doch noch irgendein Kommandant beschließen, Diomer zu einem Gefecht oder zu einer anderen Operation abzukommandieren. Wir begriffen sowieso nicht, wieso wir gemeinsam auf diese Finca geschickt worden waren. Vielleicht, so dachte ich mir, vielleicht wollen sie, dass Diomer bei mir ist, wenn ich mein, nein, unser Baby verliere – sie wissen ja nicht, dass ich weder Bäume fälle noch Bananenstauden schleppe. Sie ahnen nicht, dass ich und das Kindchen geschont und beschützt werden.

Zum Glück verlief die Schwangerschaft ganz normal. Doch ungefähr vier oder fünf Wochen nach unserer Ankunft geschah etwas anderes, etwas Entsetzliches. Es traf uns wie ein tödlicher Blitz aus heiterem Himmel.

Eines Nachts wachte ich auf, weil Diomer in meinen Armen lag und am ganzen Körper zitterte. Er glühte und musste hohes Fieber haben. Gleichzeitig überfiel ihn ein so starker Schüttelfrost, dass ich im Dunkeln hörte, wie seine Zähne aneinander schlugen. »*Sandrita*, Dianita, was ist mit mir los? Mir tut alles weh, der Kopf, die Arme, die Beine, jeder Muskel. Was passiert bloß mit mir?«

»Mein Gott, Diomercito, du bist krank, du musst sehr krank sein!«

Barfuß tapste ich in die kleine Küche, tauchte schnell ein Unterhemd in den Wasserbottich, wrang es kurz aus und legte es Diomer auf die Stirn. Aber es nützte nichts. Diomers Körper brannte wie Feuer. Zunächst glaubten wir, dass er eine schwere Grippe hätte. Doch als er begann, wirres Zeug zu reden, und kaum noch Luft bekam, wussten wir, dass wir Hilfe holen mussten. Wie sich herausstellte, hatte Diomer *depaludismo cerebral,* die schlimmste, gefährlichste Form der Malaria. Ein *zancudo,* eine infizierte Mücke, muss ihn in den Bananenfeldern gestochen haben. Ich habe noch nie eine so schreckliche, eine so böse Krankheit erlebt. In den Camps hatte ich Schwerverletzte versorgt, Wunden desinfiziert, die so tief waren, dass die Knochen durch die klaffenden Öffnungen zu sehen waren, hatte Männer stöhnen und schreien gehört, wenn sie ohne Betäubungsmittel genäht wurden. Aber das war eine milde Erfahrung, verglichen mit dem, was mit Diomer passierte. Ihm versagte die Sprache, und er konnte nicht mehr ohne Hilfe aufstehen. Er konnte sich überhaupt kaum noch bewegen. Morgens musste ich ihn ankleiden und waschen, während zwei *camaradas* ihn stützten.

Einem unserer Männer gelang es kurz darauf, endlich einen führenden Kommandanten per Funk zu erreichen, doch erst zwei Tage später wurde Diomer abgeholt und in einem kleinen Laster nach Cúcuta ins Hospital gebracht. Die *camaradas* hatten Zivilkleider aus einem Camp für ihn dabei – natürlich durfte keiner im Krankenhaus wissen, dass Diomer von der FARC war. Ich habe ihm die Hose über die Beine gezogen, den Reißverschluss geschlossen, sein Hemd zugeknöpft und zum Abschied leise auf ihn einredet: »*Mi amor,* verzweifle nicht, du weißt, wie groß das Hospital in

Cúcuta ist, die haben die besten Ärzte, *mi amorcito,* die haben Spezialisten. Ich bete für dich, komm bald zurück, unser Baby braucht dich!«

Ich versuchte, meine eigene Verzweiflung zu verbergen, doch kaum hatten sie Diomer in den Wagen geschleift, rannte ich in den Wald. Ich flehte Gott und alle Heiligen an, meinen Diomer nicht sterben zu lassen. Ohne ihn hatte alles, was ich durchgestanden hatte, nicht den geringsten Sinn. Ohne ihn schien mein ganzes Leben seine Bedeutung verloren zu haben. Ein Kind bei der FARC zu bekommen – ohne meinen Diomer? Ich wollte es mir nicht vorstellen, mir war sowieso schon, als wäre ich in eine tiefe Schlucht gestürzt, aus der mir niemand heraushelfen konnte.

Nachdem Diomer weg war und ich genau wusste, dass ich niemals erfahren würde, wie es ihm ging, dass kein Mensch mich über seinen Zustand informieren würde, fasste ich einen gewagten Entschluss. Ich würde mir Zivilkleider beschaffen, irgendeine Hose und ein Hemd, und nachts heimlich nach Cúcuta türmen.

VIII. Wohin mit mir?

Schutzlos

Um es gleich zu sagen: Ich bin nicht nach Cúcuta getürmt, und das war mein Glück. Ein himmlischer Geist oder vielleicht auch mein weiser, kluger Schutzengel hat mich davor bewahrt. Ich hatte mich still und heimlich schon für die nächtliche Flucht vorbereitet: Eine Plastiktüte mit Hemd, Jeans, Turnschuhen und einer vollen Wasserflasche lagen griffbereit hinter dem Haus unter den gestapelten Holzscheiten. Doch irgendwann am frühen Abend rief ein *camarada* laut meinen Namen: »Diana, wo steckst du? Diana, ich muss dich sprechen, sofort!«

Ich hockte im Schatten des dicken Baumes neben dem Brunnen und schrieb eine kurze Nachricht an meine Leute: »Liebe *camaradas,* verpfeift mich nicht, wenn mein Leben euch etwas bedeutet. Ich bin nicht desertiert, das würde ich niemals tun, ich muss nur wissen, wie es Diomer geht und ob sie ihn retten konnten. In drei Tagen bin ich wieder zurück, ich verspreche es!«

»Ich sitze am Brunnen«, rief ich zurück, steckte meinen Zettel in die Hosetasche und spürte, wie sich mein Herz zusammenkrampfte. Bestimmt lauerte eine Horrorbotschaft auf mich! »Diana«, sagte der *camarada,* »ich habe eine Nachricht für dich.«

»*Ay mijito,* eine Nachricht für mich? Es geht um Diomer, stimmt's? Etwas Schreckliches ist passiert!«

»Nein, du verliebtes Dummerchen, ganz ruhig. Es geht um deinen Vater. Er ist gerade in Pueblo Nuevo und möchte sich morgen mit dir in der Bar *Agua Dulce* am Hauptplatz treffen. Und keine Angst, du weißt ja, in diesem Ort stehen die Leute auf unserer Seite.«

Ich lehnte den Kopf an den Baumstamm hinter mir und stöhnte vor Erleichterung auf. Doch meine Freude hielt nicht lange an, als mir klar wurde, dass mein geliebter *papá* ja von der Schwangerschaft überhaupt nichts wusste. Zum ersten Mal in meinem Leben hatte ich Angst vor meinem Vater. Bestimmt würde er mich beschimpfen und mir heftige Vorwürfe machen. Womöglich würde er sogar toben. Ich wurde unruhig und fing so stark an zu schwitzen, dass mein Rücken unter den langen Haaren binnen Sekunden tropfnass war. Gerade mein Vater mit seinen strengen Prinzipien konnte gar nicht anders, er musste einfach entsetzt reagieren: »Wie kann man als kluge, kämpferische Guerillera ein Kind in die Welt setzen?«, würde er ausrufen. »Du weißt doch, dass bei der FARC keine Kinder erwünscht sind, dass Guerilleras ihre Babys abtreiben, dass du dein Kind bestimmt niemals großziehen wirst. Man wird es dir wegnehmen.«

Er wird sehr laut werden, dachte ich mir, steckte meine feuchten Haare hoch und wischte mir den Schweiß aus dem Gesicht. Er wird zwischen den einzelnen Vorwürfen die Lippen fest aufeinander pressen und die Augenbrauen über der Nase zu einer strengen Linie zusammenziehen, wie immer, wenn er zornig ist. Außerdem ist Diomer für ihn wie ein rotes Tuch, er hält ihn für einen Trunkenbold, der meiner nicht würdig ist. Das macht alles noch schlimmer.

Als ich mich am nächsten Morgen über mehrere Hügel und viel Urwaldgestrüpp die zwei, drei Kilometer bis nach Pueblo Nuevo kämpfte – der Pfad, den die *compañeros* geschlagen hatten, war fast völlig überwuchert –, wurde mir schrecklich heiß in meiner Uniform und den hohen Gummistiefeln. Ich knöpfte meine Jacke auf und fächerte mir mit meiner Kappe Luft zu. *»Bebesito«*, sagte ich leise in Richtung Bauch, »ist dir auch so heiß? Spürst du meine Angst? Er wird mich fertig machen, mein Vater. Hoffentlich schlägt er uns nicht.«

Mein Vater stand vor der Bar *Agua Dulce* mit einer Flasche Bier in der Hand und hielt nach mir Ausschau. Kaum hatte er mich entdeckt, stellte er das Bier auf den Boden und lief mir entgegen. Wie immer nahm er zur Begrüßung meinen Kopf zwischen seine Hände, schaute mir in die Augen, griff mir dann unter die Achseln und hob mich in die Luft, um mir einen Kuss zu geben. Als er mich hochstemmte, blieb sein Blick an meinem Bauch haften, gebannt starrte er auf die pralle kleine Kugel, die kaum noch verbarg, dass ich schon im fünften Monat war.

»Ich habe Bauchweh, *papito*, Blähungen, schreckliche Blähungen. Mein Bauch ist komplett aufgepumpt mit Luft«, stotterte ich und senkte meinen Blick. Er war mein allerliebster Vater, ich konnte ihm nicht in die Augen sehen, wenn ich ihn anlog.

»Mit Luft, Sandrita? Ich meine, Dianita, in deinem Bauch ist – Luft?!«

»Na ja, es ist nicht *nur* Luft. Ich muss dir etwas erzählen. Es gibt da etwas, was du wissen musst …«, stammelte ich und wand mich. *Ay mamita*, du liebe Güte, mein Mut hatte mich gerade verlassen, und ich fürchtete mich wie eine arme, ertappte Sünderin vor dem Jüngsten Gericht.

Es mag seltsam klingen, aber meinen Vater zu verärgern, ihn zu enttäuschen – das war einfach schrecklich für mich! Davor hatte ich mehr Angst als vor einem tödlichen Feuergefecht. Wenn ich ihn zornig mache, dachte ich, dann liebt er mich nicht mehr, und wenn er sich von mir abwendet, dann bin ich verloren. Diese Verzweiflung kannte ich: Ein tadelnder Blick meines Vaters genügte, und ich wurde ganz klein und zitterte wie ein geprügeltes Hündchen. Deswegen habe ich jeglichen Gedanken zu desertieren immer sofort verjagt. Es gab ein paar gute Gelegenheiten, wegzurennen und aus der Guerilla auszusteigen, doch ich habe sie nie ergriffen. Niemals hätte ich zum *sapo,* zum Verräter, werden wollen. Ewig bedroht, weil man als Überläufer dem Militär zuarbeitet! Undenkbar für mich, meinem *papito* zu schaden oder ihn zu enttäuschen, ihn gar zu gefährden! Mag sein, dass all die Leute im Recht sind, die meinen, mein Vater allein sei schuld an meiner Misere und habe mein Leben zerstört. Nur wissen sie nicht, wie es ist, nur einen einzigen Menschen auf der Welt zu haben, auf dessen Liebe Verlass ist. Und dieser Mensch ist und war nun mal mein *papá.*

Außerdem erkenne ich heute, dass es im Leben eines Menschen vielleicht einen, zwei, höchstens drei Augenblicke gibt, die sich von allen anderen wichtigen Augenblicken unterscheiden. Sie stellen die Weichen für die Zukunft, eine Umkehr ist unmöglich.

Als ich mich mit elf Jahren gegen meine Mutter und für meinen geliebten *papito* entschied, als ich mich weigerte, bei meiner Mutter zu bleiben, da habe ich selbst das Leben einer Guerillera gewählt – auch wenn ich keine Ahnung hatte, worauf ich mich einließ. Ich war ein Kind, eine dumme *niñita,* und habe ahnungslos einen Weg eingeschlagen, der meine Zukunft bestimmte.

»Mijita«, sagte mein Vater, »hör auf herumzustammeln. Ich weiß Bescheid. Man hat mich längst informiert.«

Er schaute mich an, und ich konnte keinen Vorwurf in seinen Augen sehen, keinen Ärger in der Stimme und keine Zornesfalten auf der Stirn erkennen. Ich hörte nur ein trauriges Seufzen, das seine Worte begleitete. »Dann bekommst du eben dein Kind. Ich hoffe, es wird ein Mädchen, eine süße Enkeltochter, eine wie du!«

»Und du bist nicht wütend?«

Nein, er war nicht wütend. »Haben sie dich sehr hart bestraft?«, wollte er wissen. »Musstest du schwere Arbeit auf dem Feld verrichten? Schlimme körperliche Strapazen erdulden?« Er war überhaupt nicht verärgert, er war besorgt. »Das Kind kann nichts dafür«, sagte er dann, »es soll jetzt leben!«

Für diesen Satz bin ich meinem Vater heute noch dankbar. Er sorgte dafür, dass ich in ein stationäres Camp zurückkehren durfte, weil er meinte, dass ich dort besser aufgehoben sei als in einer trostlosen Hütte irgendwo in der Wildnis. Doch was er nicht wissen konnte, war der Entschluss der *comandantes*, mich nach wie vor keineswegs zu schonen: Kaum war ich im Camp, hob ich Gräben für die Klos aus, schleppte Holz heran, säuberte Waffen, hielt nächtelang Wache. Am beschwerlichsten war der Kochdienst. Stundenlang stand ich am Feuer und bereitete für die gesamte Mannschaft, bestimmt sechzig Leute, das Essen zu. Bis eines Tages meine Beine einfach unter mir nachgaben. Ich wankte, knickte ein und fiel direkt vor dem offenen Feuer auf den Boden. Über meinen Augen flackerten die Flammen. Ich war im siebten Monat. Zwei aufgeschreckte Rebellen zerrten mich von der Feuerstelle weg, halfen mir auf die Beine und liefen dann geradewegs zu einem Kommandanten, um sich für mich einzusetzen.

Sogar unseren *comandantes* wurde mein Zustand allmählich unheimlich, und sie beschlossen, mich nach Arauca zu schicken. Man brachte mich bei einer *alcaldeza*, einer Bürgermeisterin, unter, die mit der FARC kollaborierte. Diese Frau war eine Hexe und entpuppte sich vor meinen Augen zu einer wahren Frauenschinderin. Vermutlich war ihr die Macht ihres Amtes derartig zu Kopf gestiegen, dass sie glaubte, mit mir umspringen zu können, wie es ihr gefiel. Ich musste ihr das Frühstück ans Bett bringen, das Mittagessen zubereiten, sie anschließend bei Tisch bedienen, ihr die Schuhe putzen und vor ihrem Bett aufstellen, um nur einige ihrer Anordnungen zu nennen. Als sie mir eines Tages befahl, ihre vor Schmutz starrenden Fenster zu putzen, klagte ich über Rückenschmerzen, drückte die Hände auf mein Kreuz und erklärte schlicht: »Das ist mir zu viel!«

Da lachte sie mich aus und meinte, ich bräuchte keinen Tag länger bei ihr zu bleiben. »Ich bin es sowieso leid, eine von der FARC zu beherbergen, eine faule noch dazu. Außerdem ist das Ganze sowieso viel zu gefährlich!«

Noch am gleichen Tag brachte sie mich zu einer wenige Kilometer entfernt gelegenen Finca, die ihr gehörte und von einem Verwalter beaufsichtigt und bewirtschaftet wurde. Dieser freche, unverschämte Typ machte sich auf der Stelle an mich heran, wobei ihn mein deutlich hervorstehender Bauch kein bisschen abschreckte. Er schlief in einem Zimmer, das direkt neben meinem lag, und säuselte gleich in der ersten Nacht vor dem Schlafengehen: »*Mamita*, komm zu mir ins Bett, leg dich zu mir. Wenn du willst, komme ich auch zu dir herüber.«

Ich bekam eine Heidenangst und schob mein Bett mit ganzer Kraft vor meine Schlafzimmertür. Auf der anderen Seite lag der Verwalter auf der Lauer und hörte nicht auf, schleimige Worte durch das Schlüsselloch zu säuseln – wie schön ich sei, wie unwiderstehlich, eine süße Prinzessin, und ich solle bitte die Tür aufmachen.

»Ich tu dir doch nichts, ich schwöre es dir!«, beteuerte er.

Doch ich wusste, was ich von solchen Versprechungen zu halten hatte. Also stellte ich mich schlafend und schnarchte so laut und lange, bis er endlich aufgab. In der zweiten Nacht schnauzte ich ihn an, er solle mich gefälligst respektieren und mich in Ruhe lassen. »Ich liebe Diomer, den Vater meines Kindes«, rief ich, »hau ab!«

Aber ich hätte genauso gut auf einen brünstigen Stier einreden können. Am dritten Tag prahlte er, dass ich einen so stürmischen Liebhaber wie ihn bestimmt noch nie erlebt hätte, und versuchte, mich an sich zu drücken. Wütend stieß ich ihn weg. »*Hijo de Puta,* du Hurensohn, nimm deine verdammten Hände von mir!«

Spätestens jetzt wurde mir klar, dass ich verschwinden musste, denn dieser Verwalter war kurz davor, mich mit Gewalt zu nehmen. Während er damit beschäftigt war, Löcher im Drahtgitter des Hühnerstalls zu reparieren, packte ich schnell meine wenigen Sachen und schlich mich aus dem Haus. Es war vielleicht fünf Uhr nachmittags, und ich musste mich sputen, denn eine Stunde später war bereits Schlafenszeit. Länger konnte man nicht draußen bleiben, denn noch vor Anbruch der Dunkelheit griffen die Mückenschwärme an. Wer dann noch vor die Haustür ging, lief Gefahr, halb tot gestochen zu werden. Es war nicht weit bis in die Stadt, aber ich kannte den Weg nicht. Also huschte ich zunächst eine Schotterstraße entlang, die von der Finca wegführte, überquerte zwei breite Bäche und lief dann über Felder in die Richtung, die mir zu stimmen schien. Die Landstraße musste ich meiden, bestimmt suchte mich der Verwalter dort zuerst. Wenn er mich entdeckt und eingeholt hätte, dann würde er mich bestimmt mit Gewalt zurückschleppen. Nach etwa einer Stunde sah ich in einiger Entfernung hin und wieder Autoscheinwerfer aufleuchten und atmete auf. Müde, aber hoffnungsfroh erreichte ich eine recht breite, asphaltierte Straße, hockte mich an den Rand und beschloss auszuharren, bis irgendjemand vorbeikäme, den ich nach dem Weg nach Arauca fragen konnte. Ich hatte nicht die geringste Ahnung, wo ich war. Wehmütig dachte ich an Diomer, von dem ich überhaupt nichts mehr gehört hatte, von dem auch keiner meiner *camaradas* irgendetwas wusste. »*Tranquila*, Schwesterchen, ganz ruhig. Wenn er nicht mehr lebte, hätten wir es längst erfahren«, hatten sie versucht, mich zu beschwichtigen.

Jetzt saß ich allein im Dunkeln und flüsterte mir Mut zu, versuchte wieder einmal, mich und mein Baby zu beruhigen. »*Bebesito*, du hast auch gehört, was die *camaradas* gesagt haben – dein Vater lebt. Dein Vater kommt zurück, und du wirst ihn kennen lernen! Bald ist er wieder bei uns, deshalb müssen wir sehr stark sein, du und ich!«

Diese Selbstgespräche waren wie ein Gebet. Sie haben mir immer wieder geholfen, weiter durchzuhalten.

Irgendwann – ich kann nicht genau sagen, wie lange ich gewartet habe, bestimmt über eine Stunde –, irgendwann jedenfalls nahm mich eine Familie in ihrem Wagen mit nach Arauca. Das Auto war brechend voll, auf der Rückbank saßen vier oder fünf Kinder, aber sie rückten zusammen, und ich zwängte mich zwischen sie. Ich sagte den Eltern der Kinder, sie könnten mich ruhig am Stadtrand absetzen, aber sie schüttelten vor Entsetzen die Köpfe und erklärten mich für verrückt. Dann fuhren sie mich bis zum Haus der Bürgermeisterin Amparo. Ich hatte sie als meine Tante ausgegeben, weil mir keine andere Adresse eingefallen war, schließlich kannte ich niemanden außer ihr, die mich zwar gepeinigt, aber immerhin für einige Zeit bei sich aufgenommen hatte. Ich habe dem besorgten Ehepaar eine traurige Geschichte aufgetischt – hatte ich nicht reichlich Übung darin, mein wahres Leben zu verschleiern? –, und ich tat ihnen sehr Leid.

»Armes Mädchen, wie kann eine Tante ihre junge Nichte so allein auf unseren gefährlichen Straßen herumlaufen lassen! Das hier ist Guerillagebiet. Du kannst unserem Herrgott danken, dass du ein Baby erwartest, sonst hätten dich die Leute der FARC längst aufgegriffen und einkassiert!«

»Wirklich? Einfach so?«, fragte ich und fühlte mich sehr sonderbar.

»Ja, was glaubst du denn? Natürlich einfach so. Aber sag uns lieber einmal, wo der glückliche Vater deines Babys ist.«

Mir wurde immer mulmiger zumute, und deswegen habe ich als Antwort auf ihre Frage nur traurig geseufzt, worauf sie mich in Ruhe ließen. Es waren sehr mitfühlende Menschen. Wieder so eine junge, ledige, sitzen gelassene Mutter, mögen sie gedacht haben, und hatten damit leider nicht ganz Unrecht. Endlich hielten sie vor Amparos Tür. Zum Glück war sie da und schob mich eilends ins Haus. Dann machte sie mir auf der Stelle klar, dass sie mich keinesfalls bei sich behalten würde, auch nicht einen einzigen Tag. Außerdem wollte sie mir ums Verrecken nicht glauben, dass ihr Verwalter mich belästigt hatte, und brüllte auf mich ein: »Du bist eine einzige Last, eine Zentnerlast, eine wahre Plage!«

Diese Beschimpfungen kannte ich zur Genüge. Alle Zivilisten hatten Angst vor mir, jeder von ihnen wollte mich loswerden, jeder. Ich fühlte mich wieder wie damals, als ich ein kleines Mädchen war und abgeschoben und weggejagt wurde – bis ich zur FARC kam. Die Guerilla schickte mich zwar in den Kampf, aber sie hat mich niemals mit einem Tritt vor die Tür gesetzt.

Meine nächste Station war das Haus eines Taxifahrers, der mit Amparo befreundet war. Bevor sie mich dort ablieferte, höhnte sie: »Dort kannst du dir deine Lügenmärchen ersparen, der Mann ist Vater und Großvater, da laufen deine Verführungskünste ins Leere, *mijita.*«

Der Mann war wirklich freundlich, sogar fürsorglich. So dachte ich jedenfalls, als er anbot, mich ins Krankenhaus zur ärztlichen Kontrolle zu fahren und in seinem Taxi zu warten, bis ich wieder herauskam. Doch nach dem zweiten Mal bog er auf der Rückfahrt plötzlich in ein einsames Sträßchen, schaltete den Motor aus und griff mir mit beiden Händen an die Brust: »So schöne Brüste, *princesita!* So groß und prall! Komm, rück ein wenig näher, lass mich diese riesigen Titten ein wenig streicheln, nur ganz sanft!«

Ich war fassungslos. Schon wieder die gleiche Tour. Ich sehe mich noch heute dasitzen, vor Enttäuschung wie gelähmt, auf seine gierigen Finger starrend. Ich habe mich stets sehr locker gegen aufdringliche Männer zu wehren gewusst, habe sie geneckt und meine kleinen Scherze mit ihnen getrieben, um sie mir geschickt vom Leib zu halten, doch jetzt war alles anders. Seitdem ich mein Baby erwartete, war meine Haut so dünn, so durchlässig, dass mich jede Gemeinheit bis ins Innerste traf. Es durfte nicht wahr sein – ein fürsorglicher Familienvater und Opa entpuppte sich als sexhungriger Schleimer! Das hatte ich nicht erwartet, und ich spürte, wie sich meine Augen mit Tränen füllten. Erst Sekunden später siegte die Wut. »Sag mal, spinnst du? Ich bin bald im achten Monat, siehst du das nicht? Hast du keine Augen im Kopf? Wo bleibt der Respekt?«

Er kannte keinen Respekt.

»Sei doch nicht so streng, komm zu mir, mein *amorcito*, komm näher!« Er fummelte an den Knöpfen meiner Bluse herum und keuchte wie ein Tier. Das gesamte Auto füllte sich mit dem Geruch seiner ekelhaften Begierde.

»Das werde ich deiner Frau erzählen!«, rief ich und griff endlich nach der Türklinke.

»Nein, steig nicht aus, bitte! Was hat meine Frau mit uns zu tun? Ich bin doch ein Mann, kein richtiger Mann kann einer so hübschen *negrita* wie dir widerstehen.«

Er beugte sich über mich, hielt die Türklinke fest und ließ mich nicht aussteigen.

»Ich könnte deine Tochter, sogar deine Enkelin sein!«, schrie ich und versuchte, ihn wegzuschieben. »Wie fändest du es denn, wenn sich ein alter Mann wie du an deine Tochter, an deine Enkelin derart schamlos heranmachen würde? Du würdest ihn umbringen!«

Das wirkte.

Er gab auf, fuhr mich, irgendwelche Entschuldigungen

murmelnd, in sein Haus und befriedigte sich selbst während der Fahrt mit der linken Hand. Als ich, wie angedroht, seiner Frau alles erzählte, warf sie ihm das Kinderfläschchen, das sie gerade auffüllte, gegen den Kopf. Die Milch tropfte langsam über sein Gesicht, woraufhin seine kleine Enkelin lauthals lachte und die Ärmchen quietschend nach ihm ausstreckte. Doch der begossene Großvater stampfte schnaufend aus dem Zimmer. Jetzt lachte auch seine Frau. Aber für mich war das Ganze überhaupt nicht zum Lachen, denn nun rückten auch diese Leute von mir ab, vor allem die Frau ließ mich spüren, dass ich nicht mehr willkommen war. Sie sah mich nicht mehr an, wenn sie mit mir sprach, und wollte am liebsten gar nicht mehr mit mir reden. Ihr war die Angelegenheit so peinlich, dass sie mir deswegen nicht mehr in die Augen sehen konnte.

Ich benachrichtige meinen Vater, wie so oft, wenn die Dinge schief liefen. Was sollte ich sonst auch tun – sollte ich mein Kind in einem Haus zur Welt bringen, in dem mich niemand mehr haben wollte? In dem ich der Eindringling war, der nur Unruhe stiftete? Nein, dachte ich mir, ich muss hier weg, und fühlte mich vollkommen verloren auf dieser Welt. Mein Vater reagierte sofort und ließ mich zu einem kleinen Bauernhof, einer *finquita*, in die Nähe von *Agua Chica* bringen, wo Ligia, Alfonso und deren fast schon erwachsene Söhne und Töchter lebten.

Mein Vater kannte sie gut und schrieb mir, wie üblich auf einem von einem Guerillero überreichten Zettel, folgende Zeilen: »Mein Töchterchen, bei diesen noblen Menschen kannst du bis zur Geburt deines Kindchens bleiben, und danach auch noch. Ich kenne sie, seitdem du selbst auf der

Welt bist. Sie haben mein ganzes Vertrauen. Dein *papito*, der dich liebt.«

Diese Bauersleute waren wirklich so großherzig, wie mein Vater mir versichert hatte. Endlich fühlte ich mich geborgen, endlich behandelten mich normale Zivilisten wie ihresgleichen. Ganz langsam und allmählich heilten mich Alfonso und Ligia von meinem Misstrauen, Tag für Tag lösten sich die Krusten auf meiner angeschlagenen Seele. Alfonso war sogar bereit, mich den weiten Weg nach Cúcuta ins Krankenhaus zu fahren. Dort wollte ich mich nach Diomer erkundigen, obwohl ich wusste, dass er bestimmt schon längst nicht mehr dort war. Seine Malaria war entweder ausgeheilt, oder … nein, ich verbat mir, an das Schlimmste zu denken. Es konnte und durfte nicht sein. Aber irgendetwas mussten die Ärzte doch über ihn zu berichten haben – es war unerträglich, nicht zu wissen, was mit ihm geschehen war, warum ich nichts von ihm hörte. Je näher die Geburt rückte, desto intensiver und verworrener träumte ich von Diomer und von unseren gemeinsamen Nächten.

Angst, Glück und abgrundtiefe Verzweiflung

Die ersten Wehen setzten ein, noch bevor mich Alfonso nach Cúcuta fahren konnte. In meinem Bauch begann es schmerzhaft zu ziehen und zu zerren, meine Füße und Hände schwollen an, und alles an mir war dick und aufgedunsen. Als es losging, war nur Alfonso zu Hause, sein Sohn war mit Ligia im Auto unterwegs. Die Wehen fielen in immer kürzeren Abständen über mich her, als Alfonso verzweifelt vor der Haustür stand und nach dem Wagen Ausschau hielt.

Er konnte nicht mit ansehen, wie ich mich krümmte und leise vor mich hin jammerte: »Gleich bricht mein Rücken entzwei, alles tut weh, alles! *Dios mio,* mein Gott, mein Baby kommt, und keiner hilft mir!«

Wenige Minuten später hörte ich das Geräusch des Autos, endlich waren Ligia und ihr Sohn zurück! Sie packten mich sofort in den Wagen und rasten mit mir zum Gesundheitsposten nach Cúcuta, wo sie jemanden kannten. Als wir reinkamen – ich auf Ligia gestützt, stöhnend, beide Hände auf den Bauch gepresst –, schickte die Krankenschwester alle anderen Patienten nach Hause. Sie half mir beim Ausziehen, und als ich nackt auf der Pritsche lag, auf einem ekligen, mit alten Blutflecken gesprenkelten Bezug, sagte sie zu mir: »Keine Sorge, *mamita,* ich bin auch Hebamme, gleich ist dein Baby da.«

Ich presste genau so, wie sie mir befahl, und versuchte, mit aller Kraft das Baby aus meinem Bauch zu drücken. Schweißbäche strömten über meinen nackten Körper. Die Schwester deckte ein Tuch über mich, und wenn ich vor Schmerz aufschrie, legte sie ihre Hand auf meine nasse Schulter und redete besänftigend auf mich ein. Ich spürte ihre liebevolle Kraft, die mir sehr gut tat. Doch plötzlich hielt sie inne, und ich hörte sie sagen: »Hier kann das Kind nicht auf die Welt kommen.«

Dann erklärt sie mir, dass mein Baby falsch liege. Es schob sich nicht mit dem Köpfchen, sondern mit dem Po nach draußen in die Welt. »Ihr müsst nach Arauquita, dort gibt es einen Arzt, der einen Kaiserschnitt machen kann«, ruft die Krankenschwester und wirkt sehr aufgeregt.

Also packen mich Ligia und ihr Sohn wieder in ihren

Wagen und sausen noch einmal in rasendem Tempo mit mir davon. Die Sonne sticht durch die Scheiben des Autos, ich liege auf dem Rücksitz mit dem Kopf auf Ligias Schoß, die mir mit einem alten Hut Luft ins Gesicht fächelt. Die Schlaglöcher fahren wie Messerstiche in mein Kreuz, und ich jammere wie ein kleines Kind: »Wann sind wir da, wann sind wir endlich da?«

Plötzlich müssen wir anhalten. Der Grund dafür ist ein *retén,* ein Kontrollposten des Militärs, der die Straße versperrt. Ich bleibe gekrümmt und stöhnend liegend, aber ich habe die Augen nicht ganz geschlossen, damit ich mitkriege, was geschieht. Ligia kramt die Ausweise hervor und kurbelt das Fenster herunter. Der Soldat greift nach den Papieren, und ich sehe seine von Nikotin dunkelgelb gefärbten Finger, spüre wie mein Herz immer schneller schlägt. Als der Soldat seinen Kopf durch das Fenster schiebt, drücke ich die Augen fest zu und fange an zu wimmern. Da sagt Ligia ganz ruhig und bestimmt: »Gleich rutscht dieser kleinen Frau ihr Kind aus dem Bauch.«

»Und das Blut strömt aus ihr raus«, ergänzte ihr Sohn.

Prompt lassen uns die Soldaten weiterfahren und wünschen uns sehr viel Glück, *muchísima suerte.*

Aber ich habe noch immer kein Glück. In der Krankenstation von Arauquita findet sich kein einziger Arzt, der einen Kaiserschnitt vornehmen könnte. Wieder wollen sie mich wegschicken, irgendwohin, wo wir ganz bestimmt den richtigen Arzt finden, sie wollen dort anrufen. Aber das macht mein Baby nicht mit. Es hat genug. Es will raus. Die Wehen überrollen mich, lassen mir keine Zeit zu verschnaufen, und ich beginne zu schreien. »Ich kann nicht mehr! Ich kriege keine Luft, ich ersticke! Holt endlich mein Baby, egal, wie!«

Ein junger Arzt mit ängstlichen grauen Augen erklärt sich endlich bereit, den Kaiserschnitt zu wagen, der erste in seinem Leben. Ich bekomme eine Spritze, der Arzt macht irgendwelche Dinge mit mir, an die ich mich nicht erinnern kann, nur eines werde ich niemals vergessen: Noch bevor ich vollkommen betäubt bin, höre ich, wie er vor die Tür geht und zu Ligia sagt: »So sieht es aus – entweder die Mutter muss sterben oder das Kind. Was soll ich tun?«

Es vergeht eine endlose Sekunde, bis Ligia antwortet: *»Mi señor,* mein Herr, retten Sie bitte die Mutter.«

Dieser Arzt hat ein Wunder vollbracht. Es gelang ihm, mein durch starken Sauerstoffmangel blau angelaufenes Kind, meinem armen, fast ohnmächtigen Sohn, lebendig auf die Welt zu bringen. Ich habe den Kleinen Juan Carlos genannt, einer der vielen Namen, die Diomer und ich uns in den langen Nächten, die wir zusammen sein durften, überlegt haben. Nach der Operation sollte ich mich ausruhen. Ich kam in ein Zimmer, in dem noch einige andere Frauen lagen, manche jung, manche sehr alt. Nur zwei von ihnen hatten, wie ich, gerade entbunden. Ich habe keine Ahnung, welche Krankheiten die Frauen ohne Baby auskurierten, auf jeden Fall bekamen alle Besuch. Männer, Großeltern, weitere Verwandte, Freunde, viele herumtobende Kinder. Sie gingen dauernd ein und aus, lachten miteinander und erzählten sich Geschichten. Mich besuchte niemand. Ligia war nach Hause gefahren und hatte versprochen, mich nach einer Woche abzuholen. Doch nach wenigen Tagen geschah etwas Unheimliches, etwas, das mich zu Tode erschrak. Zwei fremde Männer schauten zur Tür herein, zwei neugierige Typen, die ihre Augen von Bett zu Bett wandern ließen und dann nach einer jungen Mutter namens Diana fragten. »Sie hat vor wenigen Tagen ihr erstes Kind bekommen. Ist sie hier? Kennt ihr sie?«

Die Frauen und ihre Besucher schauten sich um, blickten nach rechts und nach links, und auch ich ließ meinen Blick in die Runde schweifen. Dann zuckten wir mit den Schultern. Ich schüttelte energisch den Kopf und sagte: »Tut uns Leid, hier ist keine Diana.«

Zu meinem Glück nannte ich mich draußen im Zivilleben Sandra, kein Mensch in diesem Raum wusste, wer ich wirklich war. Die beiden Männer mussten vom Militär sein, Soldaten, die mich suchten, weil sie irgendwie erfahren hatten, dass sich eine Guerillera auf der Krankenstation aufhielt. Sie waren hinter mir her, da war ich mir absolut sicher. Ich musste handeln. Noch in der gleichen Nacht musste ich aus dieser Station verschwinden, raus aus der Stadt. Doch zunächst durfte kein Mensch bemerken, in welchen Zustand mich diese zwei Männer versetzt hatten. Da meine Knie unter der Bettdecke bebten und mein Herz raste, drückte ich das Gesicht in die Kissen und stellte mich schlafend. Niemand sollte mich ansprechen. Wenn auch nur einer Verdacht schöpfte, waren mein Sohn und ich nicht mehr sicher. Man würde uns verpfeifen, mich ans Militär ausliefern, denn diese Frauen hier wollten gewiss nicht mit einer von der FARC das Krankenzimmer teilen.

Als es dann Zeit war, mein Baby zu stillen, rückte ich wie immer einen Stuhl ans Fenster, ließ das Leben auf der Straße an mir vorbeiziehen und dachte nach. Es war viel los – Passanten mit Einkaufstüten, quengelnde Kinder, ganze Schulklassen, die aus dem Gebäude auf der anderen Straßenseite strömten. Musikfetzen drangen aus einer Bar, in der die

Schüler ein und aus gingen und sich Süßigkeiten kauften. Bettler lungerten herum, und hin und wieder kam ein Polizist vorbei. Außerdem schickten Karawanen uralter Busse stinkende schwarze Wolken ins Krankenzimmer, und jedes Mal, wenn sie an der Ampel unter mir anfuhren, hielt ich meinem Kleinen das Näslein zu. Manchmal winkten die Leute aus den offenen Busfenstern zu uns herauf. Ich war neidisch auf diese Menschen, weil sie vor niemandem fliehen und sich nirgends verstecken mussten. Ich träumte davon, wieder Kind sein, wie damals, als ich mich auch mit meinen Freundinnen in der engen kleinen Bar vor der Schule herumtrieb: Sandrita, was nimmst du heute, Kokosbällchen oder doch eine *empanada?*«

Ich beneidete jeden Einzelnen da unten auf der Straße um nichts anderes als um sein ganz normales Leben. Nur wenn sich eine Flüchtlingsfamilie, ein Grüppchen von *desplazados* mit drei kleinen Kindern, auf dem Gehsteig niederließ und ihr kleines Pappschild hochhielt, – »Wir sind Vertriebene, bitte helft uns« –, nur dann schaute ich weg und schluckte. Vielleicht hatte sie die Guerilla von ihrem Hof, ihrem Land vertrieben. Vielleicht waren sie Opfer der FARC.

Die Zeit verstrich, und ich hatte noch immer keinen Plan. Doch mit einem Schlag machte es *klick* in meinem Kopf: An diesem besonderen Nachmittag hatten mehrere *indígenas,* Indiofrauen aus irgendeiner der Bergregionen, ihre geflochtenen Körbe, ihre Kräuter und Pulver gegen Rheuma und sonstige Krankheiten auf dem Boden des kleinen Parks neben dem Schulgebäude ausgebreitet. Als sie abends ihre Ware zusammenpackten, verlor eine der Indiofrauen ihren Hut. Ein plötzlicher Windstoß hatte ihn durch die Luft gewirbelt, und eine Minute später landete er auf der Krone eines dicken Baumes. Die Frau ließ ihn dort stecken, denn ihre Leute waren in Eile, sie wollten den nächsten Bus erwischen, der bereits anrollte. Diese Indiofrau war meine Rettung, denn ihr im Baum feststeckender Hut brachte mich auf die zündende Idee. Noch in derselben Nacht, als alle fest schliefen, zog ich mein Bettlaken ab, wickelte meine Kleidungsstücke hinein, nahm mein Söhnchen auf den Arm und schlich mich aus der Tür. In der Krankenstation gab es niemanden, der Wache hielt, und so konnte ich mich unbemerkt fortstehlen. Draußen löste ich mein hüftlanges Haar und ließ es über meine Schultern fallen, so wie es die Indiofrauen tun. Anschließend überquerte ich die Straße, legte mein Baby neben den dicken Baum, kletterte flink hinauf, angelte mir den Hut und setzte ihn auf. Dann ließ ich mich auf einem Stück Rasen in der hintersten Ecke des Platzes fallen, nahm mein Söhnchen auf den Schoß und wartete. Es war eine sehr beschwerliche Wartezeit, denn meine Wunde schmerzte, sie war noch nicht verheilt. Ich kann mich erinnern, dass ich mich immer wieder krampfhaft zusammenrollte aus Angst, sie könnte wieder aufreißen. Nach einiger Zeit fing ich leise an zu weinen. Mein Kleiner wurde ganz nass von meinen Tränen, aber das schien ihn nicht zu stören, er lag in meinem Schoß und hielt mucksmäuschenstill – wie ein lieber kleiner Komplize. Ich habe ihn fast die ganze Nacht angeschaut. Der Anblick seines friedlichen Gesichtchens beruhigte mich sehr und machte mich froh.

In der Morgendämmerung, als das erste Licht durch die Bäume schimmerte, öffnete ich das Bettlaken, bettete meinen Sohn auf die Kleidungsstücke und machte es ihm gemütlich.

Dann schnallte ich mir das Bündel auf den Rücken und achtete darauf, dass das Babyköpfchen frei lag. Ich nahm den ersten Bus, der nach *Agua Chica* fuhr. Vorher warf ich noch einen Blick auf das Fenster meines Krankenzimmers. Die Vorhänge waren zugezogen, es hatte mich bestimmt noch niemand vermisst. Der Bus war noch halb leer, niemand beachtete mich, warum auch. Eine junge Indiofrau mit einem Säugling, die in der letzten Reihe saß, war das Normalste von der Welt. Meine Angst galt auch nicht den Fahrgästen, ich fürchtete mich vor dem Militärposten. Was, wenn die zwei Typen, die nach mir fahndeten, dort stationiert waren? Was, wenn sie den Bus kontrollierten und plötzlich erkannten, dass darin die Guerillera saß, nach der sie suchten? »Da, eine junge Mutter mit einem Neugeborenen, das muss sie sein!«

Als die Soldaten den Bus tatsächlich anhielten, als zwei von ihnen den Gang entlanggingen, abwechselnd nach rechts und nach links in die Busreihen blickten, fing mein Sohn an zu schreien. Vielleicht spürte er meine Unruhe, vielleicht hatte er nur Hunger, jedenfalls schrie er immer lauter und schriller und spuckte den Schnuller, den ich ihm in sein Mündchen drückte, wütend wieder aus. Ich beschloss, den Kleinen ganz schnell an die Brust zu legen. Kurz bevor die Soldaten vor mir stehen blieben, beugte ich mich tief über mein Baby und ließ meine Haare wie einen dichten Vorhang über meine Brust und das trinkende Kind fallen. Durch die einzelnen Strähnen konnte ich sehen, dass die Soldaten beschämt zur Seite blickten. Sie machten kehrt und gingen den Gang wieder zurück. Zum Glück war ich für sie bloß eine arme Indiofrau, die ihr Baby stillte. Ich danke noch heute meinem Schutzengel für meine langen schwarzen Haare, für meine dunkle Haut, für den alten Indiohut und vor allem für den plötzlichen, den rechtzeitigen Schreianfall meines Söhnchens.

Ligia fegte gerade die Veranda ihres Bauernhäuschens, als sie mich ankommen sah. Ich rief ihren Namen, weil sie zwar kurz hochschaute, mich aber offensichtlich nicht erkannte.

»Ligia, ich bin es, Sandra!«

Mit einem schrillen Schrei lief sie mir entgegen und nahm mir mit ihren sanften Armen mein Kind vom Rücken. Sie bemerkte sofort, dass ich vor Erschöpfung kaum noch stehen konnte. Ich war so schwach, dass ich mich auf ihre Schulter stützte und wie ein lahmes Hündchen mit ihr ins Haus humpelte. Die nächsten Tage verbrachte ich meist schlafend in dem Zimmer, das Ligia mir eingerichtet hatte, und wurde nur wach, wenn Carlitos hungrig war und schrie. Allmählich kam ich wieder zu Kräften, was gut war, denn ich wusste, dass mir die *comandantes* nur drei Monate zustanden, um mich wieder zu erholen.

Und dann stand eines Morgens plötzlich Diomer in meinem Zimmer. »Dianita, ich bin es, wach auf!«

Mit einem Ruck saß ich senkrecht in meinem Bett und blinzelte ihn an. »Diomer? Das kann nicht sein, ich glaube es nicht!« Ich traute meinen Augen nicht, war es wirklich mein Diomer, der da vor mir stand? Er lachte über das ganze Gesicht. »Ich bin gekommen, um meinen Sohn kennen zu lernen! Und um die Mutter, meine Dianita, mein *amorcito*, wiederzusehen!«

In mir tobten die widersprüchlichsten Gefühle – Wut und Misstrauen, aber auch unfassbare Freude, Begehren und einfach grenzenlose Verwunderung. Wie konnte Diomer, der mich liebte, der wusste, wie sehr ich mich um ihn sorgte, der sich wie ein Verrückter auf sein Baby gefreut hatte, wie konnte er Monate vergehen lassen, ohne ein einziges Lebenszeichen von sich zu geben? Ohne mir irgendeine Nachricht, einen zärtlichen Liebesbeweis zu schicken?

»Warum starrst du mich so an, Diana? Warum umarmst du mich nicht? Was ist passiert?«, fragte Diomer mit weit aufgerissenen Augen. Er fiel aus allen Wolken, als er von mir erfuhr, dass ich niemals auch nur ein Sterbenswörtchen von ihm gehört hatte. Diomer war davon überzeugt, dass ich längst wusste, dass er seine Malaria überstanden hatte, bereits seit Wochen wieder für die FARC unterwegs war und sogar schon einen größeren Kampf hinter sich hatte. Er streckte mir sein linkes Bein entgegen und erklärte achselzuckend: »Granatsplitter. Müssen demnächst entfernt werden.«

»Und warum erfahre ich das jetzt erst, Diomer?«

Er beteuerte, dass er doch dauernd *camaradas* beauftragt habe, mir von ihm zu berichten. »Ich habe sogar zwei Freunde in die Krankenstation geschickt, *mi amor!* Erst habe ich mich mit deinem Vater in Verbindung gesetzt, und mit seiner Erlaubnis durften die zwei Männer allein bis nach Arauquita fahren, um sich nach dir und unserem Söhnchen zu erkundigen. Nur warst du nicht da! Zum Glück hat Ligia gestern meine Schwester informiert, dass du hier bist. Endlich bekam ich die Erlaubnis, dich zu besuchen!«

»Die Typen, die nach mir gefragt haben! Die kamen von dir und von meinem Vater? Es waren keine Soldaten von der Armee?« Vor Erleichterung bekam ich einen Lachanfall. Ich drückte die Hand auf meine nur langsam verheilende Narbe und lachte und lachte.

Diomer und ich konnten drei ganze Tage miteinander verbringen und waren überglücklich. Wir haben uns den Himmel in Ligias Stübchen geholt und alles um uns herum vergessen. Diomer war völlig vernarrt in unseren Sohn, der Tag und Nacht zwischen uns lag. Abwechselnd haben wir ihn geküsst, gekitzelt und mit den zärtlichsten Worten überhäuft. Wenn ich den Kleinen stillte, streckte sich Diomer neben mir aus, steckte sich den Schnuller zwischen die Lippen, schloss die Augen und nuckelte. Das war ein Anblick, den ich nie vergessen werde. Mir war, als hielte ich gleich zwei Babys im Arm. Als Diomer wieder gehen musste, nahm er zwei Dinge mit – ein hellgrünes Babyhemdchen und das rote Haarband, das ich die drei Tage getragen hatte. »Als Andenken, Dianita. Wer weiß, wann wir uns wiedersehen.«

Er gab mir ein Foto von sich, auf dem er einen riesigen Stapel Holz schleppte, wie immer lachend. »Das war ein Tag vor dem Kampf, bei dem ich mir diese Granatsplitter eingefangen habe.«

Ich begleitete ihn bis zum Gartentor, Juan Carlitos im Arm. Wir verabschiedeten uns, hielten einander fest, das Baby zwischen uns, und wollten überhaupt nicht mehr loslassen.

Als Diomer sich endlich von uns löste, schaute er sich nach wenigen Metern noch einmal um. So viel Trauer, so viel Zärtlichkeit hatte ich noch nie in seinen Augen gesehen. Ich glaube, ich habe ihn in dem Augenblick mehr geliebt als jemals zuvor.

Genau vier Wochen später tauchte mein Vater auf. Er erschien in Zivil und setzte sich mit mir auf die kleine Veranda vor Ligias Haus. Er seufzte, blickte von mir zu meinem Söhnchen, der gurgelnd auf meinem Schoß lag, seufzte wieder und bekam kein Wort heraus.

Schließlich meinte ich: »*Papito,* ich weiß, warum du gekommen bist. Aber du hast sehr viel Macht, die obersten *comandantes* hören auf dich, sag ihnen, dass ich mein Kind nicht hergeben will.«

Er blieb stumm.

»Noch nicht, *papito,* gib uns noch ein wenig Zeit, nur ein paar Wochen, bitte!«

»*Mijita,* wir haben keine andere Wahl. Du darfst dich gar nicht erst an dein Kind gewöhnen. Es ist besser, wenn du es jetzt hergibst, sie wollen nicht, dass du dich noch mehr an das Baby bindest.« Wieder seufzte mein Vater, und bevor ich etwas erwidern konnte, fuhr er fort: »Heute Nachmittag kommt Diomers Schwester. Du weißt, dass sie bereit ist, dein Kind zu sich zu nehmen. Es wird ihm gut gehen bei ihr.«

Er versuchte mich damit zu trösten, dass ich mein Kind bestimmt mal besuchen könne, es sei doch nicht aus der Welt. Einer Guerillera wie mir könne man schließlich vertrauen, man würde mich bestimmt zwischen einzelnen Operationen oder Kämpfen zu Juan Carlitos gehen lassen. Ich wusste, dass das nicht stimmte. Mein Kind zwischen den Kämpfen besuchen? Von wegen, das war doch alles nur Täuschung und schlimmstenfalls sogar eine Falle. Aber ich widersprach nicht, es war sinnlos. Die Leute von der FARC wussten genau, warum sie meinen Vater, und nur meinen Vater, zu mir schickten. Sie fürchteten nämlich, dass ich mich weigern könnte, mein Kind herzugeben. Dass ich es an mich drücken und keinen Menschen an mich heranlassen würde. Vielleicht argwöhnten sie auch, dass ich mit meinem

Sohn weglaufen und versuchen würde, irgendwo unterzutauchen. Deshalb beauftragten sie meinen geliebten Vater mit dieser heiklen Angelegenheit. Er allein konnte bewirken, dass ich mich gezwungen sah, meinen Sohn aufzugeben.

»Meine Tochter, mach es uns allen nicht so schwer«, seufzte er, »du hast immer gewusst, dass man bei der FARC sein Kind nicht behalten darf. Versteh doch, du hast keine andere Wahl.«

»Papi, es ist mein Kind! Es ist das Liebste, was ich auf dieser Welt habe. Verstehst du das denn nicht?«

Er verstand es, aber das änderte nichts. Noch am gleichen Nachmittag hat er mein Baby der Schwester von Diomer in die Arme gelegt. Da war es noch keine sechs Wochen alt.

Ich habe mich danach in mein Zimmer eingesperrt und war dem Wahnsinn nah. Ich schrie und weinte und vergrub das Gesicht in eine Stoffwindel meines Babys, die sie zurückgelassen hatten. Ich aß nichts und weigerte mich, mit irgendjemanden zu sprechen. Egal, wer an die Tür klopfte, ob Ligia, Alfonso oder eines ihrer erwachsenen Kinder, und von draußen auf mich einredete, ich antwortete nicht, schluchzte, bis die Augen leer geweint waren und ich keine einzige Träne mehr übrig hatte. Danach schlief ich ein, und am nächsten Tag ging es von vorn los. Erst nachts, wenn das Haus still war, tapste ich in die Küche, holte mir etwas zu trinken und hielt meine schmerzenden, vor Muttermilch fast berstenden Brüste unter den kalten Wasserhahn. Das Essen, das Ligia mir vor meine Zimmertür stellte, warf ich ins Klo.

Die Kommandanten der FARC hatten mir zwar genau drei Monate zugestanden, um mich von der Geburt zu erholen, aber von dem Verlust meines Babys erholte ich mich nicht.

Im Zimmer blieb alles so, wie es gewesen war, als sie mir mein Baby fortgenommen hatten. Auf dem großen, weichen Kissen neben mir, dem Schlafplatz meines Kleinen, war noch immer die Kuhle zu sehen, wo er gelegen hatte, auf dem Stuhl stand weiterhin der Bottich, in dem ich ihn gewaschen hatte, und von der Decke hingen unverändert die Ketten aus roten Obstkernen, die bis ins Bett hinabreichten. Diomer hatte sie dort angeklebt, damit sein Sohn ein Spielzeug hatte. Alles war noch da, aber es gehörte nicht mehr zu mir, nicht mehr zu uns. Dennoch veränderte ich nichts, strich nicht einmal das Babykissen glatt. Zu Anfang schnupperte ich noch daran, doch dann hörte ich damit auf, weil mir der Duft des Kleinen das Herz zerriss. In dieser Zeit hatte ich manchmal Wahnvorstellungen: Ich hörte mein Baby glucksen, fühlte die Wärme seines Körperchens an meiner Brust und sah, wie es mich anstrahlte und mit den Beinchen strampelte, wenn es vor mir auf dem Rücken lag. Ich konnte nicht aufhören, mir vorzustellen, wie sich die Tür öffnet und man mir meinen Kleinen wiederbringt. Wie ich mich aufsetze und die Arme nach ihm ausstrecke. Dann erlebte ich einen kurzen Moment der Glückseligkeit, bevor alles wieder vorbei war. Eines Nachts träumte ich von Diomer. Er hält das Baby im Arm, es lehnt sich vor und streckt die Ärmchen nach mir aus. Ich will es an mich nehmen, aber ich bin wie versteinert, ich klebe am Boden fest, komme nicht einen Millimeter vom Fleck. Am Ende dreht Diomer sich um und geht. Ich stehe immer noch da, während Juan Carlos so jämmerlich weint, dass ich davon schweißüberströmt aufwachte.

Nach einiger Zeit, ich hatte mein Baby sicher schon über zwei Wochen nicht mehr bei mir, verließ ich zum ersten Mal mein Zimmer. Es war später Vormittag, im Haus war niemand zu hören, Ligia musste noch beim Einkaufen gewesen sein. Was dann geschah, war gespenstisch: Wo immer ich war, sah ich mein Baby. Es war überall, an jedem Ort, an dem ich es getragen, gewiegt oder auch nur mal kurz hingelegt hatte. Es erscheint auf der Bank unter dem Vordach des Hauses, schläft unter dem Schattenplatz bei den Bananenstauden, zappelt freudig auf dem Ehebett der Familie. Wie der Blitz flüchte ich zurück in mein Zimmerchen. Es gab niemanden, mit dem ich über meinen verwirrten Zustand reden konnte; wer würde mich schon verstehen? Ich konnte den anderen nicht einmal in die Augen sehen, denn das Mitgefühl in den Blicken der Familienmitglieder machte mich krank. Stattdessen führte ich Selbstgespräche: »Mein kleiner Sohn, was soll ich mit meinem Leben anfangen, jetzt, wo du nicht mehr da bist? Wenn du erst einmal groß bist, wirst du mich verurteilen, du wirst mir nicht glauben, dass ich alles getan hätte, um dich bei mir zu behalten. Natürlich wirst du mir nicht glauben, denn ich habe nicht alles getan.«

Kurz vor dem Stichtag meiner Rückkehr zu der FARC überreichte mir Ligia einen Brief von Diomer, in dem er mich bat, mit ihm und unserem Kind zu desertieren.

»Negrita«, schrieb er, »es ist noch nicht zu spät. Lass uns fliehen. Wir schaffen es bestimmt mit unserem *bebesito* bis an die venezolanische Grenze, dann sind wir gerettet, ich kenne dort die richtigen Leute.«

Er schrieb noch etwas über einen nächtlichen Fluchtplan, über seine Schwester, die uns weiterhelfen würde, darüber, dass Ligia und Alfonso nichts merken dürften, sonst bekämen sie es mit der FARC zu tun. Aber da schwammen meine Augen bereits in Tränen, und ich konnte nicht weiterlesen.

Auf die Rückseite des Briefes kritzelte ich: »Diomer, ich kann nicht. Ich kann keinen Verrat an meinem Vater üben.«

Ich lief in die Küche und gab Ligia den Brief. »Er muss so schnell wie möglich Diomer zurückgeschickt werden«, bat ich.

Ich weiß noch, wie Ligia fragte, ob etwas nicht stimmte, ich sei so blass, bleicher als ein Gespenst, doch bevor ich antworten konnte, sank ich neben ihrem Spüleimer auf die Knie und spuckte mir die Seele aus dem Leib. Ligia half mir hoch, legte meinen Arm um ihren Hals, führte mich in ihr Zimmer und sagte, ich solle mich ruhig auf ihrem Bett ausstrecken.

Dann brachte sie mir ein Glas Wasser und fragte besorgt: »*Mijita,* was ist mit dir los? Hat Diomer etwas Gemeines geschrieben? Du zitterst ja am ganzen Körper! Oder ist dir mein Schweinefleisch nicht bekommen?«

»Das wird es sein, Ligia, mein Liebes. Ich habe einen sehr empfindlichen Magen.«

Sie berührte meine Stirn, meinte, ich hätte zwar kein Fieber, aber ich solle diese Nacht bei ihr schlafen, Alfonso sei sowieso nicht da. Am nächsten Morgen ginge es mir dann bestimmt wieder gut.

»Es muss mir dann wieder besser gehen, Ligia«, entgegnete ich, »denn in zwei Tagen muss ich zurück zur FARC.«

IX. Spionieren und das letzte Feuergefecht

Als Auskundschafterin unterwegs

Zurück bei der FARC, strengte ich mich an, Ordnung in meine Gedanken zu bringen, die sich drehten und drehten wie ein Karussell. Alles in meinem Kopf kreiste ausschließlich um meinen Sohn und um Diomer. Aber das durfte nicht sein, ich musste wieder zu Diana, der Guerillera, werden. Schweren Herzens, aber fest entschlossen suchte ich meinen Schlafplatz auf, legte meine Sachen unter meine Liege und durchquerte dann mit energischen Schritten das Camp. Ich schaute in die Zelte und Schuppen, grüßte den obersten *comandante* und redete mit den *camaradas,* die ich kannte. Sie freuten sich sehr, mich wiederzusehen, doch dass man mir mein Kind weggenommen hatte, schien niemand zu beschäftigen. Elvira, meine Freundin, die mit mir gefühlt hätte, war zu der Zeit nicht in diesem Camp.

Ich tat alles, um wieder meinen Platz bei den *compañeros* zu finden, konzentrierte mich krampfhaft auf jede Tätigkeit, auf jedes Gespräch und jede Begegnung und versuchte, meinen Geist auf militärische Disziplin und die Kommandos von oben zu fixieren. Doch es wollte mir nicht gelingen. Die Trauer um den Verlust meines Babys ließ mich nicht los. Nach außen hin funktionierte ich, doch in Gedanken war ich jede Sekunde bei meinem Sohn – ob er mich auch vermisste? Ob Diomers Schwester auch sein kleines Doppelkinn kitzelte, mit ihm sprach, mit ihm schmuste? Sie hatte drei eigene Kinder, sie hat sich mein Baby nicht gewünscht. Das Verlangen nach meinem Juan Carlos und die Sorge um ihn raubten mir die Kraft. Manchmal fühlte ich mich so schwach, dass ich mich irgendwo anlehnen musste, sonst hätten meine Beine unter mir nachgegeben. Mitten im Gewühl des Guerilla-Alltags vereinsamte ich. Und traute mich nicht auszusprechen, wovor ich mich am meisten fürchtete: kämpfen zu müssen. Schusswaffen, Blut, Tod – alles in mir wehrte sich dagegen. Ich liebte mein Kind, ich liebte Diomer und das Leben, ich wollte nicht in den Kampf ziehen und womöglich alles, wofür ich existierte, verlieren.

In dieser Zeit überlegte ich fieberhaft, wie ich mich dem nächsten Gefecht entziehen könnte. Sollte ich vielleicht eilends meinem Vater schreiben? Oder mich absichtlich verletzen, vielleicht mit einem Messer beim Kochen? Da sprach mich eines Tages Antonio an, ein Cousin Diomers.

»Diana, ich habe einen Auftrag in der Nähe von Bogotá zu erledigen. Eine Polizeistation ausspionieren. Klären, ob ein Überfall machbar ist, du weißt schon, herausbekommen, wie viele Polizisten dort stationiert sind, wie sie ausgerüstet sind, welche Waffen sie benutzen, wo sie sich am häufigsten aufhalten und so weiter. Ich habe dich als meine Begleiterin vorgeschlagen, und die Kommandanten sind einverstanden. Kommst du mit? Bist du bereit?«

Natürlich war ich dazu bereit! Antonio kam mir wie gerufen, ich wäre ihm fast um den Hals gefallen, so erleichtert war ich, so selig! Endlich raus aus dem Camp unter Menschen kommen, Menschen, die im Gewimmel der Städte alles wollten, nur keinen bewaffneten Kampf.

Bei solch einer Informations- und Spitzeltätigkeit, wie wir sie vorhatten, ist eine Frau unverzichtbar. Sie macht sich an einen der Polizisten heran, lässt ihre Reize spielen und betört ihn so lange, bis er sich in sie verknallt. Schon beim Schmusen wird er anfangen zu plaudern, und eine geschickte Frau kann ihm alle Informationen entlocken, die sie braucht.

Zunächst fuhren Antonio und ich in eine Ortschaft in der Nähe von Bogotá – es ist besser, wenn ich den Ortsnamen nicht nenne. Dort sollten wir gefälschte Papiere bestellen, für die die Fälscher mindestens vier Wochen brauchten. Vier ganze Wochen, in denen wir es uns gut gehen lassen durften!

Wie üblich wohnten wir bei Sympathisanten der Guerilla. Wir bekamen ein geräumiges, sauberes Zimmer mit zwei guten, bequemen Betten, durften eine Dusche benutzen, aus der heißes Wasser heraussprudelte, und für jeden gab es ein großes, eigenes Handtuch. Das Essen kam in Glasschüsseln auf den Tisch – ich fühlte mich wie eine Prinzessin, oder zumindest wie eine Frau aus besseren, geordneten Verhältnissen. Hier erinnerte mich nichts an die FARC und was sie mir angetan hatte, und ich ertappte mich dabei, wie ich tagsüber stundenweise weder an Diomer noch an den Verlust meines Babys denken musste. Aber nachts war es anders. Antonio beklagte sich, dass der Lärm auf meiner Seite unerträglich sei, nicht einmal ein Betrunkener könne bei so viel Gejammer ruhig schlafen.

Als ich eines Morgens wieder einmal tränenüberströmt aufwachte, sagte ich zu ihm: »Antonio, wir fahren nach Bucaramanga. Du weißt, dass dort Verwandte von dir und Diomer leben, sie werden mir sagen können, wie es meinem Baby geht. Wenn ich weiß, dass es gesund und fröhlich ist, werde ich wieder ruhig und fest schlafen können, und du dann auch.«

Als Antonio ein nachdenkliches Gesicht machte, Zweifel und Unsicherheit in seinen Augen aufflackerten und er stammelte, Bucaramanga sei doch hunderte von Kilometern entfernt, setzte ich noch eins drauf: »Keiner erfährt etwas davon! Die Kommandanten wissen doch nicht, wie lange es dauert, bis die Papiere fertig sind. Und selbst wenn es so weit ist und wir noch in Bucaramanga sind, glaubst du wirklich, dass die Guerilla uns auf die Schliche kommt? Sieh mal, Antonio, in Bucaramanga ist viel los, schöne, willige Frauen, Diskotheken …«

Schließlich konnte ich ihn überzeugen. Dieser Ausflug war wirklich eine geniale Entscheidung, und danach konnte ich auch wieder ruhiger schlafen. Denn in den zehn Tagen, die wir in Bucaramanga verbrachten, habe ich mehrmals mit Diomers Schwester telefoniert. Sie hat mich davon überzeugen können, dass mein kleiner Sohn glücklich war, denn sie hielt ihn ans Telefon, und ich hörte ihn glucksen und krähen. Im ersten Moment dachte ich, mein Herz bricht in tausend Stücke – was machte mein Baby bei einer anderen Frau? Sehnsucht, gemischt mit gewaltiger Eifersucht, brannte wie Feuer in meiner Brust. Doch nach einer Weile zwang ich mich, mich in mein Schicksal zu fügen. Mein Juan Carlitos war fröhlich, er schien wirklich bei Diomers Schwester gut aufgehoben zu sein.

Während Antonio am Wochenende auf *rumba* ging, sich gierig in das Nachtleben von Bucaramanga stürzte, fuhr ich mit Diomers Verwandten auf ihre kleine Finca. Dort verbrachte ich ein märchenhaftes und ein sehr unwirkliches Wochenende. Befreundete Familien kamen zu Besuch, überall waren Kinder, die durch die hohe Wiese vor dem Haus liefen, hinfielen, schrien und dann zu ihren Eltern stürmten. Ein kleines Mädchen zog quietschend vor Freude an meinen langen Haaren, während wir auf einer überdachten Rasenfläche frisch gepressten *curuba*-Saft tranken und *ajiaco* aßen – einen riesigen Topf voll mit saftigen Stücken Hühnerfleisch, Mais, Avocado und drei Sorten Kartoffeln. »Es ist ihr erster *ajiaco*«, sagte meine Gastgeberin zu den anderen, »unsere *primita* hier, unsere Cousine, ist nicht aus der Gegend.«

Ich zuckte innerlich zusammen, doch niemand schöpfte auch nur den geringsten Verdacht. Hier war alles normal, keiner redete über blutige Waffenkämpfe, man sprach über die Ernte, das Wetter und die schlechten Gewohnheiten der Kinder. So führte man also ein friedliches Leben. Die Tage vergingen wie im Flug, und Antonio und ich fuhren schon bald wieder zurück zu unserer ersten Familie in der Nähe von Bogotá. Sofort nach unserer Ankunft holten wir die gefälschten Papiere ab, verabschiedeten uns und machten uns auf zur Busstation. Alles war bis ins Detail besprochen: Wir waren ein Liebespärchen auf der Flucht. Meine Eltern waren gegen unsere Verbindung, deswegen waren wir von zu Hause ausgerissen. Keiner von uns beiden war jetzt noch entspannt, wir mussten dauernd auf der Hut sein, aufmerksam auf die Reaktionen der Menschen achten, auf ihre Gespräche, ihren Gesichtsausdruck, ihre Mimik, sogar auf die Tonlage ihrer Stimmen.

Wir nahmen den Bus nach Tunja. Unser Ziel war eine Kleinstadt wenige Kilometer von der Stadt Tunja entfernt. Dort kannten wir niemand, wir wussten nur, dass das gesamte Gebiet unter dem Kommando der *paramilitares* stand, die mit der örtlichen Polizei zusammenarbeiteten.

Hand in Hand bestiegen Antonio und ich den Bus und fingen an zu turteln, sobald wir saßen. Ich hatte ihm vorher verboten, mich auf den Mund zu küssen, aber er durfte mich streicheln, seinen Kopf sanft auf meine Schulter legen oder mir verliebt in die Augen schauen.

»*Ay, mi amorcito,* ich habe solche Angst! Hoffentlich ist mein Vater nicht hinter uns her, der bringt uns um!«, flüsterte ich gerade laut genug, dass es die Fahrgäste vor und neben uns hören konnten. Sie sollten verstehen, was wir sagten, und jedem unserer Worte Glauben schenken, denn wir brauchten einen einleuchtenden Grund, um in diesem Ort bei Tunja auszusteigen. Kein Fremder verirrte sich dorthin, es sei denn, er war den Bewohnern und den *paras* bekannt. Die Menschen hier waren misstrauisch und extrem vorsichtig, denn wer von außen kam, war sofort verdächtig.

»Wohin fahrt ihr denn, ihr zwei Turteltäubchen?«, wollte eine rundliche kleine Frau wissen, die in der Reihe vor uns saß.

»Ach, möglichst weit weg von hier! *Vamos volados,* wir sind auf der Flucht, denn ihr Vater will nicht, dass sie mit mir zusammen ist. Ich habe sie gestohlen!«, antwortete Antonio und schlang den Arm mit einer innigen Geste um meine Schultern.

»*Pobres papás!*«, rief die Frau und schlug sich die Hände an die Wangen, die von roten Äderchen übersät waren. »Eure armen Eltern!«

»Aber wir lieben uns doch!«, rief ich. »Ich liebe diesen Mann wirklich! Wenn meine Eltern gegen ihn sind und nicht auf mich hören, lassen sie uns keine andere Wahl – wir konnten gar nicht anders, wir mussten davonlaufen, um unsere Liebe zu leben!«

Die Frau seufzte auf, wobei sich ihr großer Busen hob und senkte. Sie schien tief bewegt zu sein. »Wie bei mir, ganz wie bei mir! Wäre ich als junges Mädchen nicht mit meinem Mann fortgelaufen, wir hätten niemals geheiratet! Er war Analphabet, und mein Vater war Chauffeur bei einem reichen Geschäftsmann in Bogotá, mein *novio* war ihm nicht gut genug.«

Binnen Sekunden hatte uns die gute Frau so sehr in ihr Herz geschlossen, dass sie uns einlud, bei ihr zu wohnen. Wir konnten unser Glück kaum fassen, lebte sie doch genau in dem Städtchen, in dem wir unseren Auftrag erledigen sollten. »Könnte ich hier vielleicht Arbeit finden?«, fragte Antonio. »Wir haben kein Geld, und wir wollen Ihnen nicht zur Last fallen!«

Unsere neue Freundin, Dolores, meinte zwar, sie selbst habe keine Arbeit für uns, aber sie würde sich erkundigen, sie wolle bei ihren Bekannten und Freunden herumfragen. Vielleicht habe Antonio ja Interesse, Polizist zu werden. Zur Polizei habe sie die besten Beziehungen, denn nachdem ihr Mann mit ihr lesen und schreiben gelernt habe, sei er bis zu seinem Tod vor zwei Jahren bei der Polizei beschäftigt gewesen.

Antonio war hellauf begeistert von ihrem Vorschlag. Ich schluckte, schaute aus dem Fenster und vermied es, ihm oder Dolores in die Augen zu sehen. Dolores lebte mit ihren zwei Töchtern, die etwa so alt waren wie wir, in einem sauberen dreistöckigen Miethaus. Am Abend unserer Ankunft wechselten die Mädchen in das Schlafzimmer der Mutter, und wir durften in ihren Schlafraum ziehen. Ihre Freundlichkeit bewegte mich sehr, gleichzeitig belastete sie jedoch mein Gewissen. Dolores ließ sogar ihr goldenes Armband auf dem Nachttisch ihrer Töchter liegen. Wie konnte sie so arglos und vertrauensselig sein?

Im Laufe der nächsten Tage stellte sie uns überall als die Kinder entfernter Cousinen vor: »Ich kenne die beiden, seit sie klein waren! Ich habe sie immer wieder zu mir eingeladen, jetzt hat es endlich geklappt!«

Dolores kannte jeden in ihrer Stadt, so kam es mir jedenfalls vor, und jeder schien sie zu mögen. Das war beruhigend, denn an einem solchen Ort, in dem Fremde sofort auffallen und voller Argwohn beäugt werden, kann man sich nur angstfrei bewegen, wenn man von einem der Bewohner eingeführt wird. Dolores fühlte sich verantwortlich für uns und sorgte dafür, dass wir wie Freunde aufgenommen wurden. Sie war ein Engel. Antonio strahlte und lächelte unentwegt. Er nahm Dolores an der Haustür die Einkaufstüten ab und reparierte ihren Küchenschrank. Immer wieder musste ich ihn daran erinnern, vor den anderen mit mir Zärtlichkeiten auszutauschen, sonst würde man uns unsere tragische Geschichte irgendwann nicht mehr abnehmen. Nachts hingegen musste ich mich kräftig zur Wehr setzen, denn mit einer jungen Frau das Zimmer zu teilen, ohne sie zum Sex zu verführen, war für Antonio, wie für die meisten Männer, undenkbar.

Nach vier, fünf Tagen wurde ich unruhig. Wie sollte es weitergehen? Antonio schien unseren Auftrag vergessen zu haben, ich allerdings nicht. »*No te preocupes,* mach dir keine Sorgen, Diana. Morgen ist Samstag, wir gehen mit den Töchtern von Dolores in die Disko, trinken, tanzen, und ich schmuse mit der Älteren. Ich habe sowieso schon ein Auge auf sie geworfen und sie auf mich. Morgen Nacht horche ich sie aus.«

Ich habe diese Nacht noch sehr gut in Erinnerung, denn ich trinke keinen Alkohol, nicht mal ein Bier. Nüchtern und wachsam bekam ich genau mit, was sich zwischen Antonio und der hübschen Tochter von Dolores abspielte. Vielleicht sollte ich an dieser Stelle erwähnen, dass Antonio sehr gut aussah. Er stellte sich mit seinem durchtrainierten Körper zwischen mich und die Tochter von Dolores an die Bar, schüttelte gekonnt seine tiefschwarzen, halblangen Haare und zeigte beim Lachen seine blitzenden, weißen Zähne. Nach einigen Minuten wandte er mir den Rücken zu und streichelte der anderen den Nacken. Dabei machte er ihr die schönsten Komplimente. Irgendwann hörte ich ihn sagen: »Ich möchte gern Polizist werden, die Menschen vor den bewaffneten Banden schützen und hier bei euch bleiben. Das wäre so schön.«

»Ach«, meinte das Mädchen, »diese Kerle sind *esquivos*, sie sind abweisend und misstrauisch. Polizisten nehmen keine Fremden in ihren Reihen auf. Aber vielleicht findest du eine andere Arbeit? Ich werde mich darum kümmern!«

Antonio gelang es, der angetrunkenen Tochter von Dolores alle Informationen, die wir brauchten, aus der Nase zu ziehen, so verliebt und willenlos war das Mädchen. Soweit ich mich erinnern kann, gab es in dem Städtchen zwanzig Polizisten und kein Militär, keinen einzigen Soldaten. Dafür erschienen oft die *paramilitares.* Sie hatten die Gegend fest im Griff. Ich selbst war selig, dass ich nun niemanden mehr aushorchen musste, dass es mir erspart blieb, mich irgendeinem abscheulichen Polizisten an den Hals zu werfen.

Zwei Tage später war der verabredete Stichtag, an dem ich mich aufmachen sollte, um unseren Leuten die Informationen zu übermitteln. »Ich kann diese lieben Menschen nicht verraten, ich kann es einfach nicht!«, sagte ich zu Antonio, »du weißt genau, wenn die Guerilla angreift, gibt es ein Blutbad, auch unter den Zivilisten. Die FARC wird mit aller Härte zuschlagen. Schließlich unterstützt der Ort unsere Feinde.«

Antonio teilte meine Bedenken nicht im Geringsten. Gereizt fuhr er mich an: »Es soll die Polizisten treffen und nicht die Bevölkerung. Und bekanntlich sind Polizisten keine Heiligen, sie stecken mit den *paras* unter einem Hut. Neulich erst sollen Polizisten Mitglieder verbrecherischer Banden entführt und sie dann an die Schurken zurückverkauft haben. Die Polizei ist außerdem am Koka-Geschäft beteiligt – du kennst die Geschichten.«

Mich interessierten die Geschichten nicht, was wusste ich, ob sie stimmten oder nur Gerüchte waren. Mir ging es um Dolores und ihre Freunde, aber ich merkte, dass es sinnlos war, mit Antonio weiterzudiskutieren. Am Morgen des Stichtags teilte ich Dolores mit, dass es so wirklich nicht weitergehe und wir ihr nicht länger auf der Tasche liegen könnten. Zum Glück hatte sich wenigstens Dolores' Tochter von Antonio zurückgezogen, denn ihr Verlobter, der an der Küste arbeitete, hatte sich für das Wochenende angekündigt. Deswegen wolle ich meinen Schwager aufsuchen, der in der Nähe von Paipa lebe. Bestimmt habe er Arbeit für Antonio und mich. »Ich werde einen dieser privaten Fahrer nehmen, damit er mich dorthin fährt. Mein Schwager wird bestimmt für die Fahrt aufkommen«, erklärte ich Dolores.

»Nein!«, rief sie. »Unmöglich! Auf dem Weg nach Paipa –

da ist überall die Guerilla, die FARC! Da kann dich einer aus dem Auto zerren, verschleppen, und du bist für immer verschwunden.«

Ich tat verblüfft. »Was, dort treibt sich die Guerilla herum? Aber ich bin doch eine Frau, die tun mir nichts!«

»Wie kann man so naiv sein«, regte sich Dolores auf, »du hast keine Ahnung! Die Guerilla ist zu allem fähig.«

»Aber mein Schwager erwartet mich doch«, beharrte ich.

»*Mija*, wenn es sein muss, dann soll der Fahrer einen Umweg machen und durch das Gebiet fahren, das von Soldaten bewacht wird.«

»Soldaten? Militär? Wo denn?« Nun war ich ganz Ohr. Dolores schrieb mir die vom Militär kontrollierten Orte auf, ich dankte ihr herzlich und machte mich auf den Weg. Dem Fahrer sagte ich allerdings, dass wir den direktesten Weg nehmen müssten und keinerlei Umwege machen dürften, trotz der Gefahren durch die Guerilla. Daraufhin erhöhte er zwar den Preis, aber er willigte ein und erwies sich als ziemlich gesprächig. Er wollte alles über mich wissen, und wieder einmal erfand ich schöne Geschichten über mich und mein Leben. Ich weiß nicht, ob er versuchte, mich auszuhorchen, auf jeden Fall habe ich ihn mit Genuss an der Nase herumgeführt.

Als wir die kleine Siedlung erreichten, in die ich von meinen Leuten bestellt worden war, bat ich den Fahrer zu halten, weil ich aussteigen und den Rest des Weges zu Fuß gehen wolle. Er fragte noch, ob ich nicht ein Gläschen Schnaps mit ihm trinken möge, nur ganz kurz, doch da stand schon ein Guerillero neben dem Wagen. Ausgerechnet ein Bursche, den ich kannte. Ich kurbelte das Fenster hinunter und sagte höflich: »*Que hubo, señor,* wie geht es Ihnen, mein Herr?«

»Wo kommen Sie denn her, *señorita?*«, fragte er genauso artig zurück. Ich nannte ihm den Ort, woraufhin er fragte: »Viel Militär dort?«

»Ich weiß nicht, *señor,* keine Ahnung.«

Nun befahl mir der Fahrer, gefälligst auszusteigen, er war ganz bleich geworden und hielt den Fuß bereits über dem Gaspedal. Kaum hatte ich die Wagentür zugeschlagen, raste der Fahrer davon, und ich prustete los. Der *camarada* und ich lachten und lachten über unseren perfekten Auftritt, bis uns die Tränen kamen. Dann liefen wir zu einer Telefonzelle, um wie vereinbart Antonio und Dolores Bescheid zu sagen, dass ich heil angekommen war.

»Mein Schwager hat Arbeit für uns«, sollte ich ihm sagen, »komm nach, so schnell es geht.« Dann würde Antonio wissen, dass alles programmgemäß verlaufen war, würde sich von Dolores und ihren Töchtern verabschieden und nachkommen.

Und dann? Dann würde die FARC einen Angriffsplan aushecken und in jenen Ort einfallen, wo Antonio und ich mit offenen Armen empfangen worden waren, wo Dolores uns verwöhnt und mit Aufmerksamkeit überhäuft hatte. Diesen Anschlag wollte ich um alles in der Welt verhindern. Deswegen hatte ich lange nachgedacht, angestrengt nach einem Ausweg gesucht – und endlich zwei verschiedene Strategien ausgeklügelt. Wenn die eine nicht funktionierte, dann würde ich die zweite ins Spiel bringen. Meine Überlegungen stimmten mich einigermaßen zuversichtlich, und trotzdem war mir ein wenig mulmig zumute. Ich hatte Angst um Dolores und ihre Töchter, und auch mein eigener Plan war mir nicht ganz geheuer.

Als der *camarada* und ich ein notdürftig errichtetes Camp nahe der Siedlung auf einem dicht bewachsenen Hügel erreichten, führte er mich sofort zum Kommandanten. Dort berichtete ich, was wir über die Stärke der Polizei und ihre Bewaffnung herausbekommen hatten. Anschließend sagte ich mit fester Stimme: »*Señor comandante,* in wenigen Tagen wird das Militär in dem Ort sein – eine ganze Truppe. Ein Anschlag dort wäre mörderisch.«

Der Kommandant schwieg. Es war ein bedrohliches Schweigen, und ich wusste sofort, dass ich überhaupt nichts erreicht hatte. Seine zusammengekniffenen Augen, die Art, wie er die Kiefer aneinander rieb, und sein schwerer Atem verrieten mir, dass er entschlossen war zu kämpfen, koste es, was es wolle. Meine erste Strategie war gescheitert.

Schon am nächsten Morgen wurde der Anschlag vorbereitet, indem man Kampfeinheiten zusammenstellte. Der Kommandant hatte Verstärkung angefordert, denn er wollte losschlagen, bevor die von mir erwähnten feindlichen Streitkräfte der Regierung in dem Ort eintrafen. Mir wurde fast schwarz vor Augen. Zum ersten Mal erfüllte mich ein bevorstehender Kampf mit Grauen. Jetzt war es an der Zeit, meinen zweiten Plan durchzuführen. Ich wollte Dolores anrufen, ein Tuch vor den Hörer legen und sie mit tiefer, möglichst rau klingender Stimme warnen: »Nimm deine Töchter und verlasse die Stadt. Die FARC greift an, sie ist auf dem Weg.«

Ich ging also zur Wache, um mich mit der Begründung abzumelden, ich müsse noch einmal in dem Ort anrufen, um zu hören, ob Antonio schon unterwegs sei. Ja, und ich müsse mich auch in der richtigen Form von der Gastfamilie verabschieden, sie dürfe auf keinen Fall auch nur den Hauch eines Verdachts schöpfen. »Weißt du, ich habe mich so plötzlich davongemacht, das war nicht gut, *estoy nerviosita,* ich bin ein bisschen nervös deswegen!«

Der *camarada* nickte, das sah er ein. Noch bevor er auf die Idee kommen konnte, den Kommandanten zu benachrichtigen oder gar einen unserer Leute als Begleitung mitzuschicken, war ich weg. Doch alles kam anders.

Ich war noch keine drei Minuten vom Camp entfernt, als mir Antonio entgegenkam. Er wirkte gehetzt und verärgert, knallte die Tasche mit unseren Sachen auf den Boden und schimpfte. »Nichts läuft, Diana. Die *hijos de puta,* die Hurensöhne, sind schon da.«

»Wer – das Militär? In dem Ort?«

Er schimpfte weiter, stieß jede Menge Flüche und Verwünschungen aus und war nicht zu halten. »Ja, jede Menge Soldaten! Alles umsonst, unsere ganze Aktion!«

Mir fiel ein Felsbrocken vom Herzen. Auf einmal war mir, als schwebte ich über den Bäumen, so erlöst fühlte ich mich.

»Mierda«, sagte ich schnell, »scheiße!« Dann schaute ich möglichst grimmig drein und wäre Antonio doch am liebsten um den Hals gefallen. Wenige Tage später wurde das Camp abgebaut und der Anschlag abgeblasen. Die Aktion konnte nicht stattfinden, weil der Aufmarsch der Soldaten einfach zu gewaltig war und wir vernichtend geschlagen worden wären. Warum wohl die Armee plötzlich gerade in dieses Städtchen einmarschiert ist? Hatte sie vielleicht von unserem geplanten Anschlag Wind bekommen? Ich habe es nie erfahren. Ich weiß auch nicht, ob Dolores herausbekommen hat, wer Antonio und ich wirklich waren und was wir tatsächlich in ihrer Stadt wollten. Ich habe mich niemals getraut, sie deswegen anzurufen.

Die Jahre vergingen, und ich gewöhnte mich im Laufe der Zeit an den Gedanken, dass ich Diomer und Juan Carlos vielleicht nie wiedersehen würde. Doch das Schicksal wollte es anders, und so kam es, dass ich meinen Diomer noch ein einziges Mal wiedertreffen sollte. Er war über eine sehr lange Zeit weit entfernt von mir in anderen Regionen des Landes stationiert. Als wir uns nach fünf Jahren endlich wieder begegneten, hatte er längst eine neue Frau gefunden, und auch ich hatte flüchtige Affären hinter mir. Affären, die mir nichts bedeutet hatten, außer etwas Nähe in meinem rauen, gefährlichen Leben. Unser Treffen war herzzerreißend und zärtlich. Unsere Leute hatten gerade ein provisorisches Camp neben einer Ortschaft in Arauca aufgeschlagen, als mir ein befreundeter *camarada* mitteilte, dass eine neue Einheit eingetroffen sei. Diomer sei unter den Kämpfern.

»War das nicht früher einmal dein Mann? Der Vater deines Sohnes?«, fragte er beiläufig. Ich schlug die Hand gegen die Brust und spürte, wie mein Herz plötzlich raste. Mein Kopf wurde heiß, und als mir Tränen in die Augen schossen, drehte ich mich zur Seite, bis ich mich wieder ein wenig beruhigt hatte. Ich liebte Diomer noch immer, ich konnte es selbst nicht glauben. Doch im gleichen Moment wurde mir klar, dass ich mich auf unsere Begegnung vorbereiten musste, denn ich hatte Angst. Er durfte nicht plötzlich vor mir stehen, denn dann würden wir entweder beide nur dummes Zeug stammeln, oder ich würde kein einziges Wort herausbekommen. Ich wusste doch gar nicht, was ich ihm nach der langen Zeit sagen sollte. Kurz nachdem Diomers Truppe eingetroffen war, schickte ich den befreundeten *camarada* zu Diomer, um einen Treffpunkt mit ihm zu vereinbaren. Wir trafen uns mittags an einer kleinen Brücke ganz in der

Nähe des Camps. Ich trug meine Mahlzeit bei mir, denn ich hatte beim Mittagessen keinen Happen herunterbekommen. Als ich vor Diomer stand, warf ich den Behälter mit Reis, Bohnen und Yucca an das schlammige Ufer des kleinen Flusses, wo die Bauern ihre Schweine hielten. Das Essen sollte nicht irgendwo verderben, wenigstens so weit konnte ich noch denken. Als Diomer mich mit seinem warmen, mir so vertrauten Blick ansah, wollte ich auf der Stelle weglaufen. Er muss es gespürt haben und packte meinen linken Arm.

»*Hola,* Diana«, sagte er leise.

»*Hola,* Diomer.«

Ich reichte ihm die rechte Hand, um ihn zu begrüßen, aber er zog mich an sich und drückte mir einen Kuss auf den Mund. Als uns beiden die Tränen kamen, war das Eis gebrochen. Zuallererst fragte ich nach unserem Sohn.

»Was ist mit ihm? Seit einem Jahr höre ich gar nichts mehr von deiner Schwester, *estoy enguayabada,* ich bin wütend!«

Diomer hatte Fotos von unserem Kind dabei. Er erzählte, dass er den Jungen vor wenigen Monaten besucht habe, als er in der Nähe Schutzgelder einzutreiben hatte. Dem Kleinen gehe es gut. Ich habe bloß stumm auf die Fotos gestarrt, auf einen kleinen lächelnden Jungen in seiner ersten Schuluniform, und dann habe ich nur noch geweint.

Zwei Tage konnten Diomer und ich zusammenbleiben, dann sollte seine Einheit weiterziehen. Es war, als wären wir niemals getrennt gewesen. An unsere Liebe reichte keine andere heran, sie blieb einmalig, das versicherten wir einander, und außerdem beteuerte Diomer, dass keine Frau so *encantadora,* so zauberhaft, wie ich, seine *negrita,* sei. Er versprach, mich nie zu vergessen. Wir haben uns nie wiedergesehen. Unsere Begegnung war für mich wie eine Sternschnuppe, die im Dunkel des Himmels aufleuchtet und dann erlischt. Wir haben beide gespürt, dass es trotz unserer Liebe keine Hoffnung für uns gab. Zu viele Jahre standen zwischen uns. Allerdings schrieb mir Diomer später aus Arauca ins Gefängnis, nachdem er von meiner Festnahme erfahren hatte. Es war ein wunderbarer, tröstlicher Brief, der einzige, den ich je nach meiner Festnahme von ihm erhielt.

Diomer musste mit seiner Schwester gesprochen haben, denn in den verbleibenden Jahren bei der FARC, bevor ich festgenommen wurde, ließ sie mich drei, vier Mal im Jahr wissen, dass es unserem Sohn gut ging. »Er gedeiht«, schrieb sie auf kleinen Briefchen, die mir überbracht wurden, »er entwickelt sich zu einem großen, mutigen Jungen, und er ist wie ein eigener Sohn für uns.«

Ich bewahrte alle diese Zettelchen auf und las sie immer wieder, selbst dann, als ich sie bereits auswendig konnte. Es gibt sie nicht mehr. Nach meiner Gefangennahme haben die *camaradas* im Camp sie bestimmt verbrannt.

Manchmal krochen die Jahre bei der Guerilla dahin, dann rasten sie wieder – aber nichts Neues, Revolutionäres geschah. Wir lebten und arbeiteten in unseren Camps, marschierten, kämpften, ohne dass in unserem Land, soviel ich weiß, die geringste Umwandlung stattgefunden hätte. Und ohne dass sich für die FARC oder auch für mich und für meine *camaradas* irgendetwas veränderte. Manchmal verloren wir die Lust an unserer Art von Leben. Sicher, den *comandantes* gelang es vor jedem Gefecht, uns aufs Neue anzuheizen. Sie beschworen mächtige Visionen herauf, die Revolution, für die es sich angeblich immer zu kämpfen lohnte. So versetzten sie die Rebellen in Kampfstimmung, aber wenn ich ehrlich bin, wusste die Mehrheit nicht, um welche Visionen es ging. Die Guerilleros stürzten sich in den Krieg und machten sich nur selten Gedanken über die großen Ziele unseres Freiheitskampfes. Ihre persönlichen Visionen waren nicht groß und auch nicht sonderlich revolutionär. Nur wenige träumten von der Aufwärtsentwicklung unseres Landes, die meisten träumten, außer von der Liebe, vor allem vom eigenen Aufstieg innerhalb der Guerilla.

Bei der FARC kann nämlich jeder Kämpfer und jede Kämpferin Punkte sammeln. Je mehr Punkte man hat, desto höher kommt man in der Hierarchie und desto besser und zugleich aufregender wird das Leben: Zum Beispiel darf man den Führerschein machen, wenn man ihn nicht schon besitzt, und unsere Autos fahren – Samurais, Puntos, Toyotas, Jeeps, Geländewagen. Außerdem darf man mit dem Wagen die *economia,* die Lebensmittel, in den Dörfern abholen. Ein befreundeter Zivilist kauft die Ware im Supermarkt und übergibt sie dem Guerillero, der sie in das Auto einlädt und ins Camp fährt. Vielen *camaradas* machte das großen Spaß.

Nach zwei Jahren in der *fila,* in der Warteschlange, besteht die Chance, zu einem der unteren Kommandanten ernannt zu werden. Voraussetzung ist allerdings, dass man schreiben und lesen kann und keinerlei Verstöße gegen die FARC-Regeln begangen hat. Verboten ist es beispielsweise, die Grenzen des Camps zu überschreiten, ohne sich abzumelden. Weitere Verfehlungen sind: ohne Erlaubnis Alkohol zu trinken, zu stehlen oder die Befehle der Oberen unzulänglich zu befolgen oder gar zu verweigern. Das alles kann der

Karriere und dem Aufstieg innerhalb der FARC deutlich schaden. In den größeren Camps wurden Tafeln aufgestellt, auf denen nachzulesen war, wer welche Anzahl von Punkten erreicht hatte. Besonders viele Punkte bekamen die furchtlosesten, härtesten Kämpfer oder diejenigen, die die Ziele und Ideale der FARC möglichst umfassend aufsagen konnten. Aber es wurden auch diejenigen berücksichtigt, die ihre Waffen pflegten und immer gründlich reinigten, also alle diejenigen, die überzeugend beweisen konnten: Ich bin ein leidenschaftlicher, ein hundertprozentiger Guerillero!

Es lohnte sich auch deswegen, die Karriere voranzubringen und *comandante* zu werden, weil die Anführer, vor allem die obersten, besseres Essen bekommen, elegantere, perfekt verarbeitete Uniformen haben und nicht das Wasser aus den Bächen und Brunnen holen müssen, sondern Limonade, Sprudel und Coca-Cola trinken können.

Ich selbst hatte wenig Interesse, die Karriereleiter bei der FARC zu erklimmen. Mir genügte es, die enorme Verantwortung für die Funkübermittlungen während der Kämpfe zu haben. Was ich wirklich wollte, war, ein Handwerk zu erlernen, eine berufsmäßige Qualifikation zu erlangen. Mein Vater unterstützte mich bei meinem Wunsch, und tatsächlich schickte man mich Anfang des Jahres 2001 in die so genannte *zona de distensión*, ein riesiges, von den FARC kontrolliertes Gebiet, wo mehrere tausend Guerilleros stationiert waren. Von dieser entmilitarisierten Zone werde ich gleich noch mehr berichten, weil sie etwas ganz Besonderes auf unserem ganzen Kontinent war. Dort sollte ich jedenfalls zur Zahnarzthelferin ausgebildet werden, damit ich, wenn Guerilla-freundliche Zahnärzte in die Camps kamen, ihnen assistieren konnte. Leider wurde aus meiner Ausbildung nichts. Sobald ich in der *zona* angekommen war, wurde ich zu schwerer körperlichen Arbeit eingeteilt – Holz, Ziegel und Zement mussten von weit her in die *zona* transportiert werden für den Bau von Häusern, Schulen und Krankenstationen. Über viele Kilometer hinweg trugen wir alles auf unseren eigenen Schultern, und wenn Ladungen mit Materialien mitten in der Nacht eintrafen, mussten wir aus unseren Betten springen und zupacken, die Laster ausladen, zentnerschwere Säcke und riesige Kartons wegschaffen.

Immer wieder bin ich während meines Aufenthalts in der *zona* vertröstet und hingehalten worden: »Diana, *paciencia*, Geduld! Bald kannst du mit deiner Ausbildung beginnen, ganz bald schon!«

Ich wollte mich ja gedulden, aber es fiel mir schwer. Ich sah die prächtigen Häuser der obersten Kommandanten, ihre Gärten, die Dienstmädchen und Köchinnen und erfuhr, dass die Kinder der Obersten studieren durften, zum Studium sogar ins Ausland geschickt wurden – und wurde immer unzufriedener.

Trotzdem will ich erzählen, was das Besondere an der *zona* war. Von unseren *comandantes* wussten wir, dass unser damaliger Präsident, Andrés Pastrana, Ende 1998 für die FARC eine Sonderzone eingeräumt hat, ebenjene *zona de distensión* – ein entmilitarisiertes Gebiet, in dem allein die FARC das Sagen hatte. So etwas hatte es in der gesamten Geschichte Lateinamerikas noch nie gegeben, in keinem anderen Land hat sich eine Guerillagruppe einen Staat im Staat erkämpft, obwohl es auch in anderen Ländern mächtige Guerilla-Verbände gegeben hat. Man nannte unser riesenhaftes Gebiet, das fast so groß war wie ganz Ecuador, auch *República de las FARC* oder *Marulandia*, nach unserem obersten Kommandanten Marulanda.

Die Regierung sprach sehr gerne von einem *laboratorio de paz*, einem Friedens-Laboratorium.

Polizei und Militär hatten sich aus unserer Zone zurückgezogen. Das Areal bestand aus mehreren kleineren Städten, Urwald, Weideland und Plantagen und umfasste fünf Gemeinden. Wir haben in mehreren Ortschaften innerhalb der Sonderzone eigene Bürgermeister gestellt, die Richter abgesetzt und unsere eigenen Gesetze in Kraft treten lassen. Der Fischfang, die Jagd, die Ernteerträge der Bauern – diese Bereiche wurden von der Guerilla kontrolliert. Sogar der Koka-Anbau. Man erzählte sich übrigens, dass viele Bauern und Händler bei ihren Geschäften nicht mit Geld zahlten, das erlaubte und gängige Zahlungsmittel waren Koka und Kokain.

Viele Einwohner der Region mussten Steuern für den Bau von Straßen und Brücken zahlen, alle Menschen verbüßten ähnliche Arbeitsstrafen wie wir Guerilleros, wenn sie etwas getan hatten, das gegen das Gesetz der FARC verstieß. Oder man ließ sie Geldstrafen zahlen. In unseren fünf Gemeinden gab es kaum noch Verbrechen, die Morde und sogar die Gewalt auf der Straße und in den Familien hörten fast völlig auf. Die FARC duldete keine Kriminalität. Es kursierten sogar Geschichten von Erschießungen Schwerkrimineller, auch von Hinrichtungen feindlicher Agenten und Spione der Paramilitärs.

Wie ich erst später erfuhr, gab es eine Friedensverhandlung nach der anderen, der Präsident und seine Minister diskutierten mit unseren obersten Kommandanten in winzigen Dörfern mitten im Dschungel – am Ende ohne jeglichen Erfolg, ohne ein verbindliches Friedensabkommen. Keiner akzeptierte die Bedingungen des anderen. Alle Bemühungen waren vergeblich, der Prozess scheiterte, und der Krieg geht weiter – auch heute noch.

Meine Zeit damals in der *zona* war vor allem frustrierend, weil ich es nicht erwarten konnte, meine Ausbildung zu beginnen und man mich immer wieder hinhielt. Erst ein großes, einzigartiges Ereignis riss mich aus meiner Frustration heraus. Ich war damals wie im Rausch, denn das, was in unserer entmilitarisierten Zone geschah, hatte ich in den mittlerweile elf Jahren als Guerillera noch nie erlebt. Es handelte sich um eine groß angelegte Befreiungsaktion, die ganz Kolumbien bewegte, über die sogar in der internationalen Presse ausführlich und aufgeregt geschrieben wurde. Das weiß ich von meinem Vater, der einen Internet-Anschluss besaß.

Dieser Austausch von politischen Geiseln gegen Guerilleros fiel in die Zeit, als alle noch an den Erfolg der Verhandlungen glaubten und der Friedensprozess in vollem Gange war. Die Befreiungsaktion fand im Juni 2001 statt: 350 Geiseln, die wir, die FARC, gefangen genommen hatten – vor allem Regierungsabgeordnete und Soldaten –, wurden gegen 14 hochrangige FARC-Kämpfer ausgetauscht. Auf den ersten Blick wirken diese Zahlen vielleicht ungerecht, aber für uns war diese bombastische Zeremonie ein wahrer Rausch, denn es schien sich endlich etwas an den verhärteten Fronten zwischen Regierung und Guerilla zu bewegen.

Wahre Menschenmassen drängten damals in die Hauptstadt der *zona* – Zivilisten aus zahlreichen kolumbianischen Städten, Scharen von Journalisten, Fotografen, Kameraleuten, und natürlich unsere Anführer, Marulanda, genannt *tirofijo*, »gezielter Schuss«, und der gnadenlose Guerilla-Krieger Mono Jojoy – sie alle machten sich auf in unsere Hauptstadt San Vicente del Caguán. Der damalige Präsident Pastrana war wenige Tage vor der Freilassung der Geiseln noch einmal bei uns in der *zona* gewesen, um letzte Gespräche über die Freilassung zu führen.

An einem sonnigen Morgen begann die Zeremonie in der Hauptstadt. Alle Guerilla-Kämpfer, die wie ich in der Nähe stationiert waren, durften daran teilnehmen. Überall wehten die Flaggen der FARC – die kolumbianische Fahne, gelb, blau, rot gestreift mit zwei gekreuzten Gewehren in der Mitte –, und es herrschte Hochstimmung. Wir formierten uns für die Parade, über hundert Guerilleros in neuen Uniformen, glänzenden Stiefeln, blitzblanken Waffen, die schirmlosen Mützen schräg auf dem Kopf. Alle Frauen waren perfekt geschminkt, die langen Haare zu Pferdeschwänzen gebunden, die Nägel frisch manikürt. Es spielte eine riesige Militärkapelle. Noch nie habe ich so viele Instrumente gesehen, noch nie so laute, triumphale Musik gehört. *Viva las FARC*, riefen wir aus voller Kehle, dann schmetterten wir unsere revolutionären Lieder:

»Für Gerechtigkeit und Wahrheit hat sich das Volk vereint! Schon in der ersten Glut der Morgendämmerung ertönt das kleine Lied dieser Guerilla, die für eine bessere Zukunft kämpft.

Nie mehr Tränen, nie mehr Schmerzen um das Vaterland. Wir sind Völker, die für die Freiheit aufstehen, die das Band des Friedens knüpfen.«

Wir sangen alle weiteren Strophen und dazwischen immer wieder den Refrain:

»Guerilleros von der FARC, mit dem Volk in den Triumph.
Für das Vaterland!
Für eigenes Ackerland und unser eigenes Brot!
Guerilleros von der FARC,
auf in die Freiheit mit vereinter Stimme, auf!«

Im Gleichschritt marschierten wir auf der makellosen, von uns Guerilleros asphaltierten Hauptstraße bis zu dem Platz, wo die Geiseln versammelt waren, ernste Männer und Frauen, denen die Tränen über die Gesichter rannen. Die meisten waren dünn, sehr dünn, und die Frauen hielten sich fest an den Händen. Als die Zeremonie vorbei war, wurden die Gefangenen auf den Ladeflächen mehrerer Kleinlaster verteilt. Kaum hatten die Pick-ups die Motoren angelassen, rissen die Geiseln sich die Guerilla-Uniformen, die sie während ihrer Gefangenschaft tragen mussten, vom Körper und warfen sie in hohem Bogen auf die Straße.

Sie mussten nicht weit fahren, bereits einige Kilometer außerhalb der Stadt trafen sie ihre Familienangehörigen, fuhren mit ihnen weiter bis nach Macarena. Dort warteten Flugzeuge auf sie, um sie nach Hause in ihre jeweiligen Heimatorte zu fliegen.

Die freigelassenen Guerilleros habe ich aber nie zu Gesicht bekommen, hatte nie mit ihnen sprechen können. Unsere Euphorie über die Aktion währte nicht lange, bald wurde klar, dass sich nichts Entscheidendes verändert hatte – die Kämpfe gingen weiter. Manche waren sogar schlimmer als je zuvor. So würde also auch mein kleiner Sohn

Juan Carlos wohl niemals ein friedliches Kolumbien kennen lernen.

Weitere sechs Monate gingen ins Land, dann sollte ich endlich meinen Odontologie-Kurs beginnen. Nach zwei Wochen – ich hatte gerade gelernt, wie viele Zähne der Mensch hat, wusste, was ein Molar- und ein Prämolarzahn ist, und kannte den Unterschied zwischen Karies und Parodontitis – teilte mir ein junger Kommandant mit: »Wir werden in der Provinz Huila kämpfen, es geht um einen kleinen Ort, den sich das Paramilitär geschnappt hat, Potrero Grande heißt er. Die *paras* lassen sich dort von den Bewohnern verköstigen und nehmen ihnen gewaltige Teile ihrer Ernte ab. Das muss ein Ende haben. Wir starten morgen früh. Mehrere Tagesmärsche, dann über das Gebirge, die Cordillera Oriental, es wird anstrengend.«

»Dios mio, o Gott, und ich soll mit? Ich habe doch gerade meinen Kurs in Zahnheilkunde begonnen!«, erwiderte ich.

Als der *camarada* mein Entsetzen bemerkte, grinste er und sagte: »Mach dir nichts draus. In Huila gibt's die beste *lechona,* so einen guten Schweinebraten hast du noch nie gegessen! Und nach dem Kampf tanzen wir alle *bambuco.«*

Es war sinnlos, mich zu wehren, undenkbar, einen Befehl der FARC-Kommandanten zu verweigern. Wenigstens war meine Freundin Elvira seit einiger Zeit in der *zona* und würde an dem Gefecht teilnehmen. Am Abend vor dem Kampf gab mir ein enger Freund ein goldenes Kettchen, das ihm seine Mutter geschenkt hatte. Es solle mir Glück bringen und mich beschützen, sagte er, nach dem Gefecht könne ich es ihm zurückgeben. Ich habe es nicht genommen. Lachend sagte ich zu ihm: »Es könnte doch sein, dass ich nicht zurückkomme«.

Ich kann nicht mit Sicherheit sagen, ob ich eine Vorahnung hatte. Nur eines ist gewiss: So ungern wie jenes letzte Mal bin ich noch nie in den Kampf gezogen. Meistens freuten wir uns, der öden Routine des Campalltags zu entkommen, diesmal war ich aber wütend. Man riss mich nicht nur aus meinem Kurs, sie verweigerten mir auch noch eine ordentliche Bewaffnung. Ich trug nur eine Pistole, sonst nichts. Das machte mich unsicher. Wir sollten nach dem Kampf die Waffen der Verletzten und Toten einsammeln, hieß es. Ich fühlte mich schlecht.

»Natürlich kommst du zurück«, sagte mein enger Freund beim Abschied zu mir. Ich beschloss, ihm zu glauben.

In den Fängen des Militärs

An dem Tag, an dem ich gefasst wurde – es war der 28. Januar 2002 –, hatten wir gerade einen sehr erfolgreichen Einsatz hinter uns. Zumindest glaubten wir das. Wir waren von unserem Sieg überzeugt und wähnten uns in Sicherheit. Wir hatten der feindlichen Siedlung Potrero Grande gerade eine gewaltige Lehre erteilt, so wie es uns von unseren *comandantes* befohlen wurde. Am nächsten Morgen wollten wir den langen Fußmarsch zurück in unser Camp antreten. Dann würden wir unseren Sieg feiern, tanzen und trinken.

Bei der Siedlung handelte es sich um eine typische *vereda*, eine ausgedehnte ländliche Siedlung in einer der heißesten tropischen Regionen unseres Landes. Zur *vereda* gehörten mehrere, über zwei Hügel verstreute Gehöfte, umgeben von Weiden, von Bananenpflanzungen sowie Maniok- und Maisfeldern. Dort leben seit Generationen die gleichen Bauern mit ihren Frauen und Kindern, mit Schweinen, Hühnern, Ziegen und jeder Menge Hunden. Einige besaßen einen Teich mit Fischen, die sie fingen und verkauften.

In der Nacht vor einer Offensive machte keiner von uns ein Auge zu. Das war immer so. Auch auf dem mehrtägigen Fußmarsch von unserem Camp bis zum Ort des Gefechts mussten zwei, höchstens drei Stunden Schlaf unter einer zwischen Bäumen gespannten Plane genügen.

Dieser Fußmarsch war besonders anstrengend. Patronengürtel, Pistole, im Rucksack mein Proviant, dann das Funkgerät – es müssen mindestens dreißig Kilo gewesen sein, die ich schleppte. Meine Freundin Elvira trug außerdem noch ein Nachtsichtgerät und Handgranaten, sie war klein, aber eine der Zähesten. Soweit ich mich erinnere, brauchten wir vier Tage bis nach Potrero Grande. Etwa zehn Stunden und die halben Nächte lang durchquerten wir von Moskitos gequält die dicht bewaldeten Hänge der Cordillera Oriental auf engen, meist glitschigen Trampelpfaden, die bei Regen zu Sümpfen wurden. Hohe Gräser, scharf wie Messerklingen, schnitten uns ins Gesicht. Hin und wieder kamen wir an verlassenen, überwucherten Bauernhöfen und Hüttendörfern vorbei. Die Verzweiflung über die nimmer endenden Gefechte hatte die Bewohner in die Flucht getrieben. Dann wurde der Urwald zuweilen so dicht, dass sich das Wirrwarr aus Lianen und Baumkronen über uns schloss und wir das Gefühl hatten, durch einen finsteren Tunnel zu laufen. An manchen Stellen gurgelte ein Bach quer über den Pfad oder es schoss plötzlich ein Wasserfall aus dem Inneren einer Bergwand hervor. Wer da ausrutschte, wurde in eine Schlucht gerissen, die so tief war, dass man für immer verloren war.

Da Frauen und Männer bei der Guerilla gleichrangig sind, erwartete ich keine Gefälligkeit von meinen *camaradas*, obwohl ich doch klein und zierlich bin. Wenn uns das Dickicht den Weg versperrte, schnitten auch wir Frauen mit der Machete Schneisen durch das Gestrüpp.

Nur ein einziges Mal in den elf Jahren, die ich für die FARC kämpfte, hob mich ein barmherziger Guerillero auf seinen Rücken. Der Knoblauch, der gegen die Schlangen in meinem Stiefel steckte, drückte so sehr, dass ich Blasen an den Füßen bekommen hatte und vor Schmerzen kaum noch einen Schritt laufen konnte.

Nach einer solchen Tour durch den Urwald waren wir alle vor Erschöpfung wie gelähmt. Erst in der letzten Stunde bevor das Gefecht losgeht, werden wir unruhig, und es steigt die Nervosität. Die einen schütten haufenweise Kaffee in sich hinein, andere laufen wie verrückt auf und ab. Wir Frauen beten, und diejenigen, die wie ich, ein Kind haben, flehen Gott und alle Heiligen an, dass sie überleben mögen, damit ihr Kleines nicht seine Mutter verliert. Wir leben zwar von unseren Kindern getrennt, aber keine Frau gibt die Hoffnung auf, ihr Kind irgendwann wieder in ihren Armen zu halten. Die *comandantes* verstanden es, die Kämpfer für den bevorstehenden Kampf einzustimmen, uns anzustacheln und aufzuputschen. Jedes Mal erregen sie in uns das Gefühl, dass dies ein entscheidendes Gefecht sei, denn ein großer Sieg sei nur möglich, wenn eine Unsumme kleiner Siege gewonnen würde. Viele von uns brauchten diesen revolutionären Überschwang, die aufgeheizte Stimmung, um dann mit aller Kraft in den Kampf zu gehen. Wenn dann der Befehl zum Aufbruch ertönt, werden wir schlagartig ruhig. Jeder ist hellwach und vollkommen gefasst. Keine Angst, kein Gedanke an den Tod oder an unsere Lieben beherrscht uns mehr. Wir sind ganz und gar konzentriert und haben nur noch unser Ziel vor Augen, sonst nichts.

Um drei Uhr morgens robbten wir so lautlos wie möglich, jeweils zu fünft, an die Häuschen von Potrero Grande heran. Ich dankte dem Himmel für das wilde Zirpen der Grillen und das ohrenbetäubende Quaken der Frösche. Denn ich bekam einen Niesanfall, als sich eine Mücke in meine Nase verirrte. Zum Glück übertönte der Dauerlärm der Tierchen jedes Geräusch. Reglos verblieben wir in unseren Stellungen und warteten auf das Zeichen des *comandante.* Sein Nachtfernglas war auf die Häuser der *vereda* gerichtet, er beobachtete, ob sich irgendwo jemand bewegte. Doch es war ein friedlicher Ort. Bei diesem Einsatz bedienten andere das Funkgerät, ich gehörte zu den Kämpfern, ich hatte keine andere Wahl. Als uns per Funk der vereinbarte Befehl erreichte, stürmten wir alle gleichzeitig los und traten die Türen der Häuser ein. Nirgends eine Menschenseele. Die Zimmer, die Betten, die Schuppen, alles leer. Das gesamte Dorf war wie ausgestorben. Nur ein paar angekettete Hunde bellten wie wild. Die Bauern hatten uns also erwartet und waren rechtzeitig abgehauen. Wir durchsuchten die Häuser, kippten die Bettgestelle um, leerten die Schubladen auf den Boden aus. Meine Einheit fand keinerlei Waffen, gar nichts Verdächtiges. Wie ich später erfuhr, erbeuteten andere Mitkämpfer nichts als ein paar Militärstiefel in einer der Hütten und einen Haufen Munition in einer Kleiderkommode.

Heute schäme ich mich, wenn ich daran denke, wie wir in diese Häuser eingedrungen sind und alles durchwühlten, was diesen fremden Familien gehörte – Bauernfamilien, die gezwungen wurden, mit dem Paramilitär zusammenzuarbeiten, die um ihr Leben fürchten mussten, wenn sie sich weigerten.

Damals schämte ich mich nicht, denn ein Befehl ließ keinen Raum für Zweifel und Weichheiten. Außerdem waren wir davon überzeugt, das Richtige zu tun.

Ich und ein *compañero* waren gerade dabei, das letzte Haus am äußersten Ende der Siedlung zu durchsuchen, als ich ein unterdrücktes, aber deutliches Schluchzen hörte. Kurze Stille, ein Wimmern, dann entdeckte ich eine Kammer hinter der Küche. Dort kniete zwischen Besen und Mistgabeln eine junge Frau auf dem Boden, ihren kleinen Sohn fest an sich gedrückt. Fünf, sechs Jahre musste er sein. Ich vergaß auf einen Schlag, weshalb ich dort war, und hob das Kind auf meine Arme: »Wir tun dir nichts, wir tun dir bestimmt nichts!«

Auf einmal fielen ganz in der Nähe mehrere Schüsse. *»El ejercito!* Das Militär greift an!« Da bekamen unsere Leute per Funk den Befehl, die gesamte *vereda* in Brand zu setzen und dann die Siedlung sofort zu verlassen.

Schnell packte ich das Kind an die eine Hand, die Mutter an die andere und lief mit ihnen ins Freie. Hinter uns zündeten meine Mitkämpfer auch dieses Haus an.

»Señorita, por favor«, flehte die Frau, »bring mich um, wenn du willst, aber bitte, bitte lass meinen Kleinen am Leben!«

»Sei still!«, herrschte ich sie an. »Wir müssen hier weg, weg vom Feuer!«

Etwa hundert Meter weiter blieb ich stehen. Es fielen immer noch irgendwo in unserer Nähe Schüsse, dann trat nach wenigen Minuten Stille ein. Keine Gewehrsalve mehr, nur das Prasseln des Feuers, die Flammen, die in den Himmel loderten. Man hörte, wie die Dächer einstürzten. Die Hitze war höllisch. Als sie sah, wie die Häuser in Flammen aufgingen, zog sich die Armee offensichtlich zurück. Der kleine Junge drückte sein Gesicht an meine Hüfte, ich hielt noch immer die Hand der Mutter und spürte, wie sie zitterte. »Lauf!«, zischte ich der Frau zu und schubste sie und den Kleinen in Richtung Tal. »Rennt, da unten ist keine Gefahr.«

Wir Guerilleros hatten den Befehl erhalten, uns sofort auf der Hochebene zu versammeln, die hinter uns lag. Ich weiß nicht, was mit der Mutter und ihrem Kind geschehen ist, ich habe es nie erfahren. Aber sie wurden bestimmt nicht erschossen, denn zu diesem Zeitpunkt war das Gefecht vorbei.

Später, bei meinem Gerichtsverfahren, hieß es, auch ich hätte die Häuser, Hütten und Stallungen der 90 Bauernfamilien in Schutt und Asche gelegt. Und vorher hätten die Guerilleros die Behausungen ausgeraubt und geplündert. Bei den Kämpfen seien neun unschuldige Menschen getötet worden, am Mord dieser Zivilisten sei zweifellos auch ich beteiligt gewesen.

Das ist der Grund, weshalb ich nicht nur wegen Zugehörigkeit zur FARC, sondern wegen Raub und mehrfachen Mordes verurteilt bin. Mein Anwalt mochte noch so stark beteuern, dass in meiner Pistole nicht eine einzige Kugel gefehlt habe, dass auf der Waffe keine Fingerabdrücke von mir gewesen seien, ich könne also gar nicht geschossen haben – das Gericht schenkte diesen Beweismitteln nicht die geringste Beachtung. Es weigerte sich außerdem, Bewohner aus der *vereda* bei der Verhandlung zuzulassen. Sie hätten bezeugen können, dass ich nicht geschossen, dass ich meine Waffe kein einziges Mal benutzt habe. Was nützt mir heute die Gewissheit, weder ein Haus abgebrannt noch irgendeinen Schuss abgegeben zu haben? Oder dass ich alles getan hatte, um das Leben des Kindes und seiner Mutter zu retten? Überhaupt nichts.

Nach dem Ende des Kampfes trafen sich unsere Einheiten an dem vereinbarten Ort – einem leidlich von Büschen und Felsen geschützten Platz auf einem steinigen Bergplateau. Wir zählten unsere Leute: Alle waren da, 25 Männer, 5 Frauen, keiner verwundet. Wir waren völlig entkräftet, verschwitzt und sehr müde. Aber auch froh. Das Gefecht war vorbei, keiner von uns hatte sein Leben verloren. Erleichtert sanken wir auf die Steine und zerrten uns die Stiefel von den schmerzenden Füßen. Ich lehnte den Kopf an die Schulter meiner *compañera* und Freundin Elvira. Nach solchen Einsätzen fühlten wir uns alle besonders eng miteinander verbunden. Die Hochebene, auf der wir uns befanden, war eine karstige, wüstenartige Landschaft, in der der Wind so laut pfiff, dass man sich gegenseitig ins Ohr brüllen musste, um verstanden zu werden.

»Ich gehe und hole Wasser aus dem Rucksack«, schrie ich, die anderen nickten.

Der Wind tobte und heulte so laut, dass nicht einer von uns die Helikopter über uns hörte. Als die Hubschrauber wenige Sekunden später wieder verschwanden, waren meine Kameraden alle tot. Das Militär hatte sie abgeknallt.

Ich bin die Einzige, die diesen Angriff überlebt hat. Elvira, die etwa einen Meter von mir entfernt am Boden lag, lebte noch ein, zwei Sekunden, sah mich mit riesigen Augen an, dann fiel ihr Kopf leblos zur Seite.

Ich überlebte nur, weil ich, als die Hubschrauber kamen, gerade in meinem Rucksack kramte, der unter einem Felsvorsprung lag, um nach der Wasserflasche zu suchen. Das hat mich gerettet. Ohnmächtig beobachtete ich, wie mehrere Soldaten, die nicht mit ihren Leuten weggeflogen waren, meine toten *camaradas* aufsammelten und in eine lange Reihe nebeneinander legten. Die Männer scherzten und pfiffen Liedchen, die ich alle gut kannte. Sie hatten uns reingelegt, überlistet und niedergemäht. Ein Sieg auf der ganzen Linie. Nachdem sie abgezogen waren, versuchte ich mich aus dem Staub zu machen. Doch ich stand unter Schock. Nach zwei, drei Schritten verlor ich das Gleichgewicht, rutschte aus und verletzte mir das Knie. Eine tiefe Fleischwunde, aus der das Blut quoll. Wie sich erst später herausstellte, brach ich mir auch den rechten Knöchel. Im Fallen gelang es mir noch, mich an eines der kümmerlichen Bäumchen zu krallen, die hier und da zwischen den Steinen standen. Aber ich war so entkräftet, dass ich den Halt verlor und den Hang hinabrollte, immer weiter und weiter, bis ich in einer Talsohle liegen blieb. Wie lange ich da lag, ich weiß es nicht, ich hatte das Bewusstsein verloren.

Als ich wieder zu mir kam, sah ich, dass direkt neben mir ein Bach floss, und zu meinem Entsetzen waren auch die Soldaten wieder da. Sie hatten ihre Waffen abgelegt, wuschen sich den Dreck und das Blut von ihren Gesichtern und spritzten herum wie alberne Kinder. Einige Meter von mir entfernt setzte sich ein junger Soldat auf einen Stein und zündete sich eine Zigarette an. Er streckte sich, drehte sich zu einem seiner Kameraden um – und stutzte.

»Was ist *das* denn?«, rief er. »*Epa!* Hier liegt ja ein kleines Mädchen!«

Das war der Tag, an dem ich festgenommen wurde. Ich flehte die Männer an, mir nichts zu tun, bekniete sie, mich *por el amor de Dios,* wegen ihrer Liebe zu Gott, nicht zu vergewaltigen. Die Männer waren freundlich, säuberten meine Wunden und flogen mich mit dem Helikopter in die Kaserne von Neiva, der Hauptstadt von Huila.

Mit mir im Helikopter waren drei tote Guerilleros. Einer davon war meine Freundin Elvira. Wenn ich zur Seite schaute, blickte ich auf ihre nackten Füße und den abblätternden hellroten Lack ihrer Fußnägel. Es war der Nagellack, den wir uns immer geteilt haben.

X. Im Frauengefängnis von Bogotá

Der Weg in die Haft

In der Kaserne von Neiva wurde ich in eine enge Zelle ohne jegliche Beleuchtung eingeschlossen. Darin gab es eine Pritsche und einen Stuhl, über der Schlafstelle eine vergitterte Öffnung nach draußen, an der Tür ein Fensterchen, das ein schwaches Licht vom Flur hineinließ. Die erste Nacht war ein Albtraum. Ich wälzte mich auf meiner Liege, dass die Sprungfedern nur so quietschten, sprang zwischendurch auf, tappte von einem Ende der Zelle zum anderen, fluchte und weinte. So verlassen hatte ich mich noch nie gefühlt, noch nie so verloren. Sobald mir die Augen zufielen, riss ich sie wieder auf. Teuflische Geister belagerten meine Zelle, sie lachten bösartig, da war ich mir ganz sicher. Hier war ich mitten im Feindesland, was bedeutete, dass ich unbedingt wachsam sein musste und nicht einschlafen durfte.

Wie hypnotisiert starrte ich auf meine Fingernägel. Das Flurlicht fiel auf meine Finger, auf meinen hellroten Nagellack, der auch Elviras Nagellack gewesen war. Während ich meine Hände fixierte, durchlebte ich jeden einzelnen Augenblick, jede Sekunde der vergangenen Tage noch einmal: brennende Häuser, unerträgliche Hitze, dann das ohrenbetäubende Heulen des Windes auf der Hochebene, das Knattern der Helikopter, der plötzliche Donner der Maschinengewehre. Die Leichen, der Geruch von Blut. Auf einmal tauchte Elviras verlorener Blick vor mir auf, eine Sekunde bevor sie starb. Warum hatte ich nicht versucht, sie zu retten? Ich hatte doch Mund-zu-Mund-Beatmung gelernt, hatte verwundete Guerilleros verarztet, ihre Wunden gesäubert – hätte ich meine Elvira nicht auch ins Leben zurückholen können? Nichts hatte ich für meine allerliebste Freundin getan, gar nichts.

»Es tut mir so schrecklich Leid, *hermanita,* meine Schwester, es tut mir so Leid!«, sagte ich laut und wiederholte mich immer wieder, als wäre sie da und könnte mich hören. »Elvirita, warum musste es dich erwischen? Ausgerechnet dich! Und gerade dann, als wir uns alle so sicher fühlten! Viel zu sicher! Dieser verfluchte Krieg!«

In mir rumorte auch mein allererstes Gespräch mit Elvira. Ich war noch keine zwei Monate bei der FARC gewesen und hatte sie gefragt: »Wie ist es, wenn man einen Menschen tötet?«

Sie hatte geantwortet: »Du gewöhnst dich dran.«

Und wenn man seine Weggefährtin verliert, gewöhnt man sich daran auch? Das hatte ich sie nicht gefragt. Meine Elvira – furchtlos im bewaffneten Kampf, so loyal als Freundin, so nobel, so lustig. Nie wieder würden wir miteinander quatschen und lachen.

Nun fühlte ich mich nicht nur von üblen Geistern verfolgt, nein, jetzt wüteten in meiner Zelle auch meine Schuldgefühle und meine Rachegelüste. Ein schneidender Schmerz durchdrang meine Brust, und mich überfiel unendliche Verzweiflung. Irgendwann schimmerte Tageslicht durch die Luke. Ein Soldat brachte mir einen *tintico,* ein Tässchen Kaffee, führte mich zur Toilette, dann wieder zurück in die Zelle. Als er die Tür schließen wollte, sprach ich ihn an. Ich musste mit jemandem reden, irgendetwas Harmloses sagen, etwas Normales. »Entschuldigen Sie, señor, wo bin ich denn hier?«, fragte ich lächelnd, obwohl ich es ganz genau wusste.

Der Soldat, ein junger Bursche mit einem rosigen, runden Gesicht, blieb ruckartig stehen und sah mich an, als wäre ich ein Gespenst. Vermutlich war es zu viel für ihn, dass eine teuflische Guerillera höflich und freundlich sein konnte. Dann entwickelte sich ein Gespräch zwischen uns, ich kann mich an die Einzelheiten jedoch nicht mehr erinnern. Am Ende, das weiß ich aber noch, fragte er mich nach meiner Lieblingsmusik, und ich nannte ihm ein paar Lieder. Mittags hielt jemand plötzlich einen Kassettenrekorder an mein Fenster. Überrascht hielt ich die Luft an, als ich die warme, rockige Stimme meines Idols, Carlos Vives, hörte, der meine Lieblingslieder sang: »*La princesa y el soldado*« (Die Prinzessin und der Soldat), »*La maleta de sueños*« (Der Koffer voller Träume) und andere mehr. Ich hockte in meiner Zelle und war vollkommen aufgelöst. Am liebsten wäre ich durch meine kleine Luke gesprungen, um diese Männer, diese Soldaten zu umarmen. Nicht nur »mein« Soldat, auch einige seiner compañeros blickten zu mir hinein, ein Gesicht nach dem anderen erschien an den Stäben und lachte mir zu. Die Soldaten scherzten mit mir und machten mir Mut.

Am vorletzten Tag reichten sie mir sogar Zettel durch die Gitter. Darin verabschiedeten sich die Soldaten von mir und schrieben, ich sei bestimmt unschuldig, das könnte doch jeder sehen. Die Richter würden das auch erkennen, das Schicksal meine es bestimmt gut mit mir.

Das erste Verhör fand am nächsten Mittag in dieser Kaserne statt, in die man mich von Potrero Grande aus gebracht hatte. Ich schilderte die Ereignisse, so wie ich sie später vor Gericht vorbringen sollte, aber der Offizier war an meiner Geschichte nicht sonderlich interessiert, er unterbrach mich, denn er wollte eigentlich nur das eine wissen: ob ich bereit sei, mit dem kolumbianischen Militär zu kollaborieren. Ich solle als Informantin tätig werden, das würde mein Strafmaß extrem verringern – höchstens fünf Jahre Haft. Ich weigerte mich. Ich als Denunziantin meiner *camaradas?* Meinen eigenen Vater verraten? Niemals.

Wenige Tage später wurde ich nach Bogotá geflogen. Man hatte mich in schwarze Kleidung gesteckt und an den Händen gefesselt in die Passagiermaschine bugsiert. Mein verletzter Knöchel und die Wunde am Knie waren so weit verarztet worden, dass ich einigermaßen humpeln konnte. Ein junger Soldat begleitete mich, das Gesicht versteinert, der Körper stocksteif.

»Hab keine Angst«, sagte ich nach einer Weile, »sei ganz beruhigt, ich hau nicht ab, glaub es mir.« Er blieb stumm. »Ich bin Diana, aber eigentlich heiße ich Sandra. Und du«?

Er murmelte etwas. Kurz vor der Landung gelang es mir, ganze Sätze aus ihm herauszulocken. Er taute auf, sprach über sich, erzählte aus seinem Leben, und auf einmal hörte ich ihn leise ausrufen: »So ein höfliches Mädchen wie du bei der FARC? Du hast nichts von einer Guerillera! Weißt du, wie sich die FARC-Leute sonst benehmen? Sie beschimpfen uns, sie spucken, sie überhäufen uns mit Beleidigungen. ›Ihr Hurensöhne! Ihr verdammten Scheißkerle!‹ – so etwas rufen sie.«

Am Flughafen wurde ich zunächst in einen kleinen Büroraum gesperrt. Ich schaute mich um, sah Aktenordner auf dem Tisch, eine leere Tasse, einen uralten Computer, bis mein Blick auf mehrere Gewehre fiel, die auf den Boden gestapelt waren.

Als ich später von »meinem« Soldaten und zwei weiteren

in einem Kleinbus der INPEC, der Dienststelle des Gefängnisses, abgeholt wurde, sagte ich als Erstes: »Darf ich euch einen Tipp geben? Lasst eure Waffen nicht so herumliegen! Ein Griff, und ich hätte mich freischießen können. Eine andere Guerillera hätte das sicher gemacht, das geht auch mit gefesselten Händen!«

Die Burschen zuckten zusammen, dann erhellten sich ihre strengen, verschlossenen Gesichter, einer streckte sogar seine Hand aus und legte sie auf meine. »Du sollst Menschen ermordet haben? Das kann nicht sein!«

Sie gaben mir von ihrem Wasser zu trinken, beteuerten mit immer neuen Worten, wie Leid es ihnen tue, dass ich bei der FARC gelandet sei – wirklich ein Jammer! Ich solle mich vorsehen, sagten sie noch zum Abschied, im Gefängnis *Buen Pastor* wimmele es von Lesbierinnen, sie würden hübsche zarte *chicas* wie mich sofort vergewaltigen. Der junge Soldat aus dem Flugzeug rief mich sogar ein paarmal im Gefängnis an, fragte nach meinem Prozess, wollte wissen, wie viele Jahre ich denn bekommen habe. 27, sagte ich. Er konnte es nicht glauben – so viele Jahre? Ein halbes Leben sei das, meinte er bestürzt. Dann fasste er sich und riet mir, mich immer gut zu benehmen und alle Arbeiten anstandslos zu verrichten, das würde mein Strafmaß reduzieren. Wer weiß, vielleicht käme man ja dann irgendwann zusammen.

Bei seinem letzten Anruf erzählte er mir, er habe gerade einen blutigen Kampf gegen die Rebellen der FARC hinter sich. Mir verschlug es die Sprache, doch dann sagte ich: »*Que Dios le de mucha vida*, möge Gott dir ein langes Leben schenken, du hast es verdient!«

Danach habe ich nie wieder etwas von ihm gehört. Wieso

sollte er sich auch für eine Frau interessieren, die ihr Leben hinter Gittern verbringt?

Der Hochsicherheitstrakt

Ich kann mich an die erste Zeit im *Buen Pastor* nur bruchstückhaft erinnern. Vielleicht, weil ich es nicht fassen konnte, tatsächlich hinter Gittern zu sein. Ich brauchte lange, um zu begreifen, dass sich mein Leben jetzt auf einen einzigen Gefängnistrakt reduzierte, der halb so groß war wie ein Fußballfeld. Nur an meine Ankunft entsinne ich mich genau. Ich weiß noch, dass ich heftig nach Luft rang, als sich das riesengroße Eisentor der Haftanstalt öffnete und automatisch hinter uns schloss. Unser Auto hielt auf einem großen Platz. In der Mitte waren hohe Bäume mit dicken, weiß gestrichenen Stämmen, rechts die Gefängnismauer, darüber Spiralen aus Stacheldraht, links flache, weiß getünchte Gebäude, in denen sich die Büros befanden. Weiter hinten sah ich die Wachtürme. Ich wartete in einem vergitterten Verschlag, dann nahm eine Wärterin in dunkelblauer Uniform und hohen schwarzen Lederstiefeln meine Personalien auf, durchsuchte mich gründlich bis in den Intimbereich und schob mich anschließend durch eine schwarze Gittertür. Die Tür fiel zu und wurde verriegelt, dann brachte man mich in den *patio* Nummer sechs.

Das Gefängnis besteht aus acht *patios,* acht Trakten, die tatsächlich einen *patio* haben, einen Innenhof, um den sich auf drei Stockwerken die Zellen gruppieren. In einem kleinen Raum direkt am Eingang zum jeweiligen Trakt sitzt die *guardia,* die Aufseherin in Polizeiuniform, von wo aus sie den gesamten Hof überblickt. Der *patio* Nummer sechs ist ein Hochsicherheitstrakt. Die Gefangenen hier sind allesamt Guerilleras, die niemals andere Teile des Gefängnisses betreten dürfen – weder die Werkstätten noch den Friseurladen oder den großen überdachten Essplatz zwischen den einzelnen Trakten. Guerilleras sind solche kleinen Freiheiten verwehrt, angeblich sind sie zu gefährlich, sie sind bedrohliche Staatsfeinde.

Dabei sind wir Guerilla-Kämpferinnen aufgrund unserer strengen militärischen Ausbildung viel disziplinierter und verantwortungsbewusster als die gewöhnlichen Verbrecherinnen, die Drogendealerinnen, die Raubmörderinnen. Aber das zählt hier nicht.

Uns bleibt als Auslauf unser Innenhof unter freiem Himmel, wo wir Basketball spielen, joggen, uns in Grüppchen unterhalten und uns jeden Freitag gegenseitig frisieren und schön machen für den nächsten Tag: Samstag ist Männer-Besuchstag, da spielt im Hof ein Kassettenrekorder, wir tanzen und amüsieren uns. Wer einen festen, bei der Gefängnisleitung registrierten Partner hat, darf sich mit ihm in eine der *celdas,* der Zellen, zurückziehen.

Meine Zelle ist kaum größer als mein Bett, doch die Tür geht, wie alle Zellentüren, direkt zum Hof hinaus und steht meistens offen. Über meinem Bett hängen Regale mit Fächern für meine Fotos, meine Plüschtiere und meine Kleider, am Fußende steht der Fernseher, den mir mein Vater finanziert hat. Unter dem Bett ist die Matratze, die nachts herausgeholt wird für die Frau, mit der ich die winzige Zelle teile.

Wie ich die ersten Wochen verbracht habe? Ich weiß nicht

mehr viel, außer dass sich ein lebensgefährlicher Wurm, den ich mir wohl im Dschungel eingefangen haben musste, allmählich durch das Fleisch meiner Hüfte fraß. Ich war ein zitterndes Nervenbündel, dem man starke Beruhigungsmittel verabreichte. Dann folgte eine kurze Operation, an die ich mich kaum erinnere, nur, dass sie im Gefängnis stattfand und ich froh war, dass der Wurm herausgeschnitten wurde.

Niemand im Trakt belästigte mich, alle siebzig Frauen schienen zu spüren, dass ich nicht ansprechbar war. Ich verkroch mich und schöpfte unsinnige Hoffnung aus dem Brief, den ich gleich zu Anfang von meinem Vater bekommen hatte: »Liebe *negrita*, hiermit grüße ich dich und sage dir, wie weh es mir tut, dass du der Freiheit beraubt bist. Wenigstens tröstet es mich, dass du noch lebst, wo du das einzig Gute bist, dass ich jemals gehabt habe. *Te cuento*, ich erzähle dir, dass deine Freunde hier dauernd nach dir fragen und dass ich alles tun werde, um dich von dort rauszuholen. Ich werde nicht stillhalten, bis ich dich wieder bei mir habe. Ich bitte dich nur um ein wenig Geduld, vergiss nicht, dass du nicht allein bist. Ich schicke dir Küsse und Umarmungen, dein *papito*, der dich sehr liebt.«

Ein Mal in der Woche rief mein Vater mich an, seine Anrufe hielten mich am Leben. Wenn die *interna*, die Mitgefangene, die gerade Telefondienst hatte, über den Hof brüllte, »Sandra Arango, *Teléfono!*«, tat mein Herz einen gewaltigen Sprung, und ich rannte zum Apparat, der an der Mauer des Hofs angebracht ist, und presste den Hörer fest an mein Ohr. Ich schloss die Augen, vergaß alles um mich herum und ließ mich von seiner Stimme wegtragen: »Mein Töchterchen, verzage nicht, dein Vater kämpft für dich! Deine Großmutter betet für dich, deine Freunde vermissen ihre Diana!«

Ich sagte wenig, versicherte ihm nur, dass ich wohlauf und sehr *juiciosa,* sehr brav, sei. Danach schluckte ich und verstummte, sonst wäre ich in Tränen ausgebrochen. Das wollte ich meinem Vater nicht zumuten. Wer weiß, wie lange ich noch in meiner seltsamen, einsamen Welt verharrt wäre, wenn sich nicht eine junge Mitgefangene, die ich bei der FARC flüchtig kennen gelernt hatte, meiner angenommen hätte. Miriam setzte sich einfach auf meine Bettkante und erzählte eine lustige Geschichte nach der anderen. Sie schaffte es, mich zum Lachen zu bringen. Sie fing an, für uns beide in der Gemeinschaftsküche zu kochen, bestand darauf, meine hüftlangen Haare zu waschen, und fragte irgendwann vorsichtig nach meinen Erlebnissen. Sie wurde meine Freundin.

»Die anderen *internas* haben dich am ersten Tag und nach deiner Operation taxiert«, erzählte sie mir, als wir wieder einmal auf meinem Bett hockten, »das geschieht immer, wenn eine Neue kommt. Sie haben jeden deiner Blicke, jede Bewegung, jeden Satz abgeschätzt. Weil du ihren Blicken standgehalten hast, nichts an dir verschlagen oder heimtückisch wirkte, haben sie dich sehr schnell akzeptiert und in Ruhe gelassen. Dass du kein *sapo* bist, war sofort allen klar.«

Ich ein *sapo,* ein Verräter, ein Informant, der mit der Regierung kollaboriert? Dann wäre ich verloren gewesen, ein schlimmeres Vergehen gibt es in dem Gefängnishof der Guerilleras nicht.

Ich hatte in meinem *patio* einige Freundschaften geschlossen, die meisten Frauen mochten und achteten mich. Und die wenigen, die mich wegen meiner anfänglichen Zurückhaltung für hochmütig hielten, waren mir egal. Mittlerweile hatte ich angefangen, Ketten und Ohrringe aus Glas- und Plastikperlen zu basteln, hatte gelernt, hübsche Armbänder und Körbe aus dünnen bunten Fäden zu flechten, und verkaufte sie sonntags, wenn Frauen-Besuchstag war. Allmählich begann ich körperlich und seelisch zu heilen.

Es tat mir auch gut, einer Journalistin meine Lebensgeschichte zu erzählen und mir alles, was ich erlebt hatte, von der Seele zu reden. Ich hatte das Gefühl, dass mein Leben zählte, ich blühte auf, weil man mir zuhörte, und ich hoffte plötzlich, dass mir vielleicht doch Gerechtigkeit widerfahren würde.

Vielleicht gab mir das den Mut, meinen Vater etwa ein halbes Jahr nach meiner Inhaftierung in einem Brief zu bitten, die FARC zu verlassen. Er sei ein grandioser Kommandant, aber wenn ich wieder frei wäre, müsse er mit mir in die Stadt ziehen, ich würde arbeiten, für ihn sorgen, wir könnten wie ganz normale Zivilisten leben – das wäre mein Traum!

Seine Antwort kam per Telefon und war ein Ausbruch der Empörung. Er habe eine lebenslängliche Verpflichtung gegenüber der Revolution, rief er in den Hörer, und ich ebenso! Ich war enttäuscht. Mein Ärger über seine Sturheit schwelte noch in mir, als das Unfassbare geschah. An dem Tag, der alles veränderte, rief morgens um neun Uhr – ich telefonierte gerade mit meinem neuen Freund – die *compañera* Olga nach mir. »Sandra, du musst sofort kommen!«

»Gleich, du siehst doch, dass ich telefoniere!«, rief ich zurück und turtelte weiter. Ich dachte gar nicht daran, mich von einer *interna* herumkommandieren zu lassen, außerdem ist unser Telefon dauernd besetzt, ich konnte froh sein, dass mein Freund durchgekommen war. Ich hatte ihn vor wenigen Wochen an einem Samstag kennen gelernt – dem Tag, an dem Männerbesuch erlaubt ist. Der Geliebte einer anderen Guerillera hatte den *monito,* den blonden Jungen, mitgebracht, er hatte sich in mich verguckt, und wir haben miteinander getanzt, bis sein Freund ihn von mir wegzerren musste, weil die Besuchszeit zu Ende war. Wir fielen aus allen Wolken.

»Sandra, hör auf zu telefonieren!«, schrie Olga und wedelte hektisch mit den Armen. Dann kam sie über den Hof gelaufen, stellte sich vor mich und befahl: »Jetzt komm gefälligst mit.«

In ihrer Stimme lag eine Dringlichkeit, die mich erschreckte. Ich verabschiedete mich von meinem *monito,* legte auf und folgte ihr in ihre Zelle.

»Setz dich.«

»Gibt es wieder Streit? Wer liegt sich jetzt in den Haaren – soll ich schlichten?«

Olga schüttelte den Kopf, dann sagte sie leise: »Sandra, du weißt ja, man muss stark sein, wenn Probleme auftauchen.« Ich verzog das Gesicht, sie nervte mich.

»Was ist denn los, so rede doch, habe ich etwas angestellt? Hat mich jemand schlecht gemacht? Sag mir die Wahrheit, damit ich mich wehren kann. Rede endlich, wer hat Probleme mit mir, du vielleicht?

»Nein, Sandra, niemand hat ein Problem mit dir. Es geht um deine Familie.«

»Meine Familie?«, fragte ich und verstand gar nichts mehr.

»Die Familie, die Eltern, die Verwandten, sie können nicht ein Leben lang bei einem sein, irgendwann …«

Sie verstummte, und ich ahnte noch immer nicht, worauf sie hinauswollte.

»Sandra, es ist etwas passiert.« Dann brach Olga in Tränen aus.

»Sag endlich, Schwester! Sag endlich, was passiert ist!«

»Dein Vater. Er lebt nicht mehr. Kein Kampf, kein feindlicher Schuss. Dein Vater hatte einen Herzinfarkt. Ein *camarada* hat heute ganz früh hier angerufen, ich hatte gerade Telefondienst.«

Ich hielt mich mit den Händen an der Bettkante fest, dann kippte ich um. Olga fing mich mit beiden Armen auf. Ich weiß nicht, wie lange ich ohne Bewusstsein war. Als ich wieder zu mir kam, lag ich auf Olgas Bett, und Miriam beugte sich besorgt über mich. Um mich herum standen unzählige Frauen bis in den Hof hinaus, sogar die *guardia* kam und versuchte, mich zu trösten. Miriam half mir hoch, und ich fing an zu schluchzen. Daraufhin heulten alle, während Miriam mich zu meiner Zelle begleitete. Dort warf ich mich auf den Boden und schrie mir die Seele aus dem Leib. »Ich werde mich töten, ich will nicht mehr leben! Ich will zu meinem Vater, ich will nur noch sterben!«

Sie taten alles, um mich zu trösten, aber es half nichts. Ich flehte die *guardia* an, mich an Händen und Füßen zu fesseln und zu meinem Vater zu bringen, ich würde herausfinden, wo sein Begräbnis stattfand.

»Ja, Sandra«, sagte sie, »wir bringen dich zu ihm!«

Sie informierte die Gefängnisdirektorin, und daraufhin kam eine Krankenschwester und spritzte mir ein Beruhigungsmittel. Natürlich dachte niemand auch nur eine Sekunde daran, mich zur Beerdigung meines Vaters zu lassen. Aus Mitgefühl erlaubte mir die Direktorin jedoch, für eine Weile Arbeiten zu verrichten, die mir sonst untersagt waren. Ich durfte beispielsweise für die anderen Frauen Mahlzeiten und

Getränke außerhalb des Traktes holen, ich sollte mich weniger eingesperrt fühlen. Außerdem verdiente ich etwas mehr Geld als sonst.

Nie hatte ich damit gerechnet, dass meinem Vater etwas passieren könnte. Er starb mit 54 Jahren, ich wollte und konnte nicht begreifen, dass er nicht mehr da war. Es konnte nicht wahr sein – würde er mich wirklich nie wieder anrufen, nie wieder einen seiner lieben, einfachen Briefe schreiben? Und wer würde nun darum kämpfen, mich hier herauszuholen? Für mich gab es keine Hoffnung mehr. Ich hatte das Gefühl, nicht nur von ihm für immer getrennt zu sein, ich hatte auch meinen Draht zur Außenwelt unwiederbringlich verloren.

Als er noch am Leben war, hatte ich an manchen Tagen gar nicht an meinen Vater gedacht, irgendwo in der Welt war er für mich da, das war gut und beruhigend. Jetzt, da er nicht mehr existierte, ging er mir keine einzige Sekunde aus dem schmerzenden Kopf.

Die Frauen im Trakt gaben auf, mich trösten zu wollen, sie ließen mich in Ruhe, denn ich war überempfindlich und zornig auf die ganze Welt. Alles, was sie sagten, empfand ich als unpassend und dumm. »*Como estás?*«, erkundigte sich Miriam schüchtern, und ich fauchte sie an: »Was glaubst du, wie es mir geht!« Das Gelächter und Gekreische der Frauen im Hof, die Musik aus den Kassettenrekordern, das Gedröhne aus den Fernsehern schmerzten so sehr in meinen Ohren, dass ich die Tage im Bett verbrachte, das Gesicht unter dem Kissen vergraben. Den Kontakt zu meinem blonden Freund hatte ich längst abgebrochen.

Ich hörte auf zu essen. Die Gerüche aus der Küche, das Gebrutzel auf den Kochplatten, der Knoblauch, die Zwiebeln riefen einen so gewaltigen Ekel in mir hervor, dass ich mich regelmäßig übergeben musste. Bilder aus der Vergangenheit wirbelten vor meinen Augen umher: ich als kleines Mädchen auf *papitos* Schultern, wie er mich die Landstraße entlangträgt, ich halte mich an seinem Haarschopf fest und trommle mit meinen nackten Füßen gegen seine mächtige Brust. Oder *papito* mit mir beim Schwimmen im Fluss, beim Radfahren in Puerto Lleras oder dicht an meiner Seite, wenn er zu Besuch in meinem Camp war. Sobald ich die Augen schließe, sieht er mich an. Sein vertrautes Lächeln blickt mir entgegen, oder manchmal auch der strenge Gesichtsausdruck, wenn ich mich daran erinnere, wie sich seine Stirn in Falten gelegt hat und die Augenbrauen zu einem einzigen Strich wurden. Ich kannte ihn besser als jeden anderen Menschen auf der Welt, jede Geste, jeden Gesichtsausdruck, jeden Tonfall seiner Stimme. Er gehörte zu mir, ohne ihn war ich wie amputiert.

Irgendwann erfuhr ich, dass mein Vater mit gebührendem Respekt in Las Cruces im Departement Arauca begraben worden war. Da hatte ich die Hoffnung, ihm die letzte Ehre erweisen zu dürfen, schon längst aufgegeben. Hunderte von Leuten, auch viele Zivilisten, die ihn mochten, weil er ernst und gerecht war, begleiteten seinen von der kolumbianischen Flagge bedeckten Sarg, dann folgte eine Parade von FARC-Kämpfern, die unsere Hymne sangen. Zum Schluss feuerten sie ihm zu Ehren Schüsse in die Luft ab.

Die Tage und Wochen vergingen, und mein Zustand verschlimmerte sich. Nichts interessierte mich mehr, alles strengte mich an. Routinearbeiten wie den Telefondienst konnte ich noch am besten ausführen – der Anrufer nannte den Namen der Frau, die er sprechen wollte, *un momentico*, sagte ich dann, brüllte den Namen der Frau in den Hof hinaus und übergab den Hörer an die entsprechende Mitinsassin.

Eines Abends – ich stehe neben dem Apparat an die Mauer gelehnt – läutet es zum hundertsten Mal an diesem Tag. Ich hebe ab und höre ein kleines, hohes Stimmchen: »Könnte ich vielleicht mit der *señora* Sandra Arango sprechen?«

Mein Herz steht still, dann macht es einen Sprung, und ich schreie: »Juan Carlos?!«

Es war wirklich mein Sohn. Juan Carlos war am anderen Ende der Leitung und fragte nach seiner Mutter. Es war zu wunderbar, um wahr zu sein. »Ich bin es, ich bin Sandra, deine *mamá*«, sagte ich. Ich war wie eine verlassene Geliebte, die nach einer halben Ewigkeit den Mann ihres Herzens wiederfindet, zumindest fühlte ich mich so. Juan Carlos war eher einsilbig, als ich ihn mit Fragen bestürmte, die er brav mit »ja« und »nein« beantwortete. Außerdem sagte er immer wieder: *que Dios la ampare,* Gott möge dich schützen. Ich bekam aus ihm heraus, dass er die Schule mochte und sich einen Walkman wünschte. Es war klar, dass ich ihm diesen Wunsch so schnell nicht erfüllen konnte, doch wie gern hätte ich es getan. Nachdem wir auflegen mussten, fing es leicht an zu regnen. Ich spürte die ersten Tropfen auf meinem Gesicht und blickte zum Himmel empor, der fast schwarz war von den schwer herabhängenden Wolken. Plötzlich zerriss ein Blitz die Dunkelheit, dann krachte der Donner. Regen prasselte mit einer Wucht auf uns herab, die alle aufschreien ließ. Die Frauen rannten kreuz und quer über den Hof, sammelten alles auf, was noch herumlag, rannten zu ihren Zellen und knallten die Türen zu. Ich hatte es nicht eilig. Wie eine Betrunkene wankte ich in meine Kammer, pitschnass und verrückt vor Freude fiel ich auf mein Bett: Mein Sohn, mein *amorcito,* hatte mich angerufen! Meine Mitbewohnerin rückte ein Stück von mir ab und gab mir ein Handtuch. Seit jenem Tag ruft mich Juan Carlos in regelmäßigen Abständen an. Er ist gesprächiger geworden, zutraulicher. Ein Mal habe ich auch mit Diomers Schwester geredet, sie hat Juan Carlos erzählt, ich müsse in einer weit entfernten Stadt arbeiten, hätte ihn aber sehr lieb. Sobald ich genug Geld zusammengespart hätte, würde ich es ihr zukommen lassen, damit sie meinem Sohn einen Walkman kaufen konnte.

Ich beneidete die Frauen, die Besuch von ihren Kindern bekamen. Eine *miliciana,* eine Stadt-Guerillera, die in Bogotá für die FARC gearbeitet hatte, empfing fast jeden Sonntag ihren Sohn bei sich, er kam mit der Großmutter und war mit seinen elf Jahren schon ein stolzer kleiner Mann. Ich spielte mit ihm, scheuchte ihn über den Hof und träumte, es wäre mein Juan Carlos. Bei jedem dieser Treffen sagte der Junge: »Du bist meine *novia,* meine Braut, wenn ich groß bin, heiraten wir.«

An einem Sonntagnachmittag, der Hof wimmelte gerade von Freundinnen, Kindern und Verwandten der *internas,* schob die *miliciana* ihren Jungen in meine Zelle und bat mich, ihm ein wenig die Zeit zu vertreiben. »Ich muss mit anderen ein Flugblatt vorbereiten«, sagte sie.

Abends, als die Besuchszeit vorbei war, klebte ein handgeschriebenes Blatt an der Küchentür: »Elena ist eine *infiltrada,* eine Informantin und Verräterin, sie hat in unserem *patio* nichts zu suchen. Falls sie hier erscheint, garantieren wir für nichts.«

Elena war eine Inhaftierte, die man bisher woanders untergebracht hatte, weil unser Trakt überbelegt war. Nun sollte sie zu uns kommen, vielleicht weil sie bei den gewöhnlichen Kriminellen randaliert und sich dauernd wie eine Wilde mit ihnen gestritten hatte. Man hatte sie zur Strafe 48 Stunden in den *calabozo*, den fensterlosen Kerker, in Einzelhaft gesperrt, doch sie prügelte sich danach immer noch mit den anderen Frauen und beschimpfte und beleidigte die *guardia*. Nun schob man sie in unseren Trakt ab, in den Hochsicherheitstrakt für Guerilleras, wo sie auch hingehörte. Ich kannte Elena aus FARC-Zeiten und verteidigte sie: »Sie ist kein *sapo*, ich weiß es genau!«

Obwohl ich bestimmt und mutig auftrat, schlug mir das Herz bis zum Hals – was machte ich da bloß, wieso traute ich mich, den gesamten Hof gegen mich aufzubringen, war ich verrückt geworden? Guerilleras kennen kein Mitgefühl mit Informanten, sie sind zu jeder Schikane, jeder Gemeinheit bereit. Ein Gerücht, ein Verdacht – und schon schlagen sie zu. Wir haben gelernt, dass ein *sapo* der niederträchtigste Abschaum auf Erden ist; wer mit unserem Feind, der Regierung und dem Militär, kollaboriert, wird fertig gemacht. Diese Lebensregel gilt selbst hier im Gefängnis, und ich denke mir, dass sie eigentlich alles ist, was uns bleibt, und uns das starke Gefühl gibt, trotz allem unbesiegbar zu sein.

Elena bekam im ersten Stock eine Zelle für sich allein zugeteilt. Während sie langsam die Treppe hochstieg, ihr Kleiderbündel in dem einen Arm, die zusammengerollte Matratze unter dem anderen, die Augen geweitet vor Angst, war es im Hof gespenstisch still geworden. In meinen anderthalb Jahren im *Buen Pastor* hatte ich das noch nie erlebt. Ich fasste mir ein Herz und folgte Elena an den schweigenden

Guerilleras vorbei die Treppe hinauf in ihre Zelle. »Ich bin nicht gegen dich«, sage ich leise.

Ihr Blick war kalt und abweisend. Sie streckte ihren athletischen Körper und erwiderte bloß: »*Veremos,* wir werden sehen.«

Sie hielt eine Zigarette zwischen den Fingern und kramte nach einem Feuerzeug. Sie fand keines.

»Ich rauche nicht, aber ich hole dir Feuer«, sagte ich und ging in die Zelle nebenan, dann in zwei weitere. Niemand rückte ein Feuerzeug heraus. Unten im Hof kam mir Miriam entgegen, und ich bat sie um Streichhölzer. »Für wen denn?«, wollte sie wissen.

»Für Elena.«

»Für sie habe ich keine.«

Da wurde ich wütend. »Schwester, du kennst sie doch gar nicht. Weißt du überhaupt, ob die Verdächtigungen stimmen? Alles nur Gerüchte. Was verlierst du dadurch, dass du Elena diese kleine Gefälligkeit erweist?«

Fluchend warf mir Miriam eine Schachtel Streichhölzer vor die Füße.

Elenas erste Nacht war die Hölle. Die Gittertür ihrer Zelle war zwar verschlossen, aber es war heiß, sodass sie die dahinter befindliche Holztür offen ließ. Das war unvorsichtig. Die Frauen haben ihr Gläser, Schüsseln und Eimer voller Wasser auf das Bett geschüttet, zusammengeknüllte Briefe mit Schmähungen durch das Gitter geworfen: *sapa hija de puta paraca desertora!* – Verräterin, Hurentochter, Komplizin der *paras,* Deserteurin! Als Elena die Holztür zuknallte, hämmerten die anderen Frauen den Rest der Nacht abwechselnd gegen die Tür. Am nächsten Morgen erschien Elena nicht in der Küche. Ich stand zwischen den *internas* und kochte Kaffee, doch niemand sprach mit mir, selbst Miriam tat, als sei ich Luft. Das war zu viel. Heiße Wut stieg in mir auf, und ich beschloss, Elena jetzt erst recht beizustehen. Ich wurde ihr *escolta*, ihr Bodyguard. Ich begleitete sie zur Dusche, stand neben ihr im Hof, bewachte sie beim Essen. Das reizte die Frauen. Sie konnten Elena nicht anbrüllen und beleidigen, das hätte die *guardia* irgendwann bemerkt, und so waren sie gezwungen, geschickt vorzugehen: Kaum verließ Elena ihre Zelle, schlenderte ein Grüppchen Frauen an ihrer Tür vorbei und warf Abfall auf ihr Bett – Kartoffel- und Orangenschalen, Ekel erregende Fleischreste, verdreckte Taschentücher. Daraufhin habe ich Elena kurz entschlossen in meine Zelle geholt, die ich zu dem Zeitpunkt allein bewohnte. Sie schlief neben meinem Bett auf ihrer Matratze. Ich weiß nicht mehr, wie ich diesen Schritt gegenüber der *guardia* begründet habe, sie war jedenfalls einverstanden.

Nun wurde meine Zelle das Ziel der Angriffe. Die Luke in der Tür ließ sich nicht verriegeln, und so flogen jetzt stinkende Fetzen benutztes Klopapier und blutige Binden durch die Öffnung. Eines Tages, ich weiß nicht, wie es geschehen konnte, gelang es mehreren Frauen, auf Elenas Matratze zu scheißen. Ich flehte Elena an, die Furien zu ignorieren, irgendwann würden sie bestimmt aufgeben. Doch Elena wollte ihnen die Stirn bieten und schrie: »Kommt her, traut euch doch, ihr Feiglinge, ich schlage euch eure *jeta*, eure Schnauze, ein!«

Durch diese Worte sah sich die Aufpasserin, die *guardia*, gezwungen einzuschreiten. Es konnte ihr einfach nicht weiter verborgen bleiben, dass es in unserem Hof brodelte. Doch erst als sie allen mit Einzelhaft im *calabozo* bei Brot und Wasser drohte, kehrte Ruhe ein. Aber nur scheinbar. Nachts schlichen sich *internas* auf Zehenspitzen an die Leine, wo unsere Wäsche hing, schnitten Löcher hinein und verschmierten sie. Eines Nachmittags lag in Elenas Kissenbezug sogar eine halbtote Maus. Nachts tat ich kein mehr Auge zu, hatte Angst einzuschlafen, lauschte mit angehaltenem Atem, ob sich draußen etwas bewegte. Die wutentbrannten *internas* waren zu allem fähig. Tagsüber ertrug ich zwar die eisige Feindseligkeit der Frauen mit hocherhobenem Kopf und stolzem Gesichtsausdruck, doch wenn ich mich unbeobachtet fühlte, brach meine Haltung in sich zusammen. Unter der Dusche fielen meine Tränen nicht auf, dort weinte ich hemmungslos, bis irgendeine der Frauen grob wurde: »*Lárgate*, hau ab, sonst sorgen wir dafür, dass du gar nicht mehr duschst.«

Wie lange sollte das noch so weitergehen? Die schutzlosen Jahre meiner Kindheit, als ich von einer feindseligen Familie zur nächsten geschoben wurde, kamen wieder in mir hoch. Abermals fühlte ich mich wie eine Aussätzige und mutterseelenallein. Ich brauchte die Verbindung zu den Frauen im Trakt, egal, wie grausam sie sich verhielten, sie waren jetzt meine Familie. Ohne menschliche Beziehungen schien es mir, als sei ich gar nicht vorhanden. Elena, meistens mürrisch und übel gelaunt, half mir kein bisschen. Und das, obwohl ich mich so anstrengte, auch die anderen von ihrer Unschuld zu überzeugen.

Nicht einmal Miriam beachtete mich, ihre Verachtung ertrug ich am schwersten. Wie oft hatte ich ihr geholfen, sie in den Arm genommen, wenn die Verzweiflung sie überkam und sie über ihr Schicksal fluchte, die Stirn gegen die Zellenwand schlug und sich die Haare in Büscheln vom Kopf riss. Ohne meine Geduld und meinen Trost hätte sie vielleicht ganz und gar den Verstand verloren.

Kurz bevor ich selbst drohte verrückt zu werden, sprach Miriam mich an, sagte, so könnte es nicht weitergehen und wir wären doch Freundinnen. Mir fiel ein Stein vom Herzen. Kaum hatte sie den Anfang gemacht, begannen nach und nach auch die anderen schwach zu werden – ein knapper Gruß morgens in der Küche, Streichhölzer für Elena, einige Tropfen Shampoo oder ein paar Blätter Klopapier für mich, wenn ich darum bat. Der Alltag im Gefängnis wurde ein wenig erträglicher.

Doch an dem Tag, an dem mein neuer Urteilsspruch mich erreichte, veränderte sich alles. Es war Dienstag, der 11. Mai 2004. Mein Anwalt war in Berufung gegangen, doch das Ergebnis war ein Desaster: Mein Strafmaß wurde von 27 Jahren auf 40 erhöht. Ich war starr vor Entsetzen. Mein Anwalt, ein Pflichtverteidiger, hatte mich zweimal im *Buen Pastor* aufgesucht und mir große Hoffnungen gemacht. Wir hatten beide mit einer erheblichen Reduzierung meiner Haftzeit gerechnet – und nun das!

»Es kann nicht wahr sein«, sagte ich zu Elena, die neben mir auf dem Bett saß, »ich begreife das nicht, sie wollen mich vernichten.«

Da tat Elena etwas, was ich nie und nimmer von ihr erwartet hätte. Leise schloss sie die Zellentür und umfasste mit beiden Händen meine Schultern. Dann blickte sie mir voller Ernst in die Augen und wisperte: *»Sandrita, te quiero mucho,* ich habe dich sehr lieb, du hast so viel für mich getan, deswegen werde ich dir helfen. Ich weiß einen Ausweg für dich.«

»Nein«, erwiderte ich und schüttelte verzweifelt den Kopf, »für mich gibt es keinen Ausweg.«

»Sandra, was ich dir jetzt sage, verrate ich dir nur, um dir zu helfen: Ich arbeite tatsächlich mit der Regierung zusammen. Deswegen beträgt mein Strafmaß nur vier Jahre Gefängnis – zwei davon werden mir erlassen, weil ich hier viel gearbeitet habe. Bald bin ich draußen. Wenn du das Gleiche tust wie ich, wirst auch du in ein paar Jahren entlassen.«

Ich weiß noch, wie sich der Schmerz über meinen Urteilsspruch in Sekundenschnelle in eine gespenstische Angst verwandelte. Ohne zu überlegen, fiel ich vor Elena in die Knie: »Elena, ich müsste mich von dir abwenden, stattdessen liege ich vor dir auf dem Boden und flehe dich an: verrate meine Liebsten nicht. Wenn dich die Spezialagenten der Regierung verhören, dann erwähne niemals meinen Diomer, niemals die Schwester Diomers, wo mein Sohn lebt, nie die Familie, bei der ich während meiner Schwangerschaft sein durfte. Erfährt die Regierung, dass diese Personen mit der FARC zu tun haben, sind sie verloren. Mach mit mir, was du willst, aber verschone die, die mir alles bedeuten.«

Wir verstrickten uns in eine heftige, gereizte Diskussion. Immer wenn ich in meiner Aufregung zu laut wurde, drückte mir Elena die Hand auf den Mund. »Ich glaube nicht mehr an die Guerilla!«, zischte sie. »Und ich bin wütend auf die *comandantes,* sie haben uns ausgebeutet, nur denen werde ich Schaden zufügen – sonst niemandem.«

Bei diesen Worten wurde ich sehr böse. Zornig lachte ich auf, wie konnte sie so dreist sein, so schamlos! »Du lügst, Elena. Die *comandantes* sind über sämtliche Berge des Urwalds, sobald sie Lunte riechen, dass du sie verraten hast. Nicht sie sind dran, nur unsere *camaradas* werden mit ihrem Leben bezahlen. Als Informantin wirst du ins Kreuzverhör genommen werden, du wirst alles preisgeben müssen, was du weißt, alles! Wo sich unsere verborgenen Camps und unsere Waffenlager befinden, welche Dörfer, Zivilisten und Bauernfamilien mit der FARC zusammenarbeiten – alles werden sie wissen wollen, alles. Dann fallen die Bomben der Armeehubschrauber auf die Camps, und auch die Zivilisten in der Umgebung werden in Stücke zerfetzt werden.«

Selbstverständlich weigerte ich mich, als Informantin mit der Regierung zusammenzuarbeiten. Elena stampfte wütend aus der Zelle, sie habe mir *pendeja*, mir erbärmlichen Feigling, ja bloß helfen wollen. »Wenn du das Gefängnis erst als Greisin verlassen willst, bist du selbst schuld«, knallte sie mir noch an den Kopf, bevor sie davonstürmte.

Es folgten merkwürdige Wochen. Von meinem Anwalt hörte ich nichts mehr, damit musste ich mich abfinden, denn die Berufung war mehr als gescheitert, und mein Fall war bedeutungslos für ihn. Ich wusste zwar, dass sich irgendwann ein höheres Gericht meines Falles annehmen muss, so verlangt es das Gesetz, doch das kann Jahre dauern. Und auch dann ist fraglich, ob es zu meinen Gunsten über die Kassation, die Aufhebung des jetzigen Urteils, entscheidet.

Das Unheimlichste aber war, dass ich mein eigenes Schicksal vergaß – 40 Jahre Gefängnis? Ich konnte und wollte nicht begreifen, was das bedeutete. Außerdem hielt meine Angst vor Elena meine Gedanken gefangen. Ich zitterte vor ihr: nun war ich ihre Mitwisserin, gegen meinen Willen die Komplizin einer Informantin. Sie hatte mich in der Hand. Wenn auch nur eine einzige Frau im Trakt Elenas Verrat an der FARC aufdecken sollte, würden die *internas* mein Leben ebenfalls in eine Hölle verwandeln. Das würde ich mit Sicherheit niemals überstehen.

Seit jenem Gespräch trauten Elena und ich einander nicht mehr. Sie wurde immer launischer, mal drückte sie sich an mich und beteuerte mir ihre Freundschaft, einen Augenblick später drehte sie sich weg und wünschte mich zum Teufel. Zum ersten Mal in meinem Leben ließ ich mich kränken und beschimpfen, ließ mir alles gefallen und wehrte mich nicht. Bis ich mir dann doch einen verzweifelten Ruck gab und endlich den Mut fand, mich von Elena zurückzuziehen. Verrückterweise tanzte auf einmal der gesamte Trakt um sie herum – diejenigen, die Elena am brutalsten bekämpft hatten, buhlten auf einmal um ihre Gunst. Denn sie war geschickt, sie hatte eine Kraft und Furchtlosigkeit, um die sie beneidet wurde, und sie setzte alles daran, die Schwachen zu beeindrucken. Sie kommandierte sie herum, ließ sich von ihnen bedienen und frisieren, und plötzlich waren die Frauen glücklich, von Elena beachtet zu werden. Ich hielt mich aus allem heraus, hockte mich zu Miriam und knüpfte bei ihr meine Ketten, sooft es ging. Wenigstens hatte ich ihre Freundschaft noch, denn den teuflischen Spielen, den Intrigen, den Eifersüchteleien und Machtkämpfen im Trakt war ich nicht gewachsen.

Wenige Monate später wurde Elena entlassen. Sie hinterließ klebrige Plastikbecher und einen Haufen Zigarettenstummel in meiner Zelle. Ihre Matratze war von runden, schwarzen Brandlöchern übersät. Endlich konnte ich wieder aufatmen. Dann begann ich zu putzen und schrubbte meine Zelle wie eine Besessene. Anschließend duschte ich, seifte mich ein, wusch mir die Haare und rieb meine Kopfhaut, als müsste ich mich von einer schrecklichen Seuche befreien.

Elena hat mich noch ein einziges Mal angerufen. Frei zu sein sei fantastisch, sagte sie und versprach, mir die Dinge zu schicken, die uns am meisten hier fehlen – Seife, Shampoo, Körpercreme, Kosmetika –, denn nun besitze sie ziemlich viel Geld. Ich habe gar nichts von dem erhalten, was sie mir damals versprochen hat, habe nie wieder von ihr gehört.

Wer wieder frei ist, will von der Zeit der Gefangenschaft nichts mehr wissen, das kenne ich schon. Ich glaube, Entlassene wollen diese dunkle Periode aus ihrem Leben schneiden, so wie man mit dem Messer faule Stellen aus einer Banane heraussticht, sie in den Mülleimer wirft und den Deckel darüber schließt. Vielleicht ist es gut, dass Elena uns alle vergessen hat, auch für mich. Ich will nicht hören, wie schön es da draußen vor den Gefängnistoren ist. Die Gedanken der Menschen dort sind nicht mehr meine, ich fühle und denke in der Art der Gefangenen: Was in diesem Trakt geschieht, ist meine Welt, und sie hört da auf, wo die Freiheit beginnt – am Tor des Frauengefängnisses *Buen Pastor.*

Der Alltag im Gefängnis ist nicht abwechslungsreich. Wir wissen alle im Voraus, was morgen, was nächste Woche und was im nächsten Monat geschieht. Wir haben keine Pläne für die Zukunft, es kommen keine Überraschungen von außen, keine unerwarteten Abenteuer, wenn ich einmal von dem Tag absehe, als Juan Carlos mich zum ersten Mal anrief. Mir bleibt viel Zeit zum Nachdenken. An manchen Tagen lehne ich mich auf gegen mein Schicksal und werde wütend. Warum ist das Leben so ungerecht? Warum muss ich dafür büßen, dass mich mein Vater, als ich klein und unwissend war, zur Guerillera gemacht hat? Werde ich meine gesamte Jugend, den Rest meines Lebens in diesem Gefängnis verbringen?

Unser Herrgott und die heilige Jungfrau Maria haben keine Antwort auf diese Fragen.

Ich selbst frage mich immer wieder: Weshalb bist du nicht abgehauen? Es gab so viele Gelegenheiten, auszusteigen, zu desertieren! Zahlreiche Zivilisten, hilfsbereite, besorgte Bauernfamilien, die uns ein Hühnchen und etwas zu trinken schenkten und die mir häufig sagten: »Du bist so jung, du bist eine freundliche kleine Frau, eine *mujercita*, die ein anderes Leben verdient hat – sag deinem Vater, dass du für den Kampf nicht geschaffen bist.«

Warum habe ich niemals auf sie gehört? Hätte ich nicht doch mein Schicksal selbst in die Hand nehmen sollen, anstatt der FARC und meinem Vater ein Leben lang die Treue zu halten?

Ach, antworte ich mir, vielleicht hat mir das Schicksal nur ein Becherchen Glück zugedacht und nicht einen ganzen Eimer voll. Und wenigstens bin ich noch am Leben. Außerdem sage ich mir, um mich zu trösten, dass ich doch auch sehr gute Zeiten bei der FARC erlebt habe – ich hatte dort viele Freunde, es gab tolle Feiern und die abenteuerlichen Fußmärsche über die höchsten Bergketten unseres Landes, die Ritte durch die reißenden Flüsse – war das nicht auch etwas? An manchen Tagen verspürte ich sogar Heimweh nach der Guerilla, sie war schließlich mein Leben.

Gleichzeitig denke ich jetzt viel öfter, viel intensiver an die Opfer des Krieges in unserem Land. Erst jetzt, wo ich nicht mehr bei der FARC bin, erkenne ich das Elend der nicht enden wollenden Ströme von Menschen auf der Flucht vor der Guerilla, den *paras* oder der regulären Armee; die Verzweiflung der Zivilisten, tausende Bauern mit ihren Familien, die zwischen die Kriegsfronten geraten und deren Leben für immer zerstört wird.

Vor kurzem sah ich im Fernsehen eine Mutter von zwei Söhnen, zwei jungen Männern, die sie sehr liebte. Auch die beiden Brüder liebten einander *hasta los huesos*, bis auf die Knochen, und unternahmen alles gemeinsam – bis eines Tages zwei Guerilleros vorbeikamen, dem älteren Sohn von dem abenteuerlichen Leben bei der FARC berichteten und der armen Bauernfamilie finanzielle Unterstützung anboten. Kurz darauf setzte sich der ältere Sohn zur FARC ab. Der andere Bruder landete bei den Paramilitärs. Während eines Gefechts geschah es, dass der eine Bruder den anderen erschießen musste. Die Mutter ist verrückt geworden vor Schmerz.

Hier im Gefängnis ist in mir ein neues Mitgefühl erwacht. Mir ist auch das Leid der Entführten und ihrer Angehörigen bewusst geworden. Ich habe auf dem Bildschirm die langen Schlangen von Leuten gesehen, die Familienmitglieder von Geiseln sind und vor den speziell für sie eingerichteten Radiosendern anstehen. Bei ihrem Anblick zuckte ich zusammen: Es sind Junge und Alte, Eltern, Töchter und Söhne von Entführten, die sich über den Äther an ihre Liebsten in den Camps wenden. Sie reden, rufen und wispern ins Mikrofon: »Uns geht es gut, wir vermissen dich. Du hast eine Enkeltochter bekommen, dein Sohn schreibt gute Noten, bald wirst du wieder bei uns sein!«

Sie sprechen den Entführten Mut zu, zeigen sich tapfer und zuversichtlich und lassen ihre kleinen Kinder ein Liedchen ins Mikro singen. Erst wenn sie nicht mehr auf Sendung sind, fangen diese Menschen an zu schluchzen, und dann trösten die Kleinen ihre aufgelösten Väter, Mütter und Großeltern.

Wenn mir selbst zum Weinen ist, weil ich niemals ein normales, ein freies Leben haben werde, weil mein Vater, der Einzige, der mich geliebt hat, tot ist und ich meinem Sohn vermutlich niemals begegnen werde – wenn die Verzweiflung mich zu erdrücken droht, dann denke ich oft an die Angehörigen der Entführten – auch sie können kein normales Leben führen, sie trauern ähnlich wie ich und halten irgendwie durch. Nur – ihr Leben ist wenigstens frei, sie sind da draußen in der Welt unterwegs. Und ihre Lieben kommen eines Tages vielleicht auch wieder frei.

Vom ersten Stock unseres Hochsicherheitstraktes sehe ich die blinkenden Lichter der Stadt, höre das Rauschen des Verkehrs zu den Stoßzeiten, das ungeduldige Hupen der Autos; und wenn der Wind günstig steht, kann ich die stinkenden Rußschwaden der Busse riechen, sogar das laute Gelächter scherzender Passanten wird zu uns herübergeweht.

In unseren Zellen ist das Licht meist schummrig, ein Halbdunkel, das sich manchmal auf meinen Körper, auf meine Glieder legt. Nachts werde ich immer noch von Albträumen geplagt, die mich die Schrecken der Vergangenheit noch einmal durchleben lassen. Meistens ist es Miriam, die mich dann am nächsten Tag aus meiner Traurigkeit reißt, so wie ich sie zu trösten versuche, wenn sie durchdreht und schreit. Wir sind beide gut darin, uns gegenseitig aufzuheitern und Mut zuzusprechen.

Die Zeit geht dahin, und ich versuche, das Beste aus ihr zu machen. Was bleibt mir auch anderes übrig? Wir *internas* kochen, sehen fern, joggen um den Innenhof, spielen Basketball, verrichten kleine Arbeiten, die unsere Haftzeit verkürzt.

Jeden Freitag bereiten wir uns auf die Männer vor, die samstags in den Trakt strömen, und putzen uns für sie heraus. Wenn sie kommen, sind die Nägel frisch lackiert, die Gesichter strahlend geschminkt, und die Haare glänzen. Wir tragen meist enge Hosen und tief ausgeschnittene Tops mit Spaghettiträgern. Lange nach dem Ende der Besuchszeit sind wir noch immer aufgeregt, erzählen und reden über Männer, über die Liebe und unsere Sehnsüchte. Sonntags, am Frauen-Besuchstag, springt mir dann der kleine Sohn der einen *miliciana* in die Arme und verspricht mir, mich in wenigen Jahren zu heiraten, sobald er ein Mann ist. Ja, antworte ich, du bist mein *novio*, und ich heirate dich. Miriam lacht sich dann immer kaputt, und der kleine Junge wundert sich jedes Mal, was es denn da zu lachen gibt. Ich wundere mich selbst sehr oft, warum uns in unserem Hochsicherheitstrakt das Lachen nicht längst vergangen ist. Vermutlich, weil sich die Hoffnung nicht umbringen lässt. Bisher haben wir beide, die Hoffnung und ich, alle Schicksalsschläge, alle Verluste irgendwie überstanden. Und wer weiß, vielleicht geschieht ja doch ein Wunder, und ich komme eines Tages frei. Dann werde ich meinen Sohn zu mir holen und mit ihm ein neues Leben beginnen.

NACHWORT

Wie es zu diesem Buch kam oder So lernte ich Sandra kennen

Im Frühjahr des Jahres 2002 treffe ich Sandra zum ersten Mal im *Buen Pastor,* dem Frauengefängnis von Bogotá. Sandra Arango ist eine der rund 4000 in Kolumbiens Gefängnissen inhaftierten Guerilla-Kämpfer bzw. -Kämpferinnen. Die Interviews mit Sandra sind eigentlich für eine Reportage vorgesehen, die Fotografin Ann-Christine Wöhrl, die mit mir aus Deutschland angereist ist, wird die Fotos machen. Doch schon nach zwei Tagen wird klar: Sandras Lebensgeschichte ist so vielschichtig, so erschütternd und spannend, so berührend und schockierend zugleich, dass aus ihrer Biografie unbedingt ein Buch werden muss.

Wie verabredet holt mich eine junge, sehr freundliche Gefängnisangestellte an dem gewaltigen Eisentor der Strafanstalt ab. Es ist die *funcionaria* Luz Angela Vasquez, zuständig für die Pressearbeit und die Unterhaltungsprogramme im *Buen Pastor.* Wir betreten das Gefängnisgelände, vor mir liegt ein weiträumiger Komplex weißer Flachbauten. Luz Angela stellt mich der Direktorin des Gefängnisses vor, die entschieden hat, mit wem wir uns treffen dürfen, und die entsprechende Genehmigung erteilt hat. Anschließend passieren wir die Sicherheitskontrollen – Ausweis abgeben, Leibesvisitation, verschiedene Stempel auf die Unterarme –, dann bringt sie mich zum *patio* Nummer sechs, dem Hochsicherheitstrakt für Guerilleras. Wir befinden uns in einem großen, rechteckigen Innenhof, um den sich sämtliche Zellen, die Waschräume, die Toiletten und die Küche gruppieren. Die Türen der Zellen stehen offen, auf dem Hof ist viel los: schwatzende, lachende, auch schimpfende, meist sehr junge Frauen in Jeans und Jogginghosen. Aus der Küche dringen Gerüche nach gebratenem Huhn, Knoblauch und Zwiebeln. Betriebsamkeit, Lärm, Musikfetzen aus verschiedenen Zellen, schwerer, bleierner Himmel. Wieder einmal wird es regnen in der auf 2600 Meter Höhe liegenden Hauptstadt des Landes. Luz Angela führt mich in ein kleines Büro und geht dann hinaus, um Sandra zu holen.

Sandra weiß Bescheid, dass sich eine Journalistin für ihre Lebensgeschichte interessiert. Sekunden später steht sie in der Tür, eine zierliche, mädchenhafte Frau mit glatten, hüftlangen schwarzen Haaren und leicht indianischen Gesichtszügen. Aber die Augen sind nicht schmal, sondern dunkel und groß, der Blick ist ängstlich und misstrauisch. Als sie sich setzt, schlagen ihre Knie aneinander, auch ihr Körper zittert fast unmerklich. Wir begrüßen einander, tauschen ein paar Worte aus, Sandra drückt die Hände fest gegen die schlotternden Beine. Man möchte sie beruhigen, sie beschützen, diese verängstigte junge Frau kann keine kaltblütige Guerilla-Kämpferin sein.

Luz Angela lässt uns allein und schließt die Tür. Als Erstes erfahre ich von Sandra, dass sie noch keine drei Monate hinter Gittern sitzt und ein lebensbedrohlicher Wurm, der sich im Dschungel unter ihre Haut gefressen hat, hier im Gefängnis herausoperiert werden musste. Bereits am nächsten Morgen beginne ich, Sandras Lebensgeschichte auf Tonband aufzunehmen. Die Gefängnisleitung ist damit einverstanden. Wir verstehen uns gut, was auch daran liegt, dass ich fließend

Spanisch spreche, und ich merke, dass sie langsam Vertrauen fasst. Ihre Stimme ist glockenhell und zugleich leise, niemand im Hof soll sie hören. Sie will und wird die FARC nicht verraten, aber was, wenn irgendeine *interna*, eine der Mithäftlinge, sie dennoch des Verrats bezichtigt? Ein solcher Verdacht würde ihr das Leben im Gefängnis zur Hölle machen.

Im Frühjahr 2005 kehre ich wieder ins *Buen Pastor* zurück, um noch einmal ausgiebig mit ihr zu sprechen, Fragen zu klären, ihre Schilderungen zu vertiefen, zu ergänzen.

Diesmal gestaltet sich unser Zusammentreffen wesentlich komplizierter. Der neue Gefängnisdirektor erteilt mir zunächst keine Eintrittsgenehmigung, ich bin auf die Sonntage, die offiziellen Besuchstage für Frauen, angewiesen, um Sandra sehen zu können. Eine extreme Erfahrung: Bereits um sieben Uhr morgens steht eine ellenlange Schlange vor dem Gefängnistor: Hunderte Frauen – Mütter, Großmütter, Tanten, Cousinen und Freundinnen der etwa 1200 Häftlinge – warten mit vollen Tüten und Taschen und einer Schar lärmender Kinder darauf, eingelassen zu werden. Die Frauen kommen aus allen Ecken des Landes, manche haben tagelange Busreisen hinter sich, tragen Babys im Arm, haben große Töpfe mit Selbstgekochtem mitgebracht. Alle, auch ich, stecken in Röcken und Schlappen, Hosen und Strümpfe sind verboten, eine Sicherheitsmaßnahme. Überall sehe ich nackte, frierende Beine, weiße, braune, schwarze; die der ärmlichen Großmütter sind von Krampfadern und dunklen Venenknoten durchzogen, die der wohlhabenden Damen sind glatt und gepflegt, die Fußnägel glänzend lackiert. Diese Frauen besuchen meist Häftlinge, die an Drogengeschäften und Geldwäsche beteiligt waren. Ich bin die einzige Ausländerin.

Die Stimmung ist trüb. Müde, verweinte Gesichter, nur die Kinder spielen und kreischen, die Größeren helfen den Kleinen beim Pinkeln in einer Ecke vor dem großen Gefängnistor. Die Frauen fragen sich gegenseitig: »Wie lange sitzt deine bereits? Wann kommt sie frei?« Und sagen: »Meine ist unschuldig!«, oder: »Ich habe kein Geld mehr, ich kann meine dringend benötigten Medikamente nicht bezahlen, die Busfahrten, die Geschenke für meine Gefangene fressen alle Reserven auf.«

Als ich endlich bei Sandra bin, sind drei Stunden vergangen, und ich trage insgesamt neun Stempel auf den Unterarmen. Wir reden und essen auf ihrem Bett bis zum Abend, andere Häftlinge hocken sich zu uns, um ein wenig zu plaudern.

Beim Abschied fließen Tränen. »Vergesst uns nicht!«, flehen die inhaftierten Frauen. »Kommt bitte wieder!«

Die Kinder klammern sich an ihre Mütter – sie wollen bei ihnen sein, sie verstehen die Welt nicht.

Seit ich wieder zurück in Deutschland bin, rufe ich Sandra einmal in der Woche an. Ich habe sie sehr lieb gewonnen, sie ist unschuldig-schuldig, sie ist eine tapfere, berührende junge Frau.

Der Weg der Gewalt in Kolumbien

1964 gründete der Bauernsohn Manuel Marulanda die erste Guerilla-Bewegung Kolumbiens. Seine Rebellen rekrutierten sich aus den bereits bestehenden Selbstverteidigungsgruppen armer Bauern und Landarbeiter, die gegen die übermächtigen Großgrundbesitzer aufbegehrten. Ab 1966 gab sich die Guerillatruppe den Namen FARC: Fuerzas Armadas Revolucionárias de Colombia (Bewaffnete Revolutionäre Streitkräfte Kolumbiens). Die Orientierung ihrer Anführer war marxistisch-leninistisch und damals noch moskautreu, ihr vornehmliches Ziel war, eine radikale Agrarreform in ihrem Land zu erzwingen, wo nach wie vor ein Prozent der Großgrundbesitzer die Hälfte des fruchtbaren, bebaubaren Bodens besitzt, wo etwa zwei Drittel des Wohlstands einem Fünftel der Bevölkerung gehören.

Beflügelt von der kubanischen Revolution, entstanden noch weitere Guerilla-Organisationen, die sich allerdings in den neunziger Jahren wieder auflösten. Übrig blieben die ELN, »Ejército de Liberación Nacional« (Heer zur Nationalen Befreiung), und die FARC.

In seinem Kampf um »Frieden, Souveränität und soziale Gerechtigkeit« gelang es Marulanda, alias Tirofijo (sicherer Schuss), eine gewaltige »Volksarmee« aufzubauen. Sie besaß damals noch einen hohen politischen Anspruch, forderte radikale Sozialprogramme und eine gerechtere Landverteilung. Heute verfolgt die FARC vornehmlich militärische und wirtschaftliche Ziele, es geht ihr vor allem um die Besetzung und Kontrolle von Territorien und lukrativen Handelswegen, nur noch am Rande um die Verwirklichung revolutionärer Ideale. Einer der wichtigsten Einkommensquellen der FARC sind die Entführungen vermögender Geschäftsleute und ihrer Familienmitglieder, sie kidnappt aber auch Soldaten, Politiker, Touristen und Journalisten. Es wurden sogar drei US-Spione, deren Flugzeug die FARC abgeschossen hat, in ein Dschungel-Camp verschleppt. Außerdem treibt die Guerilla »Revolutionssteuern« bzw. Schutzgelder ein, die höheren Ränge sind am florierenden Drogengeschäft beteiligt. Die FARC zählt heute zwischen 17 000 und 20 000 Kämpfer, die *milicianos* in den Städten und Sympathisanten in der Landbevölkerung nicht mitgerechnet. Sie ist die größte und mächtigste Guerilla-Bewegung auf dem Kontinent.

Als Antwort auf die Guerilla formierten sich die *paramilitares*. Mächtige Großgrundbesitzer, vermögende Händler, Viehzüchter und Drogenbarone bauten die paramilitärischen Verbände auf, die sie gegen die linken Rebellen schützen und verteidigen sollten. Mit der Zeit entwickelten sich die rechtsradikalen Milizen, die sich AUC, *Autodefensas Unidas de Colombia* (Vereinigte Selbstverteidiger Kolumbiens), nennen, zu einem mächtigen, eigenständigen Heer gut bezahlter Todesschwadrone. Im Kampf gegen die Guerilla brennen sie »feindliche« Dörfer nieder, massakrieren verdächtige Bauern und Guerilla-Sympathisanten, töten gelegentlich sogar im Auftrag der Armee, der man seit Jahren enge Kontakte zur AUC vorwirft. Das Paramilitär wird außerdem zum größten Drogenkartell des Landes gezählt, wobei die Anführer der AUC einen Großteil ihrer Millionen aus den Koka-Geschäften gewaschen und in Grundstücke, Banken, Luxushotels und Drogerieketten gesteckt haben.

Ende der neunziger Jahre hoffte der damals amtierende Präsident Andres Pastrana, durch Verhandlungen mit der Guerilla Frieden zu schaffen im Land. 1998 »schenkte« er der FARC ein »Entspannungsgebiet«, die *zona de distensión* in der Größe der Schweiz, und initiierte im Urwald eine endlose Reihe von Friedensgesprächen mit Tirofijo und weiteren

Kommandanten der FARC. Die Verhandlungen scheiterten. Weder war die FARC bereit, die Waffen niederzulegen, noch akzeptierte der Staat die Forderungen der Guerilla. Selbst in der Zeit der Friedensverhandlungen gab es Anschläge und blutige Gefechte.

Am 20. Februar 2002 wurden die Friedensgespräche, die 1316 Tage gedauert hatten und von 30 Ländern unterstützt worden waren, für beendet erklärt. Selbst die USA hatten die Verhandlungen eindeutig begrüßt, sogar der Präsident der New Yorker Börse kam eines Tages in die Hauptstadt der *zona*, San Vicente del Caguán, geflogen. Die Paramilitärs haben damals, nach dem Scheitern der Verhandlungen, ihre Truppen von 6000 auf 12 000 Mann verdoppelt.

Der im August 2002 zum Präsidenten gewählte Alvaro Uribe, dessen Vater von FARC-Rebellen getötet wurde und der selbst mehrere Attentate überlebte, hat der Guerilla einen gnadenlosen Kampf angesagt. Armee und Polizei wurde aufgerüstet, außerdem bezieht die kolumbianische Regierung massive Unterstützung aus den USA. Über drei Milliarden Dollar sind im Rahmen des bereits unter Clinton angelaufenen »Plan Colombia« von Washington nach Bogotá geflossen. Die Regierung Bush liefert militärisches Gerät und Kampfhubschrauber, amerikanische Piloten besprühen die Koka- und Schlafmohnfelder mit Pestiziden. Bauern, die auf ihren Feldern Gemüse, Obst und Kaffee statt Koka und Mohn anbauen, werden zwar offiziell unterstützt, doch das lukrative Geschäft mit den Drogen blüht weiter wie eh und je. Wenn eine Plantage zerstört wird, entstehen neue in einem anderen Gebiet. Die US-kolumbianische Strategie droht zu scheitern.

Im Kampf gegen die Gewalt im Land hat Präsident Uribe außerdem mit der Auflösung der etwa 12 000 Mann zählenden Paramilitärs begonnen. Den Milizen, die sich stellen und nicht direkt von der Justiz gesucht werden, hat er Straffreiheit zugesagt – ein komplizierter Deal, denn die USA fordern ihre Auslieferung.

Ein Ende von Terror und Krieg ist nicht abzusehen. Aufgrund der erhöhten militärischen Präsenz und der immensen Sicherheitsmaßnahmen im Land hat zwar die Zahl der Morde und der Entführungen tatsächlich abgenommen, die Bevölkerung, insbesondere in den großen Städten, fühlt sich etwas sicherer. Doch die Staatsfeinde sind noch lange nicht geschwächt: weite Teile des Landes – versteckte, unzugängliche Urwaldgebiete vornehmlich im Hochgebirge – entziehen sich der Kontrolle des Staates. Die FARC besitzt zwar keine Sonderzone mehr, aber ihr militärischer Apparat ist weiterhin intakt. Rund 1600 Geiseln befinden sich in ihrer Gewalt. Seit ihrer Gründung sind den Guerilla-Bewegungen rund 150 000 Menschen zum Opfer gefallen. Die FARC steht sowohl in den USA wie auch in der EU auf der Liste terroristischer Organisationen.

Der Krieg wütet weiter, vor allem in den ländlichen Regionen. Dort gerät die zivile Bevölkerung immer wieder zwischen die Fronten von Guerilla, Armee und Paramilitärs. Man schätzt, dass seit Beginn des Kriegs zwischen den Konfliktparteien etwa 200 000 Menschen umgekommen sind. Außerdem irren Millionen Vertriebene durch das Land und flüchten in die Slums der Metropolen.

Die kriegerischen Auseinandersetzungen, aber auch die Gewalt von kriminellen Banden und Rauschgifthändlern erschüttern Kolumbien seit über vierzig Jahren in seinen Grundfesten. Relative Ruhe und Sicherheit findet die Bevölkerung in der Hauptstadt Bogotá, in den Küstenstädten und in einigen nördlichen Regionen. Die Mehrzahl der Menschen will mit keiner der Kriegsparteien etwas zu tun haben – sie will einfach nur Frieden.

Möge dieser erschütternde Bericht von Sandra Arango seinen Teil dazu beitragen.

Cornelia von Schelling
Januar 2006

Gabriella Baumann-von Arx

Madame Lotti

Im Slum von Abidjan zählt nur die Liebe

Es sind gerade die Kinder, die am meisten unter der Aids-Katastrophe in Westafrika leiden. In ihrem Hospiz kümmert sich Lotti Latrous um die Schwerkranken, die sonst ein einsames Dasein am Rande der Gesellschaft fristen müssten. Ihnen gibt sie die Würde zurück. Seit sechs Jahren hilft Lotti nun schon den Ärmsten der Armen – und sie zahlt einen hohen Preis. Denn ihre Entscheidung für Afrika bedeutete zugleich eine Entscheidung gegen ihr bisheriges Leben. Zum ersten Mal spricht Lotti nun über ihre Motive, ihre Gefühle und ihre innere Zerrissenheit. Auch ihr Ehemann kommt zu Wort. Aus der Ferne begleitet er Lottis Engagement mit viel Verständnis – weil er erkannt hat, dass er sie gehen lassen muss, um sie nicht zu verlieren.

Knaur Taschenbuch Verlag